HAYMON verlag

Gertraud Zeindl

Osttiroler Alltagsleben 1870–1990

Veröffentlichungen des Innsbrucker Stadtarchivs, Neue Folge 56

Wir danken dem Osttiroler Boten für die Möglichkeit der kostenfreien Nutzung von Texten.

Gefördert von

Gedruckt mit freundlicher Unterstützung durch die Kulturabteilungen des Landes Tirol und der Stadtgemeinde Lienz.

Auflage:
4 3 2 1
2017 2016 2015 2014

HAYMON verlag
Innsbruck-Wien
www.haymonverlag.at

ISBN 978-3-7099-7150-5

Umschlag- und Buchgestaltung, Satz:
hœretzeder grafische gestaltung, Scheffau/Tirol
Abbildungen: Wenn nicht anders angegeben, Stadtarchiv/Stadtmuseum Innsbruck
Umschlag: Bibliothek Tiroler Landesmuseum Ferdinandeum (vordere Seite),
Lukas Morscher (kleines Bild vordere Seite), Familie Zeindl (Rückseite)
S. 12, 16, 30, 42, 60, 71, 96, 98, 102, 110, 113, 118, 129, 136, 145, 147, 151, 175, 176, 179, 180, 205, 213: Bibliothek Tiroler Landesmuseum Ferdinandeum
S. 104–105, 106, 108–109: Tiroler Landesarchiv
S. 11, 15, 17, 23, 27, 28, 34, 38, 45, 47, 51, 54, 57, 65, 66, 72, 74, 77, 79, 83, 85, 86, 88, 90, 91, 95, 97, 99, 124, 130, 135, 141, 154, 156, 159, 172, 177, 181, 182, 184, 197, 218, 229: Kurt Klieber
S. 14, 22, 32, 36, 46, 93, 107, 168, 195, 224, 240, 255: Lukas Morscher
S. 231, 232, 234: Familie Stefan Sorko
S. 19: Harald Stadler
S. 18, 21, 25, 34, 68, 183, 217, 226, 250, 252: Familie Zeindl

Trotz intensiver Bemühungen konnten nicht alle InhaberInnen von Bildrechten ausfindig gemacht werden. Für entsprechende Hinweise ist die Autorin dankbar.

Gedruckt auf umweltfreundlichem,
chlor- und säurefrei gebleichtem Papier.

VORWORT

Herwig van Staa
Tiroler Landtags-
präsident

Zeitreisen

Die Besiedlung Osttirols geht bis weit in das 7. Jahrtausend vor Christus zurück, eine erste Blütezeit erlebte das Land während der Machtübernahme durch die Römer, wie die Ausgrabungen in Aguntum im heutigen Dölsach eindrucksvoll unter Beweis stellen. Unter Maximilian I. kam Osttirol, das lange Zeit Teil der Grafschaft Görz war, im Jahr 1500 zu Tirol. Die größte Zäsur in der Geschichte Osttirols stellt wohl die Abtrennung Südtirols an Italien im Jahr 1919 dar: Der Bezirk Lienz als der bei Tirol verbliebene Teil des ehemaligen Südtirol erhielt dadurch seine endgültigen Grenzen, und Osttirol fand sich plötzlich – vom Rest des Landes abgekapselt – in einer völligen Randlage wieder. Erst 76 Jahre später brachte der Beitritt Österreichs zur Europäischen Union und das damit verbundene Fallen der Grenzen zu Italien wieder eine Erleichterung. Im Rahmen der Europaregion Tirol-Südtirol-Trentino arbeiten seitdem die ehemaligen Länder des „alten" Tirol wieder freundschaftlich und eng zusammen. Osttirol ist es gelungen, diese neuen Entwicklungen und auch die zusätzlichen Fördermöglichkeiten der EU erfolgreich für sich zu nutzen. Zahlreiche Betriebsansiedelungen, gerade aus Südtirol, sprechen eine deutliche Sprache.

Ein herzliches Dankeschön möchte ich an dieser Stelle an die Autorin dieser profunden Einblicke in die Osttiroler Geschichte und Zeitgeschichte, der Historikerin und Kunsthistorikerin Gertraud Zeindl, richten. Sie schließt mit diesem liebevoll und detailgenau recherchierten Werk an die Buchreihe *Innsbrucker* bzw. *Tiroler Alltagsleben* an, für die ihr Kollege, der Leiter des Innsbrucker Stadtarchives Lukas Morscher, verantwortlich zeichnet.

Innsbruck, Mai 2014

Gertraud Zeindl
Stadtarchiv/
Stadtmuseum
Innsbruck

Einleitung

Zeitungen bieten eine Fülle verschiedener Zugänge zur Geschichte, zur Vergangenheit an. Als historische Quellen verwendet, eignen sie sich, um die Wirkung der Printmedien auf die Gesellschaft zu untersuchen. Daneben, und das ist der Sinn und das Ziel dieses Buches, lässt sich mithilfe der verschiedenen Zeitungen ein wunderbares Panoptikum einer Region, eines Landesteiles, darstellen. Und so kann die regionale Geschichte in ihrer Vielfalt neu aufleben. Es geht dabei nicht darum, dem Anspruch der Vollständigkeit zu genügen, da die regionale Berichterstattung den lokalen Bedürfnissen ihrer Zeit folgte und dies im Buch auch vermittelt werden soll.

Um diese bunte Auswahl an Geschichten über das vergangene Osttirol zusammenzustellen, war die Lektüre verschiedener regionaler Wochen- und Tageszeitungen notwendig. Den Anfang hat hierbei der „Bote für Tirol und Vorarlberg“ gemacht, der für die ersten sieben Jahre des Buches tonangebend ist. Der Bote erschien damals als Tageszeitung und verlautbarte neben amtlichen Mitteilungen auch Nachrichten aus dem In- und Ausland. Über die damaligen Bezirksgerichte Windisch-Matrei, Lienz und Sillian berichtete diese Tageszeitung regelmäßig und veröffentlichte Schilderungen von Bewohnern der genannten drei Gerichte. Somit erhielten hier auch Osttiroler eine Plattform, ihrer Meinung Gehör zu verschaffen.

Ab dem Jahre 1878 bis 1885 stammen die Geschichten aus der liberalen Wochenzeitung aus Bruneck, dem „Pustertaler Boten“. Für die darauffolgenden dreißig Jahre (1886–1915) sind die Artikel der „Lienzer Zeitung“ maßgebend. Dieses Osttiroler Wochenblatt erschien am 17. Jänner 1886 das erste Mal und setzte sich von Anfang an das Ziel, „die Interessen der Bewohnerschaft des östlichen Tirols, der Bevölkerung des Drau- und Rienz-Thales mit den Nebenthälern in den Hohen Tauern und Dolomiten zu vertreten, Wünschen und Bestrebungen der Bevölkerung und ihrer Stellung gegenüber den mannigfachen Tagesfragen Ausdruck zu geben und eine getreue Chronik der Ereignisse zu sein.“ Am 29. Mai 1915 musste die Wochenzeitung aber vorübergehend die Produktion einstellen. Schlussendlich setzte ihr Erscheinen bis zum Ende des Ersten Weltkrieges aus, da mit der Kriegserklärung Italiens das letzte Personal aus der Zeitungsdruckerei einrücken musste. 1919 versuchte man, die Zeitungsherstellung erneut aufzunehmen, musste das Vorhaben aber noch im selben

Jahr wieder aufgeben. Die „Innsbrucker Nachrichten" berichten über physische wie technische Probleme, die den Drucker der Zeitung, „Buchdruckbesitzer J.G. Mahler", zur Einstellung zwangen. Ein Ersatz fand sich in den „Lienzer Nachrichten", die von 1911 bis zum 10. März 1938 erschienen. Im Oktober 1938 setzte die „Lienzer Zeitung" ihre Berichterstattung fort. Diese ursprünglich liberale Wochenzeitung entpuppte sich nun, 1938, als nationalsozialistisches Wochen- und Propagandablatt. Mit dem Ende des Zweiten Weltkrieges wurde die „Lienzer Zeitung" endgültig in ihrem Erscheinen eingestellt. Am 10. Jänner 1946 ging dann der erste Osttiroler Bote in der Buchdruckerei J.G. Mahler in Druck. Diese Wochenzeitung präsentierte sich als „eine neue Heimatzeitung, die vorläufig noch in einem kriegsbedingten, unscheinbaren Gewandl zunächst alle 14 Tage von der Bezirkskammer für Ernährung, Land- und Forstwirtschaft ausgeschickt wird, um der Ernährungssicherung und Kulturförderung in Osttirol zu dienen". Von 1946 bis 1991, dem zeitlichen Ende dieser Rundreise durch Osttirol, bietet der Osttiroler Bote kontinuierliche Berichterstattung.

Der bearbeitete zeitliche Rahmen deckt die Jahre zwischen 1870 und 1991 ab. Somit wird hier ein historischer Bogen gespannt von der Eröffnung der Pustertal- und Drautalbahn 1871 über das Jahrhunderthochwasser des 19. Jahrhunderts 1882, den beginnenden Fremdenverkehr, technische Fortschritte und Neuerungen zur Jahrhundertwende – vom elektrischen Strom, dem ersten Automobil bis hin zum Telefon –, dann über die beiden verheerenden Weltkriege 1914 bis 1918 und 1939 bis 1945, die Nachkriegszeit mit ihrer Lebensmittelnot, ihren heimkehrenden Soldaten sowie dem Wiederaufbau, den wirtschaftlichen Aufschwung in den 1960er-Jahren, den beiden Katastrophenjahren 1965 und 1966 bis hin zur Eröffnung des Nationalparks Hohe Tauern 1991.

Diese Zeitreise durch die Osttiroler Geschichte des 19. und 20. Jahrhunderts erfolgt anhand von Zeitungsberichten, Anekdoten sowie Bildmaterial. Die Auswahl der einzelnen Berichte und Geschichten folgt nur punktuell der österreichischen Ereignisgeschichte, da diese nicht immer wunschgemäß in den oben angeführten regionalen Zeitungen präsentiert und dargestellt wurde. Ein wichtiges Kriterium bei der Auswahl war zudem, jede Osttiroler Gemeinde zumindest mit einer Schilderung zu präsentieren. Aber auch die Abwechslung von historisch interessanten, lustigen und tragischen Berichten sollte gewahrt sein.

Begleitet werden die nach den Originalzeitungsausgaben zitierten Geschichten durch Abbildungen, die das historische Bild ergänzen, erweitern und/oder erst schaffen. Hier wurde auf Bildbestände folgender Archive und Bibliotheken wie auch Privatpersonen zurückgegriffen: Stadtarchiv/Stadtmuseum Innsbruck, Bibliothek des Tiroler Landesmuseums Ferdinandeum, Tiroler Landesarchiv, Familie Stefan Sorko, Kurt Klieber, Harald Stadler sowie auf die private Fotosammlung meiner Mutter, die als gebürtige Osttirolerin einige ihrer Kindheitsfotos zur Verfügung gestellt hat. Jedem Einzelnen sei an dieser Stelle gedankt.

Bedanken möchte ich mich auch beim Haymon Verlag, ohne dessen Initiative dieses Buch nicht entstanden wäre. Bei meiner Lektorin Dorothea Zanon, der manch undankbare Arbeit wie zum Beispiel das Kürzen meines viel zu lang geratenen Manuskriptes oblag. Bei Lukas Morscher, der mit seiner *Alltagsleben*-Reihe diese Publikation erst möglich gemacht hat. Bei meinem Bruder Michael Zeindl, der in seiner Freizeit die digitalen Bilder in Form brachte. Auch bei meiner Schwester Ingrid Bubestinger und meinem Lebenspartner Alexander Plaikner, die durch ihre „Nachlese“ mir die Sicherheit und dem Buch den letzten Schliff gaben.

Widmen möchte ich dieses Buch all jenen, die Osttirol mit all seinen Facetten schätzen und über die vergangenen Geschichten schmunzeln, lachen, vielleicht weinen oder einfach interessiert und kritisch lesen möchten.

1870

10. FEBRUAR »

Sillian

Am 2. l. M. fanden zwei Tilliacher Bauern früh am Morgen auf dem Heimwege eine kleine Viertelstunde außerhalb der Wieserhöfe, Gemeinde Kartitsch, einen von Kälte bereits erstarrten Mann, welcher noch am Leben, jedoch schon unvermögend war, sich zu bewegen. Obgleich die zwei Bauern aus Tilliach in diesem Unglücklichen einen bekannten Standeskollegen erkannten, ließen sie ihn liegen und gingen ihren Weg weiter. In den Wieserhöfen meldeten dieselben jedoch, daß sich das s. g. Hainzl dem Tode nahe auf dem Wege gegen die Maregge befinde. Während nun die zwei Tilliacher, welche wahrscheinlich ihrem Humanitätsgefühle vollkommen Genüge geleistet zu haben glaubten, den Heimweg weiter verfolgten, machten sich zwei Männer von der Wiese auf, um den Erfrierenden mittelst eines Schlittens zu holen und in der warmen Stube wieder zu beleben. In der Stube angelangt verschied derselbe freilich wider Erwarten seiner Retter allsogleich. Möchten doch die Bewohner einer Gegend, in welcher der Winter nahezu ¾ Jahre andauert und die Kälte nicht selten 20° R. erreicht, unterrichtet werden, welche Belebungsversuche bei Erfrierenden anzuwenden sind. Vielleicht dürfte das neue Lesebuch für Volksschulen nebst diesem Unterricht noch verschiedenes Nützliche enthalten. « **Der Bote für Tirol und Vorarlberg, Nr. 32, S. 160**

Winterlandschaft.

1871

Jedes Jahr wurde der Geburtstag von Kaiser Franz Joseph am 18. August in der Lienzer Pfarrkirche mit einem Gottesdienst gefeiert.

21. AUGUST »

Lienz

Der Geburtstag Sr. Majestät unsers allergnädigsten Kaisers Franz Joseph I. wurde heute in der St. Andrä Pfarrkirche durch ein solennes Hochamt gefeiert. Die Hauptmomente der heiligen Handlung verkündeten Pöllersalven und der schöne harmonische Klang der Glocken trug mit metallener Zunge den Ambrosianischen Lobgesang zum Schlusse durch die Lüfte. [...] Sämmtliche Beamte der k.k. Bezirkshauptmannschaft und des k.k. Bezirksgerichtes, von den Chefs bis zum letzten Diener, das Personal des Forst- und Steueramtes, die k.k. Finanzwache, das Gendarmerie-Postenkommando, alle im Staats- und Festkleide, sowie die Schuljugend und viele andere aus den verschiedensten Ständen waren anwesend, um an diesem Feste des Reiches Theil zu nehmen. Nur der Magistrat und sein ganzes nicht unbedeutendes Dienstpersonale glänzte durch seine vollständige Abwesenheit, wenn überhaupt Taktlosigkeit noch einen Glanz hat. – Es dürfte an der Zeit sein, den Magistrat darauf aufmerksam zu machen, daß es sich bei derlei feierlichen Anlässen nicht so fast um so eklatante Schaustellung der eigenen individuellen Gefühle und Gesinnungen, als vielmehr um die Wahrung der Würde und der Interessen der ihm anvertrauten Stadtgemeinde handelt. « Der Bote für Tirol und Vorarlberg, Nr. 190, S. 1316

13. NOVEMBER »

Bruneck

Die Pusterthaler Bahn ist seit dem 5. November sozusagen fertig. Das schnaubende Dampfroß durchzog an diesem Tage das erstemal die ganze Strecke von Franzensfeste bis Villach. Es war der Kommissionszug, welcher den Herrn Gerneral-Direktor v. Bontou, den Herrn Bau-Direktor Prenninger und meh-

Bauarbeiten an der Bahnlinie Lienz–Franzensfeste bei der Lienzer Klause 1871.

rere andere Herren Ingenieure der k.k. priv. Südbahngesellschaft und den Herrn Bauunternehmer Baurath v. Hügel brachte. Nachdem die Maschine hier mit Wasser versorgt war, fuhr der Zug, welcher um 11 Uhr Vormittags eintraf, nach Lienz weiter und traf, trotz, daß er Verspätung hatte und wegen einer zufälligen Erdabrutschung bei Olang eine Verzögerung erlitt, Abends 8 Uhr in Villach ein. Montag traf der zweite Zug von Villach hierauf ein, welcher diverse Einrichtungen brachte und Mittwoch Mittag 12 Uhr rasselte der höchst imposante Belastungszug zur Erprobung der Brücken in den Bahnhof ein. Dieser Zug bestand aus 6 der größten Lokomotiven mit den Kohlenwagen, wovon drei geheitzt waren, einer langen Reihe von Material-Wagen mit Schienen schwer beladen und einigen andern Waggons. Die Brücken auf dieser Bau-Strecke bestanden die Erprobung mit vorzüglichem Erfolge. Die großartige Eisenbrücke bei Percha wich der ungeheuren Last nur 8 Linien, welche sich nach der Befreiung wieder ergänzten; die Rienzbrücke bei Bruneck hatte eine Einsenkung von nur 3 ½ Linien. Heute finden die Brückenproben zu Vintl, Mühlbach und Franzensfeste statt, welche letztere die wichtigste auf der ganzen Strecke ist. «

Der Bote für Tirol und Vorarlberg, Nr. 260, S. 1808

27. NOVEMBER »

Lienz

[…] Die gegenwärtigen Verkehrs- und Postverhältnisse im Pusterthale, und namentlich in Lienz, sind wirklich unerträglich; wie man hört soll der Verkehr bis Ende dieses Monats endlich doch geregelt werden, was jedenfalls sehr wünschenswerth wäre. Gegenwärtig kommt ein Zug um 12 Uhr Nachts von Villach und der andere um 2 Uhr früh von Bruneck nach Lienz, und selbst diese Züge haben in den Zwischenstationen häufig ¼ bis ½ Stunden langen Aufenthalt und im Ganzen 2 bis 3 Stunden Verspätung; wie angenehm für Passagiere! Zeitungen und Briefe kommen sehr unregelmäßig und heute z.B. hat die Poststation Lienz den Briefbeutel für Bruneck erhalten, und so geht es fort; heute fehlt dies, morgen was Anderes. « Der Bote für Tirol und Vorarlberg, Nr. 272, S. 1896

30. NOVEMBER » **Lienz**

Vorgestern Nachts hat sich in der Gemeinde Nußdorf ein höchst bedauerliches Unglück ereignet. Drei Bauernburschen kamen zum Tocknighof zu den Mägden ans Fenster; der Bauer aber, der wohl etwas zu viel Schlaftrunk zu sich genommen haben mochte, begnügte sich nicht, die Burschen zu verjagen, sondern schoß ihnen mit seiner Flinte nach, und traf leider einen der drei in den Kopf, daß er beinahe augenblicklich todt blieb. « Der Bote für Tirol und Vorarlberg, Nr. 275, S. 1918

Das „Fensterln“ oder das „Gasslgehen“, wie es in Osttirol auch genannt wurde, nahm nicht immer so einen romantischen Verlauf, wie hier am Bild zu sehen.

1872

Die Osttiroler Gemeinden und ihre Lehrpersonen protestierten schon seit 1870 gegen die vom Tiroler Landtag eingeführte Schulordnung. Die Protestaktionen gestalteten sich hierbei vielfältig.

11. MÄRZ

» ## Pusterthal

Hr. Schulinspektor Murr hat in seinem Bezirk theilweise die sehr nöthigen Schulvisitationen vorgenommen; er ist zwar nicht auf derartige Beleidigungen gestoßen, wie andere Bezirks-Inspektoren in frühern Jahren, doch muß ich von einem Ereignisse berichten, welches ihm bei der heurigen Visitation passiert ist. Der Hr. Schulinspektor wanderte jüngst in ein Thal, welches am Eingange eine mit einer alten Ritterburg gekrönte Felsenkuppe zeigt. Die Ringmauern der Burg sind mit Schußscharten und Wachtthürmen versehen, gleichsam um jedem Freunde des Unterrichts, der da kommen dürfte, Trotz zu bieten. Angekommen in einer der Gemeinden dieses Thales, begann er seine Funktion, und fand in der Schule zwar den Gemeindevorsteher, aber nicht die Schulkinder. Ueber die Frage des Hrn. Inspektors, wo denn die Schulkinder seien, gab Hr. Gemeindevorsteher zur Antwort: es bin ja nur ich vorgeladen – und nicht die Schulkinder. Ich bin nun erschienen und habe dem ämtlichen Auftrage Folge geleistet, somit meiner aufhabenden Pflicht entsprochen. [...] « Der Bote für Tirol und Vorarlberg, Nr. 59, S. 402

1873

1. MAI

» **Kartitsch**

Die in Kartitsch und Tilliach durch eine von Sterzing kommende Zigeunerbande eingeschleppten schwarzen Blattern haben in diesem Hochthale schnelle Verbreitung gefunden. Gestern erkrankten in Kartitsch allein 19 Individuen und sind im ganzen Thale bei 90 Erkrankungsfälle bekannt. Mehrere sind der Krankheit erlegen. Vorkehrungen zur Behandlung der Kranken sind durch den Herrn k.k. Bezirkshauptmann eingeleitet. Ob das Drauthal von dieser Krankheit verschont bleiben wird, muß bezweifelt werden, da zur Uebertragung des Krankheitsstoffes bei dem regen Verkehr der Bevölkerung von Kartitsch und Tilliach mit den Bewohnern des Hauptthales Gelegenheit genug geboten ist, und der gleichgiltige Unterpusterthaler nicht leicht zu Vorsichtsmaßregeln für seine Person zu vermögen ist. Die im Frühjahre von Gemeinde zu Gemeinde stattfindenden üblichen Kreuz- oder Bittgänge, bei welchen zur Rast und Erfrischung in Bauernhäusern Einquartierung genommen wird, und die vielen Märkte sind ebenfalls nicht geeignet den Herd der Krankheit zu begränzen. « Der Bote für Tirol und Vorarlberg, Nr. 99, S. 666

Um die Grenze gegen Kärnten wegen Epidemien aber auch Viehseuchen zu bewachen, wurden in Untertilliach im 19. Jahrhundert immer wieder militärische Wachen stationiert.

1873

26. MAI

Von der Ostgrenze Tirols

Der rühmlichst bekannte Maler Franz Defregger befindet sich gegenwärtig in seiner Pfarrgemeinde Dölsach, welche ihn auch in Anbetracht seiner eminenten, ja unerhörten Fortschritte auf dem Gebiete der Kunst und aus Anlaß der hochherzigen Spende eines kostbaren Altarblattes für diese Pfarrkirche zum Ehrenmitglied ernannt hatte. Der gefeierte Künstler wird noch einige Tage hier verweilen und dann zur Weltausstellung nach Wien gehen. Man kann sich denken, mit welchen Gefühlen dieser edle Mann von seinen vielen hier wohnenden Verwandten, Verehrern und Freunden begrüßt und namentlich zu seiner Genesung beglückwünscht worden ist. Gewiß wird ihm diese Theilnahme und Verehrung in den weitesten Kreisen gezollt; weiß man ja nicht, was man bei diesem Charakter mehr bewundern soll: den Künstler oder den Menschen. « Der Bote für Tirol und Vorarlberg, Nr. 119, S. 828

14. JULI

Lienz

Gestern Abends 6 Uhr ist Se. kais. Hoheit Kronprinz Rudolf dahier angekommen. Höchstderselbe wurde am Bahnhofe von Se. Exzellenz dem Herrn Statthalter Grafen Taaffe, dann dem k.k. Bezirks Commissär Grafen Taxis und den k.k. Herren Beamten, sowie auch dem Herrn Bürgermeister Karl Sartori und die Herren Magistratsräthe und Gemeindeausschußmitglieder ehrfurchtsvollst erwar-

Defreggers Geburtshaus bei Dölsach.

Das Hotel Post am Kaiser-Josef-Platz in Lienz erfuhr anlässlich des hohen Besuches von Kronprinz Rudolf eine bauliche Erweiterung um 17 modern ausgestattete neue Fremdenzimmer.

tet und begrüßt. Auch eine zahlreiche Menschenmenge hatte sich eingefunden. Der Bahnhof resp. das Stations-Gebäude war festlich geziert, und als der Hofzug hielt und Se. kais. Hoheit aus dem Waggon stieg, ertönte die österr. Volkshymne, vorgetragen durch die städt. Musikbanda. Se. kais. Hoheit fuhren sodann in der prachtvollen Equipage des Herrn Emil Unterhuber durch den hübsch dekorierten untern Stadtplatz, in das Absteigequartier zur Post, allwo die für Höchstselben bestimmten Appartements auf das geschmackvollste decoriert waren. Um halb 8 Uhr brachte die städt. Musik Se. kais. Hoheit noch ein gelungenes Ständchen. Heute 7 Uhr verließ der Kronprinz wieder unsere Stadt und fuhr nach Dölsach, von dort ging es zu Pferd über den äußerst schlechten Weg nach Iselsberg und Winklan; von Winklan werden sich Se. kais. Hoheit nach hl. Blut und zu den Pasterzen-Gletschern begeben, und am Montag wieder nach Lienz zurückkehren, und von hier nach Villach sich begeben. Se. Exzellenz der Herr Statthalter begleitete den Kronprinzen bis Dölsach, kehrte von dort zurück, und fuhr nach Windisch-Matrei. Zehn doppelspännige Equipagen und mehrere Einspänner zur Fahrt vom Bahnhofe bis zur Post, sowie von hier nach Dölsach, wurden von den hiesigen Bürgern beigestellt. In Dölsach und dann wieder auf der Höhe des Iselsberges wurde Se. kais. Hoheit durch die sehr gute Dölsacher Musik überrascht. In Lienz war auch die städtische freiwillige Feuerwehr ausgerückt, und hielt während der Nacht Bereitschaft. «

Der Bote für Tirol und Vorarlberg, Nr. 159, S. 1105

1874

Zwei Bergsteiger am Gipfelkreuz des Großglockners, um 1880.

5. OKTOBER »

Lienz

Den Glockner bestiegen zu haben, ist nun bald nichts Außerordentliches mehr, da derselbe heuer selbst von mehreren Damen erstiegen wurde, doch dürfte es als eine außerordentliche touristische Leistung anerkannt werden, in einem Zeitraume von 4 Tagen zweimal die Parthie auf die Spitze des Großglockner gemacht zu haben. Dieser touristischen Leistung kann sich Herr Viktor Pfaff, Doctorand der Pharmacie von Lienz, rühmen, der die Spitze des Großglockners am 1. Sept. d. J. in Begleitung des Barons und der Baronesse von der Pfordten (Sohn und Tochter des ehemal. Bayerischen Minister-Präsidenten) von der Stüdl-Hütte aus mit 4 Kalser Führern in 3 ½ Stunden erreichte. Nach 1 ½ sündigem Aufenthalte erfolgte der Abstieg über die Adlers-Ruhe, das Leiter-Kees und Katzensteig nach Heiligenblut. Nach kurzer Rast schloß sich Herr Pfaff gleich wieder einer Glockner-Parthie an, und erreichte mit dem Herrn Rittmeister Eichenauer und dessen Frau Gemahlin unter Führung der Heiligenblutner Führer am 3. Sept. um 8 Uhr Morgens zum zweitenmale die Spitze des Großglockner und kam am 4. Sept. wieder glücklich nach Lienz. « Der Bote für Tirol und Vorarlberg, Nr. 226, S. 1711

29. DEZEMBER »

Aus Osttirol

Nach längerer, bedenklicher Witterung fing es am 20. d. M. an zu schneien; es schneite durch zwei Tage fast ununterbrochen, wodurch die schon vorhandene Schneedecke noch um 1 ½–2 Schuh erhöht wurde. Im Nachbarlande Kärnten war der Schneefall noch viel bedeutender, als in Tirol. Nachdem der Schneefall aufgehört, stellte sich ein heftiger Wind ein, der arge Verwehungen anrichtete. In Folge dessen kommen die Eisenbahnzüge aus Kärnten seit einigen Tagen um viele Stunden zu spät, manche können gar nicht mehr weiter. Die Straßen waren natürlich vollkommen unpassierbar. Der Schneepflug, der – wie gewöhnlich zu spät – von Lienz abgeführt wurde, konnte trotz aller Anstrengungen von Menschen und Pferden nicht bis zur Tiroler-Gränze gebracht werden. Die uneröffnete Strecke wird also ausgeschaufelt werden müssen, und es ist einleuchtend, daß die Kosten dieser Arbeit weit höher zu stehen kommen, als die eines zweimaligen Schneepflugführens betragen haben würden. Wie man hört, besteht die strikte Vorschrift, den Schneepflug erst bei Vorhandensein einer gewissen Höhe neugefallenen Schnees zu führen, durch welche Vorschrift die Wegmeister gebunden sind. Bei Normierung derselben scheint man nicht daran gedacht zu haben, daß es sehr leicht möglich sei, daß der Schnee an einem Tage noch nicht die zur Schneepflugführung berechtigende Höhe hat, während er dann am andern Tage durch den die Nacht hindurch gefallenen Schnee so angewachsen ist, daß der Pflug nur mit bedeutend größeren Kräften geführt werden kann, welche Kräfte dann auch noch hart aufgebracht werden können, indem viele Pferdebesitzer zu dieser höchst anstrengenden Arbeit ihre Pferde gar nicht hergeben. Es wäre nach der Ansicht Vieler empfehlenswerther, den Wegmeistern in diesem Betreffe einige Unabhängigkeit zu gewähren. «

Der Bote für Tirol und Vorarlberg, Nr. 296, S. 2243

Lienz unter einer dicken Schneedecke, Ende des 19. Jahrhunderts.

1875

14. JÄNNER »

St. Jakob in Defereggen

Am 6. v. Mts. wurde in Mariahilf zu St. Jakob eine Strickschule eröffnet, wozu Mädchen aus der Werktags- und Wiederholungsschule freien Zutritt haben und unentgeldlich instruiert werden, da die Kosten aus Vereins-Mitteln bestritten werden. Die Theilnahme beweist, daß den Eltern diese Eröffnung sehr erwünscht war, und besonders zeigen die Kinder eine sehr große Freude und großen Fleiß. Möge dieser nicht wieder erlöschen. « Der Bote für Tirol und Vorarlberg, Nr. 10, S. 62

4. MÄRZ »

Nächst Sillian

ereignete sich am 24. v. M. ein Unglücksfall auf der Eisenbahn. Der Kondukteur Franz Burgstaller trat bei Ausübung seines Dienstes aus einem Coupé auf das Trittbrett, wobei er ausrutschte, da das Brett eisig war. Derselbe kam unter die Räder des Zuges; Kopf und Füße wurden ihm vom Rumpfe getrennt und der Brustkorb zerquetscht. Da derselbe Protestant war, so sollte er auf Anordnung des Herrn Seelsorgers in einem Winkel des Friedhofes zu Sillian außer der Reihe der Gräber anderer Christenmenschen begraben werden. Aber siehe da, diese wenig christliche Anordnung stieß auf Opposition im Friedhofe selbst. Beim Graben der Grube kam man nämlich auf eine Mauer, die ein tieferes Graben so erschwerte, daß nichts anderes übrig blieb, als den Protestanten in eine Reihe mit den übrigen Todten zu betten. « Der Bote für Tirol und Vorarlberg, Nr. 51, S. 346

Im 19. Jahrhundert war Stricken weitgehend Frauensache. Später hatte das Stricken hauptsächlich praktische Gründe, vor allem in Not- und Kriegszeiten.

1876

Die Matreier Törlhütte mit Blick auf die Schobergruppe, um 1880.

1. AUGUST »

Windisch-Matrei

Der Fremden-Verkehr nimmt hier immer mehr zu, und das schöne Iselthal ist von Touristen und Sommerfrischler sehr stark besucht. In den Monat Juli sind mehr als 200 Parteien hier angekommen. Der Touristenwelt diene zur angenehmen Nachricht, daß durch besondere Mühe und Opferwilligkeit der Herrn H. Hammerl, Gasthofbesitzer und Handelsmann hier, am Matreier Thörl (schlecht Kalser Thörl) ein Unterkunftshaus im Bau begriffen ist und schon in diesem Monate fertig sein wird, dessen Eröffnung für den 20. August bestimmt worden ist. In kurzer Zeit wird ein Programm der Eröffnungsfeierlichkeiten ausgegeben. Das Haus wird mit möglichstem Komfort, mit guter Küche und Schlafzimmer für 8 bis 10 Personen eingerichtet. Da das Matreier Thörl einen wunderschönen Aussichtspunkt bietet und dessen Besteigung sehr leicht ist und in 2 ½ Stunden leicht erreichbar ist, so werden wohl nicht die Touristen ermangeln, diese leichte Bergpartie zu machen und an den Eröffnungsfestlichkeiten theilnehmen. Für Damen sind auch bei Herrn Hammerl Reitgelegenheiten mit sehr bequemen Sätteln zu sehr mäßigem Preise zu haben. Vom Matreier Thörl hat man eine schöne Aussicht auf den Großglockner, Großvenediger, Schober-Gruppe, Kristallo-Spitze und viele andere Spitzen und Gletscher. Am besten zu besteigen ist er von Windisch-Matrei aus, und kann auch die Partie nach Kals und Heiligenblut zum Großglockner weiter geführt werden. « Der Bote für Tirol und Vorarlberg, Nr. 174, S. 1301 f.

Feld bei St. Veit in Defereggen, um 1900.

10. AUGUST »

Am vorigen Sonntag

verunglückte bei einem Scheibenschießen zu Feld in Defereggen der dortige Zieler. Irriger Weise sah er nach der Scheibe, und der schußbereite auf dem Stande stehende Schütze hatte plötzlich statt der Scheibe einen Menschen auf der Mücke. Er trug ab, aber in verständlicher Aufregung befangen, ging ihm beim Abtragen der Schuß los, die Kugel prallte an einem Steine ab und traf dennoch den Zieler so unglücklich, daß die Wade desselben förmlich zerfleischt wurde. Der dort als praktischer Arzt und guter Schütze wohlbekannte Dr. Rainer leistete allsogleich die nöthige Hilfe und er glaubt auf sichere Wiederherstellung des Verunglückten. « Der Bote für Tirol und Vorarlberg, Nr. 182, S. 1358

27. NOVEMBER »

St. Jakob in Defereggen. Schulzustände

Ist es an und für sich schon ein Uebelstand, daß unsere Landschulen eine so kurze Zeit, bekanntlich von Martini bis Georgi nur dauern, so daß der Unterricht, selbst wenn für das Gedeihen desselben von Seite des Lehrers und der Schüler die günstigsten Bedingungen vorhanden wären, nur auf das Allernothwendigste beschränkt werden kann, so gesellt sich uns heuer zu diesem Uebelstande ein neuer und jedenfalls noch größerer, nämlich der Mangel eines Lehrers. In Folge dessen mußte der Unterricht einer Schülerabtheilung einem Manne übertragen werden, der im Schulfache in jeder Beziehung ein Laie genannt werden muß. Diese Abtheilung ist die erste, wo die Anfangsgründe im Lesen, Schreiben und Rechnen erlernt werden sollen und dieser Laie ist ein Bauer, der ungefähr vor 40 Jahren während der paar Winter, wo er die Ortsschule besuchte, sich die Lehrbefähigung erworben haben soll. « Der Bote für Tirol und Vorarlberg, Nr. 272, S. 2037

1877

26. FEBRUAR »

Pusterthal

Dem alle Jahre im Frühjahr stattfindenden Durchtrieb von ungarischem Steppenvieh der s. g. ungarischen Böcke schreibt man wenigstens in daigen Gegenden die Entstehung der besonders im verflossenen Jahre auf so vehemente Weise gewütheten Maul- und Klauenseuche zu, welche Krankheit zu einer Landesplage geworden und den Oekonomen so immensen Schaden durch Entwerthung seines Viehstandes zufügte und auf Verkehr und Viehhandel so störend rückwirkte. In nicht ferner Zeit wird jedenfalls auch heuer ein Durchtrieb benannter Viehgattung durch das Pusterthal stattfinden; wäre es daher nicht höchst zeitgemäß, denselben ganz zu verbieten, überhaupt bei Zeiten energische Vorschriften zur Hintanhaltung der Maulseuche zu erlassen. Besser dem Schaden bei Zeiten vorbeugen und wenn möglich zu verhüten trachten, als nachher denselben beklagen. «

Der Bote für Tirol und Vorarlberg, Nr. 46, S. 353

Amlach im Pustertal, nach 1900.

1878

25. JÄNNER »

Lienz

Eine Kundmachung des hiesigen Stadtmagistrates bringt zur allgemeinen Kenntniß, daß die h. k.k. Postdirektion zu Innsbruck dem Stadtmagistrate die Bewilligung ertheilt hat, zur Bequemlichkeit des P.T. Publikums in Lienz zwei Briefsammel-Kästen aufstellen zu dürfen. Einer davon wird in der Schweizergasse am Hause des Kaufmannes Hrn. Ferd. Hölzl, der zweite in der Rosengasse am Hause des Kaufmannes Herrn Leo v. Hibler, anbebracht werden. Diese beiden Handlungen sind auch mit dem Verschleiße von Briefmarken und sonstigen postalischen Werthzeichen betraut. In diesen Briefkästen können nur gewöhnliche Brief und Korrespondenzen zur Aufgabe gelangen und werden die bezüglichen Correspondenzen regelmäßig täglich 3mal in geschloßenen Beuteln dem k.k. Postamte überbracht werden. Der Zeitpunkt, wann die Briefe und Korrespondenzkarten ausgehoben werden, ist an den Sammelkästen selbst ersichtlich gemacht. Es ist dies eine wohlthätige Neuerung welche einem längst gefühlten Bedürfnisse entspricht, und die wir schon vor 4 und 5 Jahren in diesem Blatte angeregt haben, dortmals aber ausgelacht wurden. « Pustertaler Bote, Nr. 4, S. 13

Schweizergasse mit Blick auf das Freiheitskämpferdenkmal in Lienz.

Geschwister mit ihrem kleinen Bruder im Kinderwagen.

12. JULI

» **Weil die Kinderwägen** nun so häufig im Brauche sind, können wir nicht umhin, folgenden ärztlichen Rath allen Eltern und den Kindsmägden einzuschärfen, die Aerzte behaupten nämlich, daß es nachtheilig sei, wenn die Kinderwägen in der Art vorwärts bewegt werden, daß die Kinder rückwärts fahren. Der Grund ist: Das Auge ist daran gewöhnt, bei der Fortbewegung sich den Gegenständen zu nähern; bei jener Unsitte des Fahrens aber geschieht das Gegentheil und dies soll auf die Entwicklung und Ernährung der noch so sehr zarten Augennerven und des großen Gehirnes störend wirken. Jene Kinderwärterinnen, die dies nicht einsehen, sollen es glauben zum Wohle der Kleinen, die ihrer Obhut anvertraut sind. « Pustertaler Bote, Nr. 28, S. 110

1879

Der Tristacher See, als einziger Naturbadesee Osttirols, galt schon im 19. Jahrhundert als wichtiges Naherholungsgebiet für die Lienzer Bewohner und gewann zur Jahrhundertwende als touristische Attraktion an Bedeutung.

4. JULI

»» **Der Tristacher-See**

erfreut sich seit einigen Jahren eines ungemein zahlreichen Besuches von Seite Einheimischer und Fremder. Seit Herr Emil Unterhueber sich dort ein kleines reizendes Tusculum gegründet hat umgeben von hübschen Anlagen, die bis hinüber zu Quelle führen, welche ein so vorzügliches Trinkwasser bietet, seit dieser Zeit ist der Tristacher-See in seiner wilden Einsamkeit der beliebteste Ausflugspunkt der Lienzer geworden. «« Pustertaler Bote, Nr. 27, S. 106

1880

2. APRIL

» ## Aus Sillian

wird uns mitgetheilt: Nachdem in ungemein kurzer Zeit das Schloß Heinfels nicht nur zur Aufnahme einer Tiroler-Jäger-Reserve-Compagnie, sondern auch zur Unterbringung eines Landsturm-Waffen-Depot vollkommen geeignet hergestellt war, konnte die hieher bestimmte Compagnie statt Ende März schon am 23. März hier einrücken. An diesem Tage traf die Reserve-Compagnie unter dem Kommando des Herrn Hauptmanns Panzl auch mit Bahn in Sillian ein, wo selbe am Bahnhofe von der Feuerwehrkapelle empfangen und mit klingendem Spiel bis zum Ende des Marktes gegen Panzendorf begleitet wurde. Im Schloße Heinfels begrüßten die Jäger Pöllerschüße. Offiziere und Mannschaft waren über den freundlichen Willkomm sichtlich erfreut und mit der neuen Heimath zufrieden. Wie unbestimmt verlautet, werden die Waffenübungen der Reservisten mit 1. Mai und 1. Oktober d. Js. hier stattfinden, eine Begünstigung die angenehm berührte und nicht übersehen werden kann. – Das Schloß Heinfels wurde im Jahre 1833 von der landesfürstlichen Verwaltung veräußert und von den Gemeinden des ehemaligen Gerichtes Heinfels erworben. « **Pustertaler Bote, Nr. 14, S. 54**

Bis 1910 wurde Burg Heinfels als Kaserne genutzt, wodurch sie sehr in Mitleidenschaft geriet.

1881

Gasthof „zur Rose“
in der Rosengasse
in Lienz, 1923.

8. APRIL

Lienz. Allerlei

Mit der Legung eines Trottoirs in unserem Städtchen wird es nun ernst. Bereits im vorigen Herbste wurde als erster Versuch längs dem Café Lercher am untern Stadtplatze ein solches aus Steinplatten, welche in der Nähe von Ainet im Iselthale leicht gewonnen werden, hergestellt. Dieser Anfang fand allseits unter der Bevölkerung Anklang, und man beschloß eine weitere Trottoirlegung vom Café Lercher längs der linksseitigen Häuserfront an der Aerarialstraße bis hinauf zum Durchlaß beim Gasthause „zur Rose“ (Rauter); es ist somit bei schlechtem Wetter eine trockene Passage geboten, die früher durch massenhaften Koth wenig einladend war. Die großen und kleinen behauenen Steinplatten liegen bereits am Johannisplatze angehäuft, und in Kürze wird unser Städtchen auch eine Strecke guten Trottoirs besitzen, das sich von Jahr zu Jahr durch die Fortsetzung in anderen Gassen erweitern dürfte – nachdem nunmehr endlich einmal ein Anfang gemacht wurde. « Pustertaler Bote, Nr 14, S. 53

1. JULI

Dölsach

Seit kurzer Zeit sind auch wir hier so glücklich, eine neue, prächtige und richtige Thurmuhr zu besitzen. Hr. Wendelin Jäger, Thurmuhren-Fabrikant in Innsbruck, hat selbe aufgestellt. Das Werk zeigt auf 7 Blättern. Der Name genügt, und braucht weiters nichts bemerkt zu werden, als: „Das Werk lobt seinen Meister.“ « Pustertaler Bote, Nr. 26, S. 102

1882

7. OKTOBER

St. Jakob in Defereggen

Schon zu Ende der vorigen Woche herrschte unter der daigen Bevölkerung eine allgemeine Furcht, dass der lange ununterbrochen Regen Unglück bringen müsse, dass Wasseranschwellungen und Bergabrutschungen unausbleiblich sein müssten. Und leider bewahrheitete sich diese Furcht nur allzuschnell und in bitterster Weise. Die Bergfelder sind von Muren und Abrutschungen so zerstört, dass sie im eigentlichsten Sinne des Wortes ganz unkenntlich geworden sind. Am Obkircherberge allein, beispielsweise, sind nicht weniger als 47 Muren. Die Abrutschungen von den steilen Bergen überschütteten wieder die Felder auf der Ebene, so dass in der ganzen Gemeinde wohl kaum ein Besitzer mehr sein dürfte, der von diesem Unglücke nicht mehr oder minder getroffen worden ist. Zwei Häuser und vier Mühlen sind ein Raub des tosenden Elementes geworden. Zu all diesem Unglücke gesellten sich noch die Wildbäche und der Thalbach mit einer alles zerstörenden Wuth. Die Fractionen Rinderschinken, Bruggen und Pötsch besitzen nicht mehr einen grünen Fleck und sind heute noch auf die gefährlichste Weise bedroht. Der Thalbach erreichte eine Höhe, wie solche hier die ältesten Leute nicht denken können. Von 10 Brücken in der Gemeinde ist nur noch eine passierbar. Nach Hunderten von Gulden hat das Wasser zugerichtetes Brenn- und Mercantilholz mit fortgeschwemmt. Viele Häuser stehen tief, manche bis zum ersten Stocke und weiter verschüttet. Die Thalstraße ist von tobenden Gewässern fast durchgehends zerstört, durch lange Strecken fließt der Thalbach, wo früher die Straße gestanden, so dass an eine Herstellung noch lange nicht zu denken ist. Durch die Zerstörung der Straße ist die Bevölkerung von jedem Verkehr abgeschnitten und der Mangel an Lebensmitteln fängt jetzt schon an, sich in allen Schichten fühlbar zu machen. Die

Mühle in St. Jakob in Defereggen.

Rinnwerke der Mühlen sind zerstört, so dass mancher Bauer das wenige Korn, was er besitzt, oft stundenweit zu einer Mühle liefern muss. Korn bekommt man in der ganzen Gemeinde um keinen Preis, Victualien u. dgl. nur noch in geringer Quantität und zu erhöhten Preisen. Was die Grundbesitzer aus dem kargen Ernte-Ertrage im Schweiße ihres Angesichtes im Sommer hindurch der Erde abgearbeitet haben, geht jetzt vor ihren Augen zu Grund. « Der Bote für Tirol und Vorarlberg, Nr. 230, S. 1969

14. DEZEMBER »

Pusterthal

Die Arbeiten an der Wiederherstellung der Eisenbahnlinie schreiten trotz des eingetretenen Winters rasch vorwärts. Mit 6. ds. M. wurde der Zugsverkehr bis zur Station Welsberg ausgedehnt, und ist nun die Strecke Welsberg-Hof offen. Noch vor Weihnachten soll die großartige Unterbrechung zwischen Hof und Abfaltersbach behoben sein und mit der gleichzeitig angehofften Fertigstellung der Strecke von Bruneck nach Welsberg wäre dann die Pusterthaler Linie von Franzensfeste bis Abfaltersbach und von Lienz nach Villach offen. Die Strecke Abfaltersbach-Lienz, auf welcher die größten Verwüstungen stattgefunden haben, hofft man im Laufe des Monats Jänner fertig zu stehen, so dass dann der gesammte Verkehr auf allen unterbrochenen Linien aufgenommen würde. [...] «

Der Bote für Tirol und Vorarlberg, Nr. 286, S. 2464

Wiederaufbauarbeiten an der Eisenbahnlinie nach dem Jahrhunderthochwasser 1882 im Pustertal.

1883

Die Eisenbahn öffnete die Region für den Tourismus, war aber gleichzeitig auch immer wieder Ursache für schwere Unfälle und Bahnunglücke.

1. FEBRUAR »

Lienz

Sang und klanglos wurde von hier aus am Samstag den 27. v. M. die Pusterthaler Bahn wieder eröffnet. Mit dem Aufgebote eines großen Menschen-Materiales und ungewöhnlicher Energie wurden die Reconstruktions-Arbeiten an der zerstörten Bahnstrecke, an vielen Stellen bei Tag und Nacht, betrieben. Herr Oberinspector Ackerl, der Chef der Bauleitung und seine tüchtigen Ingenieure, hatten sich ganz hervorragende Verdienste um die schnelle Fertigstellung der Bahnlinie erworben. Gilt es doch ganz enorme Terrainschwierigkeiten zu überwinden und man hatte außerdem mit einem großen Feind den Winter, mit Schnee und Kälte fast fortwährend zu kämpfen. Heute ist der Personen- und Güterverkehr wieder aufgenommen und die Bevölkerung des Thales athmet wieder auf, denn Handel und Wandel werden wieder normale Verhältnisse annehmen. « Pustertaler Bote, Nr. 5

6. APRIL »

Aus Lienz

wird dem T. B. gemeldet, daß in der Nacht des 1. April ein gewisser Leonhard Beheim dem 18jährigen Sohn der Wittwe Mayr am Rindermarkt auf offener Straße eine lebensgefährliche Schnittwunde am Unterleibe beigebracht hat. Beheim soll mit der genannten Frau ein Verhältniß unterhalten haben, was den jungen Mann veranlaßte, in erwähnter Nacht ersterem das Haus zu verweisen. Hierdurch entstand ein Streit, welcher sich bis auf die Straße fortpflanzte, wo die bedauerliche That vor sich ging. Die Verletzung des armen Burschen ist absolut tödtlich, da der Stich mit einer solchen Vehemenz geführt wurde, daß der Unterleib von einem Hüftknochen zum andern aufgeschlitzt und die Eingeweide theilweise zerschnitten wurden. Der Mörder wurde sofort in Haft genommen. « Pustertaler Bote, Nr. 14

1884

Wenn man sich als Ehepaar in Lienz ablichten lassen wollte, wandte man sich an den Fotografen Georg Egger (1835–1907) in der Schweizergasse.

29. FEBRUAR »

Pusterthal

Einen Unfall, der von höchster Unachtsamkeit und Ungeschicklichkeit bei Handhabung einer Feuerwaffe zeugt, meldet man aus Kartitsch. Eine Braut aus dem Vilgratenthale fuhr des Morgens in Begleitung anderer Hochzeitsgäste zur Trauung nach Kartitsch. Ein Bruder des Bräutigams stand rückwärts am Schlitten und feierte das Ereignis mit Pistolenschüssen. Wie es nun kam, daß ein Schuß den Kopf der Braut traf, ist nicht recht erklärlich, da er sich denselben doch nicht als Zielpunkt ausgewählt haben kann. Thatsache aber ist, daß die Braut eine Ladung, die allerdings glücklicher Weise nur aus Pulver und Papierpfropfen bestand, in das Hinterhaupt erhielt, wodurch die Haare total versengt, wie auch das Gesicht theilweise verbrannt und ein Auge gefährdet worden sein sollen. Die Trauung fand zwar am Nachmittag dennoch statt, doch soll die junge Frau nicht außer Gefahr sein. Eine traurige Hochzeit! Der unglückliche Schütze wird wohl wahrscheinlich von seiner Waffe künftig bei ähnlichen Feierlichkeiten keinen Gebrauch mehr machen. « Pustertaler Bote, Nr. 9

21. MÄRZ

» Aus Windischmatrei

Am 1. Juni d. J. wird die Telegrafenverbindung mit Lienz eröffnet werden; daß diese Verbindung, welche dem reisenden Publicum sehr zu Statten kommen wird, hergestellt wurde, ist ausschließliches Verdienst der Gemeinde Windischmatrei. Dadurch wird es möglich, sich von Lienz aus Unterkunft telegrafisch zu bestellen, während man bis jetzt oft aufs Gerade Wohl den langen Weg durchs Iselthal zurücklegte und das Gasthaus „zum Rauter", obwohl es nahezu an 100 Gäste unterbringen kann, überfüllt fand. Die Bewohner des Iselthales geben sich der Hoffnung hin, daß sich das Project einer Tauernbahn endlich doch realisieren werde, und zwar aus dem Pinzgau über den Felbertauern, Windischmatrei berührend, nach Lienz; die Gemeinde haben bereits ihrem Vertreter dem Reichsrathsabgeordneten Dr. Kathrein eine diesbezügliche Vorlage gemacht. « Pustertaler Bote, Nr. 12

4. APRIL

» Die Eislieferungen aus den Pusterthaler Seen

in Toblach, Prags und Tristach nach Deutschland haben eine große Dimension angenommen. Von Toblach allein sind schon bei 400 Waggon abgegangen. Es bleibt bei dieser Waare, welche nichts kostet, viel Geld im Thale, denn erst werden die Eigenthümer der Seen, dann die Lieferer, die Fuhrwerke und die Arbeiter gut bezahlt. Das Eis kommt, bis es an Ort und Stelle ist, gewiß nicht billig. Wenn dieser Artikel, nur das ganze Jahr konsumiert werden könnte. « Pustertaler Bote, Nr. 14

12. SEPTEMBER

» Aus Dölsach

wird uns geschrieben: Beim Lastenzuge Nr. 453 am 10. d. welcher von Lienz gegen Villach verkehrt, wurde circa 6 Uhr 30 M. Abends ungefähr 300 Schritte unterhalb dem Weichenwächter Nr. 195 eine ältere Frauensperson überführt und todt vorne von der Locomotive abgenommen. Die Verunglückte, welche noch unbekannt ist, war in bürgerlicher Kleidung, scheint von Lienz gekommen zu sein, da sie in einer Kanne ein Stück Fleisch hatte. Schuld von einem Bahnbediensteten ist nicht vorhanden, da selbe an einer Stelle den Bahnkörper betrat, wo kein Bediensteter sich befand. « Pustertaler Bote, Nr. 37

1885

24. JULI

Aus dem Pusterthal

In den letzten Wochen waren die Klagen über den geringen Fremdenverkehr im Pusterthale ziemlich allgemein und man suchte eifrig nach Gründen zur Erklärung der Abnahme desselben gegen das vorige Jahr. Die Arlbergbahn, meint man, lenke den Touristenstrom für heuer in das neuerschlossene Oberinnthal – ohne Zweifel ist dies der Fall, doch dürfte ein anderer Grund nicht weniger gewichtig und einflussreich auf unseren Fremdenverkehr sein, nämlich die Bauten an den Kärntner Seen, die Errichtung von Hotels, Pensionen und Villen am Wörther-, Ossiacher- und Millstätter-See. Es ist bekannt, dass an ersterem See derartige auf Sommergäste berechnete Etablissements wie Pilze aus der Erde wuchsen und noch wachsen; am Ossiacher-See wurde heuer ein Hotel mit 120 Zimmern eröffnet und auch am Millstätter-See wird eifrig gebaut. Die Cur- und Fremden-Liste vom Wörther-See Saison 1885 Nr. 5 führt in 6 Orten 557 Parteien mit 1404 Personen auf. Darunter zählt Pörtschach 300 Parteien mit 715 Personen, Velden 151 Parteien mit 446 Personen. Welcher Pusterthaler Ort will sich damit messen und wo findet man hier überhaupt eine Bauthätigkeit, um für Sommerparteien bequeme selbständige Wohnungen mit eigener Wirtschaftsführung zu errichten? Wer will sich aber wundern, wenn die Sommerfrischler die lockende Gelegenheit an einem Kärntner

Das etwas schlechtere Fremdenverkehrsjahr 1885 geriet schon ein paar Jahre später in Vergessenheit. 1890 betrug die Zahl der Touristen im Pustertal bereits 22.676 und stieg 1892 auf 28.226 Personen.

See benützen und dort ihre Villeggiatur aufschlagen, um allenfalls in den heißesten Wochen im höher gelegenen Pusterthale vor dem Sonnenbrand Zuflucht zu suchen. Gegen die Concurrenz der Kärntner Seen wird das Pusterthal kaum recht aufkommen können, hingegen hat es den wertvollen Vortheil reinerer Luft und prächtiger, äußerst lohnender Ausflüge und Bergtouren, nicht nur für Fußgänger, sondern auch für bequeme Wagenreisende. Für längeren Aufenthalt muss es durch Anlagen etc. und Wege in seinen bis an das Thal reichenden Wäldern sorgen. Die Zahl der im Sommer aufs Land gehenden Städter ist eine riesige, aber immerhin beschränkte und in der Errichtung von Unterkünften für sie kann schließlich auch ein Zuviel Platzgreifen, darum handelt es sich, die Fremden zu fesseln; denn in der allgemeinen Concurrenz wird jene Gegend den Vorzug haben, die am meisten bietet. «

Der Bote für Tirol und Vorarlberg, Nr. 166, S. 1348

31. JULI »

Lienz

Man kann sich kaum einen grelleren, zugleich aber auch erfreulicheren Widerspruch denken, als jenen zwischen der Projectierung und Ausführung der Straße über den Iselsberg. Mehr als 100 Jahre hat es gedauert, seit der ersten Aufnahme eines Bauplanes bis zur endlichen Genehmigung eines umgearbeiteten Projectes – und die die Herstellung der Straße im großen und ganzen ohne Einrechnung der letzten Arbeiten wird in weniger als hundert Tagen durchgeführt sein! Die Unternehmung hat den ganzen Straßenzug an mehreren Stellen gleichzeitig in Arbeit genommen und bedeutende Strecken sind im Rohen schon fertig gestellt. Die Anlagen der Trace ist eine sehr gute, was Steigungsverhältnisse anbelangt, auch bietet sie einige Punkte von hervorragender landschaftlicher Schönheit; hingegen ist die Bodenbeschaffenheit an manchen Stellen einer soliden Fundamentierung nicht günstig und beobachtet man auch Strecken, wo man von der für Straßen dieser Kategorie normierten Breite von 4 m absehen und sich mit wenig mehr als 3 m begnügen musste, leider auch an Stellen, die für das Ausweichen zweier Fuhrwerke wegen des steilen Terrains unsicher sind. Auch Schottermateriale ist nur in wenig geeigneter Qualität vorhanden und es wird nach Eröffnung der Straße, die am 18. August erfolgen soll, wohl ziemlich lange dauern, bis sie gut und bequem fahrbar wird. « Der Bote für Tirol und Vorarlberg, Nr. 172, S. 1396

12. AUGUST »

Lienz

In jüngster Zeit ist unsere an interessanten Ausflügen und Aussichtspunkten ohnehin reiche Gegend wieder um eine Sehenswürdigkeit vermehrt worden, dadurch nämlich, dass eine solche zugänglich gemacht und so dem allgemeinen Besuche erschlossen wurde. Es ist dies die Galitzenbachklamm. Dort, wo im Südwesten von Lienz der dominierende Gipfel der Lienzer Dolomiten, der Spitzkofel, seine wildzerrissenen Zacken in den blauen Aether reckt, öffnet sich an dem von

Dieser hier posierende Hund mit seinen Spielgefährten Luise, Richard und Mitschi Glätzle entkam hoffentlich dem wütenden Hund im Februar 1886.

Lerchen, Tannen und Buchen bekleideten Fuße der grauen Kalkfelsen ein gewaltiger Schrund, durch den der Galitzenbach seine grünen Wässer schleudert. Die Klamm beginnt mit gigntischen, senkrechten Felsenwänden, in wenigen Minuten erreicht man den zweifachen Wasserfall des Galitzenbaches, wie er oben aus schmaler Rinne in die Tiefe stürzt, an einem Felsen anprallt und nun als Schirmfall die ganze Breite der Schlucht bestäubt. [...] Die Stadt Lienz besitzt in diesem Gebiete große schlagbare Waldungen und beabsichtigt, einen Fahrweg zur Ausbringung des Holzes im Bereiche der Klamm anzubringen. Zur leichteren Vermessung dieser Weganlage ließ die Stadt nun vorläufig einen Fußpfad, theils Steg, durch die Klamm anlegen, wodurch die Besichtigung derselben ermöglicht wurde. «

Der Bote für Tirol und Vorarlberg, Nr. 182, S. 1470

1886

28. FEBRUAR »» **Lienz**

Heute früh verbreitete sich hier das Gerücht, ein wüthender Hund aus dem Nachbardorfe Gaimberg laufe in der Stadt herum und habe schon viele Hunde gebissen. Leider hatte es damit auch seine Richtigkeit. Sofort wurde eine Jagd auf das wüthende Thier eingeleitet und gelang es dieses am obern Stadtplatz (Johannesplatz) durch einen wohlgezielten Schuß niederzustrecken und durch einen weiteren Schuß zu tödten. Die Untersuchung soll die zweifellose Bestätigung des Wuthverdachtes ergeben haben. Die Behörden ergriffen sofort die strengsten Maßregeln; die Einschließung aller Hunde und die sofortige Vertilgung der vom Wüthenden Gebissenen wurde verfügt. – Wie man erzählt, biß der tolle Hund auch eine Kuh. Er durchlief in größter Eile die ganze Stadt, fiel die Hunde, die ihm in den Weg kamen, an, raufte sie ab und eilte wieder weiter. Begreiflicher Weise erregte der Vorfall die Bevölkerung in hohem Grade, insbesondere die Hundebesitzer, die genöthiget oder doch veranlaßt sind, ihre Thiere, die einen wirklichen, oder was oft noch mehr, einen Liebhaberwerth haben, zu opfern. « Lienzer Zeitung, Nr. 7, S. 56

11. APRIL »» **Lienz**

Wer noch im Zweifel gewesen, daß Lienz im Begriffe ist „sich zu machen", den mußte die Nachricht von dem Stattfinden eines Wettrennens überzeugen, daß Lienz in jeder Richtung die „Höhe der Zeit erklimmen will." Sonntag 12 Uhr Mittag war die Losung; um diese Zeit sollte der Wettkampf zwischen einem Bicyclisten und einem Läufer ausgetragen werden. Eine Menge Zuschauer hatten sich an der Straße nach Leisach eingefunden, um dem Triumpfe des Tretrades gegen den an die Scholle gebundenen menschlichen Fortbewegungs-Apparat beizuwohnen. Allein für die Wenigsten konnte es zweifelhaft sein, daß der Bicyclist unterliegen müsse, denn der Fußläufer hatte nur etwas über ein Drittel der Strecke zurückzulegen, welche der Radfahrer zu durchmessen hatte. So siegte der Läufer mit einem Vorsprung, doch legte auch der Bicyclist seinen Weg in sehr kurzer Zeit zurück. « Lienzer Zeitung, Nr. 13, S. 107

19. SEPTEMBER »» **Lienz**

Der heutige Tag hat die Reihe der Kaisertage eröffnet, er war ein Festtag für ganz Pusterthal. Vom Morgen an machte sich in Lienz die festtägliche Bewegung bemerkbar. An die Ausschmückung des Bahnhofes mit Flaggen und Wappenschildern wurde die letzte Hand gelegt, eine Reihe mächtiger Wimpel in den Farben des Allerhöchsten Kaiserhauses, sowie Oesterreichs, Belgiens und Tirols flatterte vor dem Aufnahmsgebäude. [...] Lange vor der für die Ankunft des Hofzuges festgesetzten Stunde bewegte sich ein Zug weißgekleideter Schulmädchen mit reichgefüllten Blumenkörbchen nach dem Bahnhofe. Sie hatten die Aufgabe, dem Kaiser Blumen auf den Perron zu streuen. Mit der hereinbrechenden Dämmerung begannen die Freudenfeuer von den Bergen empor zu flammen. An zahllosen Punkten der Gebirgsumrandung von Lienz sowie weit in das Iselthal hinein und das Drauthal hinauf entstanden Feuer, Initialen und Kronen. Einzelne Feuer brannten auf den Gipfeln der Berge, das höchste am Spitzkofel (2740 Meter), von welchem eine riesige, weißrothe Flagge wehte. [...]

Am Bahnhofe von Lienz waren die k.k. Beamten, der Clerus, die Stadtvertretung von Lienz und die Vertretungen sämmtlicher Gemeinden der Bezirke Lienz und Windisch-Matrei aufgestellt, ferner die Standschützen, die Veteranen, die Feuerwehren von Lienz und Leisach, die Vorstände der Vereine vom rothen Kreuz und vom Frauen-Hilfsvereine, sowie der kath. Gesellenverein und die Schuljugend mit ihren Lehrern und Fähnleins; die Musikbanden von Lienz, Anras, Tristach und Dölsach hatten ebenfalls Aufstellung genommen. Als nun der Hofzug in die Station fuhr, intonierten sie die Volkshymne und brausende Hochs empfingen den Monarchen.

Der Kaiser verließ sofort den Wagon und wurde vom Bezirkshauptmann von Lienz bewillkommt. Dann richtete eines der weißgekleideten Mädchen eine Ansprache an Sr. Majestät und überreichte einen prächtigen Blumenstrauß. [...] Dem Bürgermeister von Lienz gegenüber, welcher der Freude über den Allerhöchsten Besuch Ausdruck gab, äußerte der Kaiser, daß es ihn freue, nach dreißig Jahre wieder ins Pusterthal zu kommen und daß ihn der herzliche Empfang besonders freue. [...] Der k.k. Herr Bezirkshauptmann von Lienz begleitete Se. Majestät auf der Fahrt ins Hochpusterthal. In Abfaltersbach hielt der Hofzug und nahm der Kaiser die Huldigung der dort am Bahnhofe erschienenen Gemeindevertretungen und Seelsorger entgegen. [...] « Lienzer Zeitung, Nr. 36, S. 323 f.

Lienzer Bahnhof, um 1900.

1887

26. FEBRUAR »

Meteorologische Beobachtungen

Im Dezember v. J. wurde im hiesigen Franziskanerkloster eine p. Arbogast Schöpf Station II. Ordnung für meteorologische Beobachtungen eingerichtet, deren Leitung der hochw. Herr Arbogast Schöpf führt. Die meteor. Station Lienz ist seit der Errichtung der Wetterwarte am Sonnblick von besonderem Werte und nach Angaben des Herrn Bergrathes Seeland in Klagenfurt, der die hiesige Station einrichtete, ist die Lage des Klosters für die Aufstellung der Instrumente eine ausgezeichnete. Dank der Freundlichkeit des genannten Herrn Leiters der Station werden wir in der angenehmen Lage sein, künftighin die 7 Uhr Früh Temperatur nach der authentischen Ablesung allwöchentlich zu veröffentlichen. Heute tragen wir die Daten pro Jänner summarisch, pro Februar einzeln nach. «

Lienzer Zeitung, Nr. 9, S. 86

4. JUNI »

Bankennebenstelle Lienz

Der Generalrath der österr. ungar. Nationalbank hat beschlossen in Lienz eine Banknebenstelle zu errichten, deren Geschäfte von der hiesigen Sparcasse besorgt werden. « Lienzer Zeitung, Nr. 23, S. 237

23. JULI »

In Bannberg

fuhr am vorigen Samstag ein Blitzstrahl in das Haus des Boten und Waldaufsehers, der eben von Lienz heimgekommen war und sich in der Wohnstube aufhielt. Der Blitzstrahl zündete im ersten Stock, nahm dann seinen Weg durch die messingene Wanduhr in der Wohnstube und warf auch den Boten zu Boden. Durch drei Stunden blieb der Mann wie leblos, bis es endlich gelang, ihn wieder zum Bewußtsein zu bringen. Das Feuer konnte glücklicherweise durch nasse Tücher etc. rasch gelöscht und so ein weiteres Unglück verhütet werden. «

Lienzer Zeitung, Nr. 30, S. 316

1888

24. MÄRZ

Nach Amerika!

In jüngster Zeit kommt in der Lienzer Gegend eine ganz einfache Methode auf, um sich aus Geldverlegenheiten zu befreien: Man wandert nach Amerika aus. Schon im vorigen Herbste verschwand ein Bauer vom Thurner-Berge, der sich nicht mehr aussah, bei den schlechten Zeiten weiter zu hausen, mit Hinterlassung von Weib und Kindern und suchte in Amerika seinen Erwerb als Zimmermann; vor wenigen Wochen ließ ein Krämer in Schlaiten seine Krame und seine Gläubiger im Stich, borgte noch bei einer Anzahl Bekannter kleinere Beträge und dampfte über Havre ab; in der vorigen Woche ist wieder ein Bauer von Glanz ohne jeden Abschiedsgruß an Weib und Kind verschwunden und eine Nachricht aus Genua von einem anderen Auswanderer läßt keine Zweifel, daß auch er jenseits des großen Wassers sein Glück versuchen will. Es kann bei der Noth der Zeiten kaum wundern, wenn in nächster Zeit noch mehr solche Fälle vorkommen. Mit dem Gedanken der Auswanderung befreunden sich hierlands überhaupt mehrere Personen, auch solche, die nicht vom Zwange der Verhältnisse gedrängt werden, ein besseres Heim zu suchen. Möge nur nicht bittere Enttäuschung das Loos der Europa-Müden sein! Lienzer Zeitung, Nr. 12, S. 136

9. JULI

Fürstbischof Dr. Simon Aichner weilt seit Sonntag Abends in unserem Bezirke

Se. bischöfl. Gnaden kamen am Sonntag halb 8 Uhr Abends hier an und wurden am Bahnhofe vom Herrn Decan, dem Herrn k.k. Bezirkshauptmanne, dem Stadtmagistrate und der Gemeindevertretung von Tristach ehrfurchtsvollst begrüßt. Eine zahlreiche Volksmenge hatte sich eingefunden. Der Fürstbischof sammt Gefolge fuhr sofort nach dem Pfarrdorf Tristach ab, wo ihm ein sehr feierlicher Empfang bereitet wurde. Am Montag fand dort die hl. Firmung statt; an den folgenden Tagen spendete der Fürstbischof das hl. Sakrament in den Kirchen zu Lavant, Nikolsdorf, Dölsach und Nußdorf; am Donnerstag den 7. Juli wurde die Einweihung der Schutzengelkirche am Iselsberg vorgenommen. Es ist selbstverständlich, daß der hochwürdigste Kirchenfürst in allen Gemeinden mit der möglichsten Feierlichkeit empfangen wurde. Triumphpforten mit sinnigen Chronogrammen, größtentheils in deutscher Sprache, wehende Fahnen, weißgekleidete Jungfrauen, Musik und Pöllergeknall etc. staffierten den herzlichen Empfang, den eine Ortschaft nach der anderen dem verehrten Oberhirten bereitete. Lienzer Zeitung, Nr. 28, S. 292

Iselsberg mit der Schutzengelkirche, um 1900.

3. NOVEMBER »

Vom untergegangenen Lienz

Wie bekannt, wurden bei Stribach, Debant und Nußdorf schon wiederholt Funde von Ueberresten der alten keltisch-römischen Niederlassung Leontium oder Aguntum gemacht. Theile von Landhäusern mit Mosaikböden, künstlich angelegten Heizungen und Wasserleitungen, dann Gräber usw. wurden blosgelegt, zum Theile aber seitdem wieder verschüttet. Die letzten Nachgrabungen fanden in den ersten Jahren des laufenden Dezenniums statt. Von den damals für den Zweck gesammelten Geldern sind noch 60 fl. hinterlegt. Nun sollen über Anregung des Herrn Ingenieur Pupp und unter dessen Leitung neuerlich systematische Grabungen vorgenommen werden, durch welche man größere Klarheit in die noch nicht zur Genüge gelösten Anschauungen zu bringen hofft. [...] Die Funde selbst, soferne selbe transportable Gegenstände sind, werden in einem hiefür passenden Lokale (Museum) in Lienz untergebracht. Kann man auch auf Behebung von Schätzen in Gold und Edelsteinen nicht rechnen, so sind doch anderweitige Alterthümer für die hiesige Gegend auch von Bedeutung. Und was erst, wenn man das Glück hätte, die verlorengegangene Therme (heiße Quelle), von welcher eine Sage wissen will, wieder aufzufinden? « Lienzer Zeitung, Nr. 44, S. 490

Erste Ausgrabungen der römischen Siedlung Aguntum im heutigen Dölsach fanden schon im 18. Jahrhundert statt.

24. NOVEMBER »

Politisches in der Kirche

Am letzten Sonntage verarbeitete der Herr Expositus von B[...] in seiner Predigt die Liberalen. Er nannte sie Schnapsbürger, Trunkenbold, Nachtschwärmer und H...böcke. In ähnlichen Ausdrücken bewegte sich ein großer Theil seiner Predigt, worüber uns Angaben von Ohrenzeugen zur Verfügung stehen. Unter anderem sprach er auch von einer Ratzenstadt mit einem Ratzenblatt ... sollte er hiebei nach dem Eisack gezielt haben? Angesichts der in den conservativen Blättern betriebenen Verfechtung der Politik in der Kirche, sehen wir uns geradezu genöthigt, hievon Mittheilung zu machen und zu fragen, ob auch eine derartige Sprache vor Jung und Alt einer ganzen Gemeinde am Platze gefunden und als von hoher Intelligenz zeigend vertheidiget wird. « Lienzer Zeitung, Nr. 47, S. 526

1889

9. FEBRUAR

»Trauer-Kundgebungen für Kronprinz Rudolf

Am vorigen Donnerstag, als die Richtigkeit der Trauerkunde von dem Ableben des Kronprinzen Rudolf außer jedem Zweifel stand, versammelte der Bürgermeister der Stadt Lienz, um über den unersetzlichen Verlust Ausdruck zu geben, eine Anordnung des Gemeinde-Ausschusses, welcher die Vorstände des Hilfsvereines vom Rothen Kreuze, des Sänger-, Veteranen-, Feuerwehr- u. Schützenvereines sich anschlossen und brachte die Trauer- u. Beileids-Gefühle beim k.k. Bezirkshauptmann zur weiteren Unterbreitung zum Ausdrucke. – Am Rathause wurde die Trauerfahne ausgesteckt. – Die Section Lienz des Oe. T.-C. pflanzte am Begräbnistage des Kronprinzen eine große Trauerflagge in der Nähe des Anna-Schutzhauses am Ederplan auf und die Section Lienz des D. u. Oe. A.-V. hißte die schwarze Fahne auf ihrem Aussichtsthurme „Venediger-Warte" am Schloßberge. – Im übrigen wurde nur noch eine Trauer-Fahne am Bahnhofe wahrgenommen. «

Lienzer Zeitung, Nr. 6, S. 66

Kronprinz Rudolf von Österreich-Ungarn.

1889

23. FEBRUAR »

Ein neuer Touristen-Hut

Der Lienzer Hut-Fabrikant Herr Franz Reiner, hat einen neuen Touristen-Hut erzeugt, den er unter dem bezeichnenden Namen „Großglockner-Hut“ in den Handel bringt. Der neue Hut vereiniget Vorzüge in sich, die ihn bald zu einem der beliebtesten Hüte für Touristen, Jäger etc., kurz für Alle, die sich bei jedem Wetter im Freien befinden, machen werden. Der „Großglockner-Hut“ ist ein aus bester Landwolle erzeugter Lodenhut von sehr gefälliger Form; sein Hauptvorzug besteht in der Haltung der genügend breiten Krempe, welche nicht, wie es bei Fabrikshüten der Fall ist, beim ersten Durchnässen fällt und der Kopfbedeckung eine nachlässige Form gibt, sondern selbst bei größter Strappazierung ihre Form beibehält. Wir wünschen dem strebsamen Fabrikanten mit seiner neuen Einführung den besten Erfolg. « Lienzer Zeitung, Nr. 8, S. 92

30. MÄRZ »

Windisch-Matrei

Diese Woche haben gegen hundert junge, kräftige Leute Wind.-Matrei verlassen, um in den Bergwerken der Steiermark, hauptsächlich in Eisenerz, über den Sommer Beschäftigung und Verdienst zu suchen. Eine kleinere Zahl geht alljährlich diesem harten Brot nach, heuer aber hat sich die doppelte Anzahl angesichts der herrschenden Nothlage entschlossen, den Verdienst, den die steirischen Bergwerke dem fleißigen Manne bieten, aufzusuchen. « Lienzer Zeitung, Nr. 13, S. 152

28. SEPTEMBER »

Zur electrischen Beleuchtung

In der Gemeinde-Ausschuß-Sitzung am 21. ds. M. wurde ein siebengliedriges Comité zur Berathung und Verhandlung mit dem Electrotechniker Herrn Roman Vogler wegen Einführung der electrischen Beleuchtung in Lienz gewählt. « Lienzer Zeitung, Nr. 39, S. 473

1890

Lienzer Hütte, um 1900.

3. MAI

Der 1. Mai

» in Lienz wurde mit dem üblichen Weckruf der städtischen Musikkapelle begrüßt. Von einer Arbeiterbewegung hörten wir nichts – nur ein Musikant der städt. Kapelle machte Streik. « Lienzer Zeitung, Nr. 18, S. 226

30. AUGUST

Die Eröffnung der Lienzer Hütte

» im Debantthale fand in der vorigen Woche in einfacher, aber würdiger Weise statt. Schon in aller Frühe brachen am 20. ds. M. Gruppen von Theilnehmern – worunter auch vier Damen – auf. Vormittags mit dem Schnellzuge traf der erste Präsident des D. u. Oe. Alpenvereines, Hr. Landesgerichtsrath Karl R. v. Adamek, in Lienz ein, worauf sich die letzte Gruppe um 11 Uhr Vormittags in Bewegung setzte. Abends entfaltete sich in der Hütte, sowie um ein großes Feuer außerhalb derselben ein reges, fröhliches Treiben, das bis Mitternacht währte und selbst als alle Theilnehmer (28 Personen) ihr Nachtlager in der Hütte aufgesucht hatten, sich nicht so ohne weiteres dämpfen ließ. Am Morgen des 21. ds. M. trafen noch einige Nachzügler, die die Nacht in der Hofalmhütte verbracht hatten, darunter der Herr Bürgermeister Franz Rohracher, bei der Lienzer Hütte ein. Volles Lob erhielt die einfache aber bequem und anheimelnde Einrichtung der Hütte. Um 10 Uhr fand die feierliche Eröffnung derselben statt. [...] Der Vereinspräsident Herr R. v. Adamek wies in seiner Ansprache auf die Wichtigkeit dieser alpinen Schutzhütte hin, zollte dem Erbauer, Baumeister Andrä Mairl, das verdiente Lob und brachte ein Hoch aus auf das Bestehen und den regen Besuch des Unterkunftshauses. [...] «

Lienzer Zeitung, Nr. 35, S. 457

1891

Wen fotografierte hier Georg Egger, der Vater von Albin Egger-Lienz, um 1890: einen Wilderer oder einen Jäger?

21. FEBRUAR »

Bestrafte Wilderer

Wir haben bereits im Vorjahre berichtet, daß mehrere Individuen, welche wiederholt im Reviere des Münchener Jagd-Consortiums unbefugter Weise auf die Gemsjagd ausgiengen, in gerichtliche Untersuchung gezogen wurden. Am 14. ds. M. hatten sich nun dieselben vor dem Kreisgerichte in Bozen ob Verbrechens des Wilddiebstahles zu verantworten. Das Ergebnis der Verhandlung war, wie gerüchtweise verlautete, daß Josef Müller vlgo. Galitzenschmied Seppele zu 6 Monaten, Josef Kreuzer von Leisach zu 14 Tagen und Franz Huber von Burgfrieden zu 6 Tagen Kerker bzw. Arrest verurtheilt, während mehrere der Diebstahlstheilnehmung durch Hehlerei Beschuldigte freigesprochen wurden. « Lienzer Zeitung, Nr. 8

28. MÄRZ »

Mordversuch

In den Morgenstunden des verwichenen Sonntages spielte sich im nahen Oberlienz ein recht aufregender Vorfall ab. Der vulgo Veidlerbauer Kröll saß gerade in der Stube beim Frühstückstische, als sich auf einmal die Thüre öffnete und ein in Oberdrum bediensteter Webergehilfe namens Kraßnig in die Stube trat und dort den Bauern wegen eines vor Jahren geschlossenen Holzgeschäftes, bei welchem Kraßnig sich benachtheiligt glaubte in ziemlich erregter Weise zur Rede stellte. Auf die beschwichtigende Gegenäußerung Krölls hin zog Kraßnig einen

Lefauchexrevoler aus der Tasche und drückte denselben dreimal auf den Bauern ab jedoch ohne Erfolg, da jedesmal die Patrone versagte. Mittlerweile war auch die Bäuerin in die Stube getreten und bemerkte die Erregung beider Männer. Wie diese ihrem Mann um ihn zu beruhigen, vom Kraßnig wegdrängen wollte, zog letzterer sein Sackmesser und brachte damit dem Kröll eine lange Schnittwunde am Gesicht und einen Stichwunde am Halse bei und entfernte sich. Es gelang denselben noch am gleichen Tage zu verhaften. Kraßnig, der an periodischem Wahnsinn leidet und in diesem Zustande ungemein rachsüchtig sein soll, scheint diese That doch in einer Sinnesverwirrung verübt zu haben. Kröll ist zwar schwer doch nicht lebensgefährlich verletzt. « Lienzer Zeitung, Nr. 13

14. AUGUST »

Die Körpergröße der Kalser

Unser Landsmann Herr Dr. C. Toldt, Professor der Anatomie an der Wiener-Universität veröffentlichte soeben die sehr interessanten Resultate seiner Studien über die Körpergröße der Bewohner unseres Kronlandes. Hiezu boten ihm die Stellungslisten unseres heimischen Jägerregiments das nöthige Materiale und zwar umfassen diese die im J. 1890 untersuchten 16.384 Stellungspflichtigen. Die von Professor Toldt durchgeführte Zusammenstellung ergab, daß die Gerichtsbezirke Lienz und Wind.-Matrei einen sehr großen Menschenschlag besitzen mit 48 % „Großen" (Personen von über 170 cm. Körperlänge) und nur mit 5–6 % „Kleinen" (von unter 160 cm.) Das Kalser-Thal jedoch hat den weitaus größten Menschenschlag Tirols aufzuweisen, indem sich hier die Zahl der „Großen" bis auf 61 % erhebt, „Kleine" überhaupt nicht vorkommen und auch von den „Mittelgroßen" keiner weniger als 165 cm. Körpergröße aufweist. « Lienzer Zeitung, Nr. 33

Vor dem Gasthaus „Bergerweihs" in Kals gruppierte sich die Wirtsfamilie nach Körpergröße geordnet, im Jahre 1906.

10. OKTOBER »

Die gewerbliche Fortbildungsschule

in unserer Stadt wurde am Dienstag den 6. October Abends in den Schullokalitäten im Gasthofe zum „weißen Lamm" mit der Aufnahme und Einschreibung der Schüler eröffnet. Der Unterricht wird ertheilt am Montag, Mittwoch und Freitag von 5 bis 7 Uhr Abends und am Sonntag von 9 bis 11 Uhr Vormittags. Vielen Gewerbetreibenden in unserer Stadt dürften die Unterrichtsstunden an den Wochentagen nicht genehm sein, und sollte angestrebt werden, daß selbe auf 7 bis 9 Uhr Abends verlegt werden, was in vieler Beziehung empfehlenswerther und vortheilhafter wäre. « Lienzer Zeitung, Nr. 41

24. OKTOBER »

Zahnarzt J. Paichel

Wie aus dem Anoncentheile unseres Blattes ersichtlich ist, ordiniert Herr J. Paichel, Zahnarzt aus Klagenfurt, am Sonntag den 25. October im Gasthause zum „schwarzen Adler" (alte Post) in Lienz. « Lienzer Zeitung, Nr. 43

Zeitungsannonce des Zahnarztes J. Paichel in der Lienzer Zeitung, 1891.

1892

Erzherzog Franz Salvator von Österreich-Toskana (1866–1939).

21. MAI »

Auszeichnung

Unserem jungen vaterländischen Künstler Albin Egger wurde von der Akademie der bildenden Künste in München für sein ausgestelltes Bild „Die heilige Familie“ die kleine silberne Medaille verliehen. « Lienzer Zeitung, Nr. 21

17. SEPTEMBER »

Erzherzog Franz Salvator in Lienz

Am Sonntag den 11. ds. M. Vormittag nach 11 Uhr traf Se. kaiserl. Hoheit Erzherzog Franz Salvator von Sillian kommend mit seiner Eskadron unter dem Krachen der am Schießstande aufgestellten Pöller in unserer Stadt ein, welche aus diesem Anlasse festlich beflaggt war und in deren Straßen ein zahlreiches Publikum des Einmarsches harrte. Vor dem Gasthofe zur Post hatten die Herren k.k. Beamten in Gala, der Hochwürd. Klerus und der Bürgermeister mit den Gemeinde-

Räthen im Halbkreise Aufstellung genommen. Hier fand auch die Vorstellung der einzelnen Persönlichkeiten vor Se. kais. Hoheit statt, welcher in leutseligster Weise jedem der Herren die Hand reichte. Nachmittag unternahm der Herr Erzherzog mit den Herren Offizieren eine kleine Spazierfahrt über Amlach zur Galitzenklamm. Ein Besuch des so schön gelegenen und aussichtsreichen Schießstandes, wo sich zahlreiche Schützen zum Kranzgabenschießen eingefunden hatten, sowie des altehrwürdigen Schlosses Bruck ist leider unterblieben. Am Abend fand eine Serenade unseres Sängerbundes, der städtischen Musikkapelle und der freiwill. Feuerwehren von Lienz und Leisach statt. Der lange, sehr gelungene Fackelzug bewegte sich vom Rathause aus zum untern Stadtplatze und nahm vor dem Gasthofe zur Post inmitten einer großen Menschenmenge Aufstellung. Der Sängerbund sang zwei prächtige Chöre und die Musikkapelle brachte einige gediegene Tonstücke zum Vortrage. Der Herr Erzherzog sehr erfreut über diese Ovation, ließ den Herrn Bürgermeister zu sich rufen, sprach ihm seinen besonderen Dank aus und bat ihn, denselben auch gegenüber der Bevölkerung zum Ausdrucke zu bringen. Am nächsten Tage um ½ 8 Uhr morgens ist Se. kais. Hoheit mit seiner Escadron nach Greifenburg abgeritten, woselbst Rasttag gehalten wurde. Die Escadron trifft nach der bekannten Reiseroute am 23. September in Wels ein. Die beiden hier durchmarschierten Escadronen hatten einen Verpflegsstand von 11 Offizieren, 224 Mann und 222 Pferden. «

Lienzer Zeitung, Nr. 38

3. DEZEMBER »

Skisport

Allenthalben liest man jetzt in den Blättern Abhandlungen über diesen neuen Sport, das Schneeschuhlaufen, und auch daß sich derselbe in verschiedenen Provinzen Oesterreichs einzubürgen scheint, daß sich da und dort in den Alpenländern „Ski-Clubs“ gebildet haben, kurz, daß man in allem Ernste auch bei uns in Oesterreich diesem angenehmen und gesunden Sporte sich zu widmen beginnt. Wir können heute mittheilen, daß auch Mitglieder des „Lienzer Radfahrer-Club“ und mehrere andere sportsfreundliche Herren daran sind, das Schneeschuhlaufen, in Anbetracht der ungemein günstigen Terrain-Verhältnisse, bei uns einzuführen. Wenn nur erst einmal die nöthige Schneedecke vorhanden ist, dann wird man Gelegenheit haben, unsere Schneeschuhläufer in Thätigkeit zu sehen und die Schnelligkeit zu bewundern, mit welcher man vermittelst dieses einfachen Apparates sich fortzubewegen vermag. Hoffentlich finden sich auch bei uns viele Freunde dieses interessanten, allerorts ausführbaren und sanitär bedeutsamen Sports zusammen. « Lienzer Zeitung, Nr. 49

1893

28. JÄNNER »

Auswanderungswerbung

Angeblich soll auch in unserer Gegend ein Agent in der Anwerbung von Auswanderern nach Amerika thätig sein, der es besonders auf die wenig beschäftigten, schlecht bezahlten Arbeiter abgesehen hat und ihnen freie Ueberfahrt zusichert. Wahrscheinlich handelt es sich um die von der Republik Brasilien unternommene Einwanderungs-Bewerbung; wenigstens lesen wir in der Grazer Tagespost, daß dort Agenten der Firma Floria und Rubattino zur Auswanderung nach Brasilien anwerben. Ohne im Allgemeinen gegen die Auswanderung aus dem theuren Vaterlande uns ereifern zu wollen, glauben wir doch in diesem Falle besonders Vorsicht empfehlen zu sollen, bevor man sich den Agenten beziehungsweise dem brasilianischen Staate auf Gnade und Ungnade verkauft. « Lienzer Zeitung, Nr. 4

11. FEBRUAR »

Das Eisschießen,

diese ebenso angenehme als gesunde Unterhaltung, welche sich von anderen mit dem Stubenhocken verbundenen Wintervergnügungen so vortheilhaft abhebt, hat seit vorigen Winter in Lienz bedeutende Fortschritte gemacht. Nicht nur alte Eisschützen haben wieder zu ihren Stöcken gegriffen, zahlreiche neue Stöcke beweisen, daß auch neue Schützen hinzugekommen sind. Einen besonderen Anreiz erhielt der Sport durch die Veranstaltung von Concurrenzschießen zwischen den Eisschützen der verschiedenen Gassen. Wir berichteten schon vor mehreren Wochen über ein solches, bei welchem die Schweizergasse Sieger blieb. Letzten Dienstag hat wieder ein Concurrenzschießen zwischen Rosen-, Messinggasse einerseits, Schweizergasse anderseits stattgefunden, bei welchem neuerlich

Das Eisstockschießen war in Lienz von Anfang an ein beliebter Wintersport und bald wurden Konkurrenzschießen veranstaltet. Besonders erfolgreich waren um die Jahrhundertwende die Eisschützen aus der Schweizergasse.

die Schweizergasse weit überlegen blieb, indem ihre Schützen von 7 Partien 4 gewannen, darunter 3 Schneider, während die Rosengasse nur 3 einfache Partien gewann. Am Donnerstag traten neuerlich von beiden Gassen je 8 Schützen zusammen, mußten aber nach 4 Partien, von welchen die Rosengasse eine einfache gewann und eine Schneider, die Schweizergasse zwei einfache, den Wettkampf aufgeben, indem das Eis bei Sonnenschein und Südwind so weich wurde, daß die Stöcke mit aller Kraft geworfen werden mußten; was jeden sicheren Schuß unmöglich machte. «

Lienzer Zeitung, Nr. 6

11. MÄRZ »

St. Vincenz-Verein

Der neugegründete St. Vinzenz-Verein in Lienz hielt am 1. März seine erste General-Versammlung ab, bei welcher Herr Präses Franz Graf Schaffgotsch berichtete, daß bisher 13 arme Familien mit 46 Kindern unterstützt wurden. Die Einnahmen betrugen bis jetzt 132 fl., die auch schon verausgabt worden sind. «

Lienzer Zeitung, Nr. 10

30. DEZEMBER »

Drei Touristen am Glockner verunglückt

Ein erschütternder Unglücksfall hat sich an den Weihnachts-Feiertagen am Glockner ereignet: Drei Touristen aus Wien, die Herren Dr. Ludwig Kohn, Dr. Patzan und Pick, sind vom Klein-Glockner abgestürzt und im ewigen Schnee des Ködnitzkeeses umgekommen. Die genannten drei Herren waren am Sonntag den 24. mit dem Schnellzuge hier angekommen und sogleich nach Huben weitergefahren, um von dort ohne Aufenthalt nach Kals zu wandern. Dort woll-

Drei Bergsteiger beim Aufstieg zum Kleinglockner, um 1890.

ten sie einen Träger für ihr Gepäck aufnehmen, welchen der Glockenwirt in der Person des Johann Groder, Mairsohn, fand, der aber nur unter der Bedingung mitgieng, daß er von der Stüdlhütte umkehren könne, um am Christtage die Messe zu erreichen. Die Tour zur Stüdlhütte erforderte mehr als acht Stunden; erst um 2 Uhr Früh kam die Gesellschaft dort an, der Träger machte Feuer und gieng dann nach Kals zurück. Die Touristen hatten die Absicht geäußert, den Großglockner zu besteigen. Das Unternehmen war ihnen vom Glocknerwirte widerrathen worden; eintretendes Schneegestöber am Christtag machte die Partie um so bedenklicher und so setzt sich in Kalser Führerkreisen sofort die Ansicht fest, daß man auf die Suche gehen müsse, wenn die Touristen nicht am zweiten Tage zum Vorscheine kämen. Also ging schon am Stefanitag eine Partie von drei der schneidigsten Führer, der durch seine Touren im Himalaya und im Kaukasus bekannte Johann Kerer, der ebenfalls im Kaukasus gewesene Johann Unterweger und Sebastian Hutter auf die Suche aus. Sie kamen mit vieler Mühe und nachdem sie schon fast daran gezweifelt, die Stüdlhütte zu erreich, des Nachts in diese. Gemäß Verabredung mit den andern Führern sollte im Falle günstiger Resultate der Nachforschungen einer der Führer morgens nach Kals zurückkommen, andernfalls galt als ausgemacht, daß eine zweite größere Führerpartie nachrücken soll. Da von den Dreien Niemand zurückkam, so brachen um 5 Uhr Früh des 27. wieder fünf Bergführer und 2 Stunden später noch zwei mit Proviant auf. Alle zehn Führer unternahmen dann trotz des heftigen Schneesturmes den Aufstieg zur Adlersruhe, den sie sich mit größter Mühe und fortwährend von Lawinen bedroht, erkämpfen mußten. In der Johanneshütte an der Adlersruhe fanden sie die Schneereifen der Touristen vor, welche also wahrscheinlich den Glocknerspitzen zugewandert waren. Bald sollte über das Schicksal derselben Klarheit werden! Beim Abstieg von der Adlersruhe bemerkte der Führer Unterberger drüben am Fuße der steilen Firnwände, welche zum Kleinglockner hinanziehen, wo mächtige Eisblöcke lagen und der Hand in den ebenen Ködnitzgletscher sich verliert, einen dunklen Körper. Man arbeitete sich hin und fand den Leichnam des Touristen Dr. Ludwig Kohn, wie sich aus den vorgefundenen Legitimationspapieren agnoscieren ließ. Ein Ende des gerissenen Gletscherseiles hing noch am Arme des Abgestürzten, seine Handschuhe lagen neben ihm, einige Blutspuren färbten den Schnee. Man vermuthet, daß der Arme nach dem Heruntergleiten von den fünfzehnhundert Fuß höher gelegenen Wänden des Kleinglockners noch gelebt habe. Seine vorgefundenen Papiere, Visitkarten etc. enthalten aber keinerlei Bemerkung. Nach Ansicht der Führer mußten die Touristen beim Beginne des steilen Anstieges auf den Kleinglockner eine angewehte Schneemasse losgetreten und in Bewegung gesetzt haben und mit ihr in die Tiefe gefahren sein, begleitet von einer immer größer werdenden Lawine, welche wahrscheinlich die beiden anderen Touristen begrub. « Lienzer Zeitung, Nr. 52

1894

Drei Bergsteiger am Gipfel des Großglockners (Blick von der Adlersruhe), 1906.

6. JÄNNER »

Das Unglück am Großglockner

Die verunglückten Wiener Touristen, die Herren Dr. Kohn, Dr. Patzan und Robert Pick, die beiden ersten Advocaturs-Candidaten, der letztere Bankbeamter, alle drei ledig und im Alter von ungefähr 28 Jahren stehend, sind am Samstag gefunden und Montag Nachts nach Wien überführt worden, um dort in der israelitischen Abtheilung des Centralfriedhofes beerdigt zu werden. – Am Donnerstag hatten die Kalser Führer bekanntlich die Nachforschungen aufgeben müssen, weil die Unbilden des Wetters ein längeres Verweilen in den Gletscherregionen des Glockners selbst diesen wetterharten Männern unmöglich machten. Aber schon Freitag, als der Himmel sich ausgeheitert hatte, brach wieder eine Partie Sucher nach der Stüdlhütte auf, welcher am Samstag in aller Früh eine größere Partie nachfolgte. Es waren im Ganzen gegen dreißig Mann. Am beginnendem Tage, als sich die Sucher über den Ködnitzgletscher auf dem Wege zur Adlersruhe befanden, entdeckten sie hoch oben an den steil abfallenden Eiswänden unter dem Kamme zwischen Adlersruhe und Kleinglockner dunkle Punkte, welche sie mit den Fernröhren als menschliche Körper und bald als die Leichen der Vermißten erkannten. Man fand hier den Dr. Patzau mit den Beinen in einer kleinen Gletscherspalte steckend, den

Oberkörper gegen den steilen Gletscherabsturz zurückgebogen. Er hatte das Seil um die Mitte des Leibes gelegt, und daran hieng, nur etwa anderthalb Meter entfernt, unterhalb am Gletscher der dritte Verunglückte Robert Pick. Nach dieser Sachlage vermuthen die Führer, daß sich das Unglück folgendermaßen ereignete: Die Touristen stürzten am steilen Anstieg zum Kleinglockner ab, vermuthlich am Christtag Mittags, sei es, daß sie ein Windsbrett lostraten, sei es, daß sie nur sonst ausglitten. Patzau und Pick stürzten voraus und glitten mit Windeseile über den steilen Firn herunter, zufällig geriet Patzau in die Gletscherspalte, wodurch er einen Halt bekam und auch den Kameraden Pick, den man als Kleinsten in die Mitte genommen hatte, aufhielt. Dr. Kohn war etwas länger angebunden und als dieser nun als letzter heruntersauste, riß das Seil und er stürzte in die Tiefe ungefähr zur Stelle, wo man ihn schon Mittwoch gefunden hatte. Das Seil war übrigens kein gutes Gletscherseil, sondern soll nur ein starker Wäschestrick von der Stüdlhütte gewesen sein. Die zwei Leichen wurden nun in der Weise geborgen, daß man sie einzeln anseilte und auf den Kamm hinaufzog, um so von dort auf dem gewöhnlichen Wege über die Adlersruhe hinunter zu liefern. Ueber den Ködnitzkees legte man sie auf sogenannte Ferggerln, das ist eine Art Schlitten, wie man sie zum Heuziehen auf steilen Bergen hat. Später wurden die Leichen auf größere Handschlitten gebracht und so nach Kals gezogen, wo sie am Samstag um 5 Uhr Abends eintrafen. Hier waren mittlerweile je ein Bruder Patzaus und Picks mit dem Obmanne und Schriftführer der Touristenclub-Section Lienz, den Herren Prokopp und Dinkhauser, angekommen. Wir erlassen es unseren Lesern die Scenen beim Anblick der Leichen zu schildern und erwähnen nur, daß diese, beinhart gefroren wie sie waren in ein Zimmer des Glocknerwirtshauses gebracht und um den geheizten Ofen aufgestellt wurden, um einen Aufthauungsproceß durchzumachen, da es sonst nicht möglich gewesen wäre, die Leichen mit ausgestreckten Armen, verkrümmten Beinen etc. in die Särge zu bringen. « Lienzer Zeitung, Nr. 1

Das Bergsteigen entwickelte sich um 1880 in Osttirol vor allem im Großglocknergebiet so wie in der Venedigergruppe zu einem touristischen Breitensport. Wobei sich nicht jeder der Gefahren bewusst war.

1894

14. APRIL »

Socialisten-Furcht in Lienz

Lienz ist keineswegs die geringste unter den Städten Tirols. Während seine friedliebenden, ehrsamen und selbstgenügsamen Bürger ruhig ihrem Erwerbe nachgehen, schleicht der Feind herum und säet seine verderbliche Saat. Die verruchte socialistische Bewegung wirft trotz der ebenso eifrigen als ungeschickten Bekämpfung durch die um das Wohl der Pusterthaler mütterlich besorgte „Brixener Chronik" ihre Wellen auch in die östliche Grenzstadt Tirols; das „rothe Gespenst" geistert hier herum – schrecklich aber war! Socialistische Zeitungen und Bücher kamen in die Gegend, ohne daß der beschränkte Unterthanenverstand darin etwas Gefährliches erblickte. – Diese Woche endlich sollte ihm ein Licht aufgesteckt werden! Am letzten Montag Nachmittag wurden von Seite der k.k. Bezirkshauptmannschaft durch drei Beamte unter Gendarmerie-Assistenz fast gleichzeitig bei drei Personen in drei verschiedenen Häusern – davon zwei in der allzeit voran marschierenden Schweizergasse – sowie bei einer Person in dem eine Stunde von Lienz entfernten Weiler Debant Hausdurchsuchungen vorgenommen, wobei Bücher, Zeitungen und Schriften mitgenommen wurden. Der Vorgang im Entgegenhalte zu den staatsgrundgesetzlichen Bestimmungen läßt schließen, daß man es sehr scharf auf die betroffenen Personen hatte. Bei einer Partei, die abwesend war, ließ man einen verdächtigen Schrank durch den Schlosser öffnen, allein anstatt Bomben oder dergleichen fand man einen Cruzifix und ein Evangeliumbuch, nebst anderen unwesentlichen Dingen, sowie das Moralitätszeugnis des Betreffenden. Begreiflicher Weise erregte die Sache ziemlich viel Aufsehen, doch kann constatiert werden, daß Lienz ruhig ist. « Lienzer Zeitung, Nr. 11

8. SEPTEMBER »

Mercur-Automat

In der Vorhalle des hiesigen Bahnhofes ist ein großer Merkur-Automat aufgestellt worden, der gegen Einlage von 10 Hellern die verschiedenartigsten Dinge, wie Stollwerks Chocolade, Bisquits, Kölnisches Wasser, Zigarettenpapier, Seife, Streichhölzchen, Feuerzeug, Briefpapier, Erfrischungs-Bonbons etc. ausgibt. « Lienzer Zeitung, Nr. 26

1895

Nach Abschluss der fünfjährigen Knabenvolksschule in Lienz mussten erfolgreiche Absolventen Gymnasien in Brixen, Innsbruck, Hall, Villach oder Klagenfurt besuchen.

20. JULI

Brave Schüler

» Lienz ist nicht in der glücklichen Lage ein Untergymnasium oder eine Unterrealschule zu besitzen. Nachdem unsere fünfklassige Volksschule absolviert ist, kommen die jungen Schüler, wenn selbe zum weiteren Studium bestimmt sind, zumeist an die Unterrichtsanstalten nach Brixen, Innsbruck, Hall, Villach, Klagenfurt etc. Wir sind heute in der angenehmen Lage über Lienzer Studierende zu berichten, welche das Gymnasium in Hall absolvieren und nun am Schulschlusse mit einer Classification in ihre Heimat zurückkehrten, die ihnen alle Ehre macht. Es wurden die Studierenden V. Classe Engl Hans von Lienz 1., Kern Franz von Leisach 3., die Studierenden IV. Classe Oberhueber Josef von Lienz 1. und Lechner Andrä von Lienz, 2. An einem solchen Resultat können die Eltern der jungen braven Gymnasiasten alle Freude haben. « Lienzer Zeitung, Nr. 21

1896

18. JÄNNER »

Die Felbertauernstraße

Die Bürgermeister von Lienz und von Windischmatrei Markt- und Landgemeinde haben sich diese Woche nach Innsbruck begeben, um bei Sr. Excellenz dem Herrn Statthalter, beim Landesausschusse und den Landtagsabgeordneten eine Petition um Aufnahme der Felbertauernstraße ins Tiroler Straßenbauprogramm zu überreichen. Die Petition erörtert in kurzen Worten die außerordentliche Wichtigkeit, welche diese Tauernstraße erlangen würde. Sie diente nicht nur dem lokalen Verkehre und machte die Bringung von Produkten aus den an ihr liegenden Tauernthälern möglich, welche jetzt gar nicht oder nur mit großem Aufwande von Zeit und Mühe zu liefern sind, sie würde nicht nur den schon seit Langem stattfindenden Viehtrieb über den Tauern – der sich jetzt nur auf die ganggewohnten Thiere beschränkt, während das meiste Vieh den theuern Umweg per Bahn von Oberkärnten nach Nordtirol und Salzburg macht – auf eine vielfaches erhoehen und durch die Verringerung der Transportkosten den Preis fördern. Die Felbertauernstraße würde auch für alle anderen Verkehrsbezieungen eine sehr werthvolle Parallelstraße zur Brennerbahn werden, sie würde in Zeiten von Bahnunterbrechungen, die Verbindung von Salzburg nach Tirol offen halten, sondern sie würde auch zur Sommerszeit einen Fremdenverkehr in das mit Naturschönheiten so reich ausgestattete Gebiet der Hohen Tauern bringen, von dessen Umfang man sich kaum eine Vorstellung macht. [...] « Lienzer Zeitung, Nr. 3

1. FEBRUAR »

Das Eisschießen

wird auch diesen Winter eifrig betrieben. Die gesunde Unterhaltung in freier Luft bringt eine wohlthätige Pause in die Sorgen des gedrückten Kleingewerbes sowohl, als auch in die Calculationen des Kaufmannes und in die düsteren Pläne des Socialdemokraten und hie und da ein Müssiggänger hilft sich als Zuschauer beim anregenden Spiele leichter über den Tag hinweg. Letzten Donnerstag gab ein Concurrenzschießen zwischen den Eisschützen der Schweizergasse und jenen der Rosengasse besonderen Anreiz. Sieger blieb wieder die Schweizergasse, obwohl die Rosengasse ihre Kämpen sorgfältig gewählt hatte. Wie es heißt, wollen einige zurückgewiesene Talente der verlierenden Gasse die Schlappe ihrer Genossen nicht hinnehmen und sie durch einen neuen Kampf auszuwetzen suchen. «

Lienzer Zeitung, Nr. 4

Das Fahrrad erfreute sich in Lienz 1896 trotz erster Fahrregeln weiterhin großer Beliebtheit.

13. JUNI

Sommer-Landauerfahrt

Zwischen Dölsach und Heiligenblut wird diesen Sommer eine reglmäßige Landauerfahrt (Postwagenfahrt neuern Systems) errichtet, wodurch der Förderung des Fremdenverkehrs in unserem tirolisch-kärntischen Grenzgebiete jedenfalls in erfreulicher Weise Vorschub geleistet wird. Die für die Fahrt bestimmten vier neuen Postlandauer sind bereits in Dölsach eingetroffen und zeichnen sich durch ihre gefällige und praktische Form aus. Lienzer Zeitung, Nr. 17

8. AUGUST

Aviso für Radfahrer

Dem Stadtmagistrate und der Vorstehung des „Lienzer Radfahrer-Club" sind in letzter Zeit wiederholt Klagen über einzelne Radfahrer zugekommen, welche ohne Rücksicht gegen das Publikum, die Straßen und Plätze der Stadt insbesondere bei Nacht durchkreuzen. Wir selbst haben wiederholt junge Burschen und erwachsene Leute, sogenannte „wilde" Fahrer, zumeist Anfänger und ohne die nöthige Fahrsicherheit und Kenntniß, welche mit ihren Vehikeln die Straßen unserer Stadt unsicher machen und das Publikum molestiren. Wir machen nun heute speziell darauf aufmerksam, daß bereits im September 1893 eine „Verordnung betreffend das Fahren mit Velozipedes im Stadtgebiete von Lienz" auf Grund eines Gemeinde-Ausschußbeschlusses erschienen ist, von welchem der § 1 besagt: „Das Fahren mit Velozipedes in den Gassen und auf den Plätzen von Lienz ist mit Ausnahme einer eventuell notwendigen Durchfahr durch die Stadt, wobei man sich jedoch so viel als möglich an die ärarische Hauptstraße zu halten hat, sowie des Fort- und Rückfahrens vom und zum Lokale, in welchem die Velozipedes eingestellt sind, untersagt." Ebenso ist das „schnelle" Fahren, sowie das Fahren bei Nacht ohne Glocke und Laterne strengstens untersagt. Wie müssen hier noch anfügen, daß gegen jene Radfahrer, welche gegen die hinausgegebenen Bestimmungen zuwiderhandeln, die Bestrafung im Sinne der Ministerial-Verordnung vom 30. September 1857 Nr. 198 in Anwendung gebracht wird. Lienzer Zeitung, Nr. 23

1897

17. APRIL

» ## Der bestrafte Jauchzer

Bei einer Hochzeit, die am 1. März in Nußdorf stattfand, brach einer der Hochzeitsgäste, Josef Wartscher, beim üblichen „Opfergang" um den Altar in einen hellen Jauchzer aus. Die anwesenden Hochzeitsleute, wie auch der Herr Pfarrer, rügten den Wartscher und damit schien die Sache abgethan. Allein das wachsame Ohr des Gesetzes erhielt Kunde von dem Vorgange, die Staatsbehörde erblickte in dem Jauchzer den Thatbestand des Vergehens der Beleidigung einer gesetzlich anerkannten Kirche und zog den Wartscher zur Verantwortung. Dieser vertheidigte sich zwar dahin, daß ihm jede böse Absicht fern gelegen und er mit dem Jauchzer nur seiner Festesfreude habe Ausdruck geben wollen. – Der Gerichtshof war aber der Ansicht, daß der Opfergang als eine Religionsübung anzusehen sei und verurtheilte Wartscher zu einer Woche strengen Arrestes. « Lienzer Zeitung, Nr. 12

15. MAI

» ## Der Brand von Windisch-Matrei

Der viel geprüfte, von den Fluten des Bretterwandbaches schon oft verheerte und stets bedrohte Markt Windisch-Matrei ist am 10 ds. M. von einem furchtbaren Unglücke, von einer vernichtenden Feuersbrunst heimgesucht worden. Von 101 Hausnummern, welche der Markt zählte, sind nur 17 vom Feuer verschont

Brandruinen in Matrei in Osttirol, 1897.

geblieben, darunter glücklicherweise die Kirche, der Widum, dann das Post- und Telegraphenamt und die in der Nähe desselben befindlichen, am Fuße des Klaunzerberges und zu beiden Seiten des Bretterwandbaches von der Säge aufwärts gelegenen Häuser. Auch am unteren Ende des Marktes, gegen den Tauernbach, stehen noch ein paar Objecte, sowie das letzte Haus des Marktes in der Richtungen gegen Lienz – alles andere ist ein Raub der Flammen geworden. Vom Bezirksgerichtsgebäude verbrannte nur der Dachstuhl, während das Eindringen des Feuers in das Innere des Gebäudes durch das Estrich glücklich verwehrt wurde, Auch am Schulhaus (Gemeindehaus) bewährte sich das Estrich, das Feuer fand aber seinen Weg vom Dache durch den Abortbau hinunter in den Keller, wo es sich durch eine hölzerne, von außen mit Blech beschlagene Thür in ein Magazin durchfraß, welches als Aufbewahrungsort kirchlicher Gegenstände diente, die größtentheils verbrannten. Die anderen Gebäude brannten fast alle bis auf den Grund nieder und bei der großen Raschheit, mit welcher sich das Feuer verbreitete, gelang es nur wenigen Parteien, den größeren Theil ihrer Einrichtungen zu retten, während die meisten sehr wenig ausbringen konnten. Der Brand entstand gleich nach 11 Uhr Mittags (nach Matreier Zeit, die gegen die Bahnzeit um 20 Minuten vor war), im Schneeberger'schen Bräuhause, also am nördlichen Ende des Marktes bei starkem Tauernwind, so daß sofort die höchste Gefahr für den ganzen Ort erkannt wurde. Wohl versuchte die Feuerwehr in Thätigkeit zu treten, aber alle Bemühungen dem Feuer Einhalt zu thun, waren ohnmächtig, indem der heftige Tauernwind die glühenden Funken über die vom schönen windigen Wetter der letzten Tage ausgetrockneten Holzdächer trug und diese in Brand steckte. Eines der ersten, vom Flugfeuer entzündeten Objecte, war das Rauter'sche (Hämerlsche) Gasthaus des Herrn Obexer, der sich gerade in Lienz befand. [...] Das Unglück ist um so drückender, da Windischmatrei durch die häufig wiederkehrenden Verwüstungen des Bretterwandbaches und die großen Opfer für die Verbauungsarbeiten an demselben in finanzieller Hinsicht schon aufs Aeußerste in Anspruch genommen worden ist. Die letzte Wasserkatastrophe war erst 1895. Angesichts der Vernichtung beinahe des ganzen Marktes durch das Feuer drängt sich auch die Anschauung auf, daß der unglückliche Markt seinen bisherigen, beständig von Wasser bedrohten Standort verlassen und an einer sicheren Stelle angesiedelt werden soll. « Lienzer Zeitung, Nr. 15

10. JULI

» Eine radfahrende Hebamme

Lienz hat bereits seine radfahrende Hebamme, welchen Fortschrittes noch manche viel bedeutendere Stadt entbehrt. Fast täglich sieht man die ihrem discreten Berufe mit größter Obsorge obliegende Frau auf ihrem neuen Pneumatik-Rad, die Tasche mit den nöthigen Utensilien an der Lenkstange befestigt, die Straße einherfahren und wir können derselben, zumal dieser Gedanke lediglich dem Bestreben ihren Kundschaften möglichst rasch beistehen zu können entsprang, nur unsere Anerkennung aussprechen. « Lienzer Zeitung, Nr. 20

Frauen am Fahrrad waren auch noch 1897 ein ungewohnter Anblick in Lienz.

13. NOVEMBER »

Das „Gasslgehen“

ist das traditionelle Vorrecht unserer Bauernburschen, und daß von diesem Rechte ausgiebiger Gebrauch gemacht wird, bedarf wohl keiner weiteren Bestätigung. Daß dieses Privileg der diversen Hansl, Seppl etc. auch vom andern Geschlechte ausgeübt wird, dürfte weniger oft vorkommen, doch hatte kürzlich in einem nahen Dorfe eine Ausnahme die Regel bestätigt. Ein Gutsbesitzer hatte beim nächtlichen Rundgange bemerkt, wie die Magd des benachbarten Bauern seinem Roßknechte nächtlicher Weile einen Besuch abstatten wollte, und kam gerade noch zurecht, die verliebte Maid an den Füßen aus dem Stallfenster zurück zu ziehen. – Daß dies kein bloßer Traum gewesen war, davon sollen ihn am nächsten Morgen die an der betreffenden Stelle herumliegenden Haarnadeln und -locken überzeugt haben, welche „sie“ beim Handgemenge auf dem Kampfplatze zurücklassen mußte. «

Lienzer Zeitung, Nr. 32

1898

4. JUNI »

Der Bäckerring,

welcher von den Lienzer Bäckern laut der veröffentlichen „Bäcker-Convention" geschlossen worden war, um über die Zeit der hohen Mehlpreise mit verminderter Procentgabe sich hinweg zu helfen, ist gleich am ersten Tage gesprengt worden. Nachdem vorangegangene Vorstellungen, die Bäcker zur Zurücknahme des Beschlusses zu vermögen, fruchtlos geblieben waren, beschloß eine am letzten Samstag einberufene Wirtsversammlung das Brot von einem Bäckermeister in Abfaltersbach, mit dem man schon vorher ins Einvernehmen getreten war, zu beziehen. Seit 1. ds. M. ißt man also in einem Theile der Lienzer Gasthäuser Abfaltersbacher Brot und die Lienzer Bäcker sind wieder, dem Drucke weichend, auf die früheren Procente hinaufgegangen. « Lienzer Zeitung, Nr. 16

17. SEPTEMBER »

Kaiserin Elisabeth †

Die Nachricht von der Ermordung unserer Kaiserin in Genf wurde hier in den ersten Sonntag-Vormittagstunden bekannt und auch durch eine Extra-Ausgabe der „Lienzer Ztg." bestätiget. Mit Blitzeschnelle pflanzte sich die erschütternde Botschaft von Mund zu Mund und in allen Schichten der Bevölkerung zeigte sich tiefe Trauer und aufrichtige Antheilnahme. Am Gebäude der Liebburg und am Magistratsgebäude wurden sofort die Trauerflaggen gehißt, das gleiche erfolgte von der D. u. Oe. Alpenvereins-Section Lienz, welche durch das Aufziehen der schwarzen Fahnen auf der aussichtsreichen Hochsteinhütte und der Venedigerwarte in weitem Umkreise die schmerzliche Kund zum sichtbaren Ausdrucke brachte. « Lienzer Zeitung, Nr. 27

Die Parte von Kaiserin Elisabeth von Österreich-Ungarn, 1898.

1899

21. JÄNNER

Drei auf Einmal

Am 18. Jänner ds. M. brachte bei dem Besitzer Tobias Maier, vulgo Schneeberger in Oberlienz im Iselthale eine Kuh, die sogenannte „Schecke“, 3 Kälber, 2 Männchen und 1 Weibchen, zur Welt. Die Drillinge sind vollkommen gesund, frisch, munter, kernig und gleich gekennzeichnet, das Weibchen ist etwas größer als die beiden Männchen. Sie haben sonst die normale Größe. Die „Schecke“ hatte schon zweimal 2 Kälber und ist eine vorzügliche Milchkuh. Vergangenes Jahr verkaufte Schneeberger den männlichen Zwilling „Spännkalb“ um 30 fl. 50 kr. an vulgo Jörger in Glanz (Schottland), welcher mit dem Kalbe sehr zufrieden ist.

Lienzer Zeitung, Nr. 3

1. JULI

Sonnwendfeier in Lienz

Die von unseren strammen Deutschnationalen am letzten Sonnabend des 24. Brachmonds am nahe gelegenen Haidenhofe veranstaltete Sonnwendfeier nahm trotz eines eingetretenen kleinen Regenschauers bei zahlreichem Besuche einen sehr würdigen und erhebenden Verlauf. Während des Niederbrennens des Hozstoßes wurden von der Turner-Radfahrer-Riege nationale Lieder gesungen und man ergötzte sich am Scheibenschlagen und dergleichen mehr. Später versammelte man sich in der geräumigen Veranda, wo Herr Josef Mayr die Bedeutung des Sonnwendfestes erklärte. Herr Dr. Josef Mayr, Advokat, hob in einer längeren, sehr beifällig aufgenommenen Ansprache die Nothwendigkeit des völkischen Bewußtseins hervor und schließlich hatte Frau Gatscharek aus Wien die Liebenswürdigkeit, ein von Herrn Franz Gitterle zur Feier des Abends verfaßtes Gedicht vorzutragen, während die Zwischenpausen durch nationale Lieder ausgefüllt wurden.

Lienzer Zeitung, Nr. 19

14. OKTOBER

Ein Wolf

treibt sich, wie die „Bozner Zeitung“ berichtet, seit einigen Tagen in der Umgebung von Wind.-Matrei herum. Dieser Tage zerriß er in der Nähe der Kirche 4 Schafe. Eine gegen den Räuber eingeleitete Treibjagd blieb ohne Erfolg.

Lienzer Zeitung, Nr. 29

1900

3. MÄRZ

Acetylengas-Beleuchtung

» Einem hiesigen genialen Kopfe ist es nach vielen Versuchen gelungen, einen Acetylengas-Beleuchungsapparat herzustellen, welcher, wie wir uns zu überzeugen Gelegenheit hatten, die bisherigen Erfindungen auf diesem Gebiete an Einfachheit, vollständiger Gefahrlosigkeit, sicheren Funktionieren und Billigkeit übertrifft. Außerdem beansprucht dieser Apparat einen sehr kleinen Raum, was ebenfalls als ein bedeutender Vorzug gegenüber anderen Erzeugnissen zu betrachten ist. Die Schritte zur Patentierung dieser Erfingung sind bereits eingeleitet und wird mit dem Betrieb, welchen ein Consortium in die Hand nehmen soll, demnächst begonnen. Der große Lindersaal in Lienz ist bereits mit 9 Flammen von dem hier erfundenen Apparat beleuchtet. Interessenten ertheilt Ambros Rohracher hier gerne weitere Auskunft. « Lienzer Zeitung, Nr. 9

Tanzunterhaltungen in jeglicher Form erfreuten sich um 1900 großer Beliebtheit. Nicht selten endete aber eine solche in einem Raufhandel.

1900

23. JUNI »

Ein Raufhandel

mit üblen Folgen entstand am letzten Sonntag gegen Mitternacht in einem bekannten Vergnügungs-Etablissement in der Schweizergasse, wo gerade Tanzunterhaltung war. Beim entstandenen Streite kamen außer anderen Instrumenten auch Messer in Verwendung und die Folge waren bedeutende Verletzungen dreier Individuen, welche ins Spital überbracht werden mußten. Die Thäter, sechs an der Zahl, wurden noch nachts durch die Gendarmerie in die Frohnfeste eingeliefert. Die Betheiligten sind in der Mehrzahl auswärtige, hier in Arbeit stehende Taglöhner. « Lienzer Zeitung, Nr. 25

8. DEZEMBER »

Die Lienzer Klause in Gefahr

Die aus der Geschichte des Jahres 1809 rühmlich bekannte Lienzer Klause in der Gemeinde Burgfrieden, 6 Kilometer außerhalb Lienz, ist in Gefahr dem Abbruche zu verfallen. Ein nüchterner, unternehmender Kopf, dem die historische Bedeutung der Klause und ihr Wert als Monument der vaterländischen Geschichte ganz gleichgiltig ist, wollte die Klause abbrechen, um das Steinmaterial derselben zu verwerten. Der Handel mit dem Besitzer, einem Bauersmann, war schon geschlossen, als dieser noch rechtzeitig von einflußreicher Seite zur Lösung des Vertrages veranlaßt wurde. Damit ist jedoch der Fortbestand der Klause nicht gesichert, denn der Besitzer wartet nur auf bessere, günstigere Anbote, um dieselbe neuerlich loszuschlagen. Nun hat der Landesausschuß eine Action eingeleitet, dahin zielend, den Besitzer gegen Zahlung einer Abfindung zu bestimmen, daß er sich des Rechtes des Verkaufes auf Abbruch begebe und die Klause nur dem natürlichen Verfalle überlassen bleibe. Die Stadtgemeinde Lienz hat bereits ihre Bereitwilligkeit erklärt, zu dem Zwecke einen Beitrag zu leisten. « Lienzer Zeitung, Nr. 49

Ruine der Lienzer Klause, um 1900.

1901

16. MÄRZ

Roter Schnee

Der außerordentlich strenge Nachwinter hat letzten Montag früh einen neuerlichen Schneefall und damit zwei seltene Naturerscheinungen gebracht. Der Schneefall vollzog sich in den Stunden von 3-7 Uhr früh unter Donner und Blitz und der gefallene Schnee zeigte eine blaßorange Färbung, die ihm ein wunderliches Aussehen verlieh. Seitens der Landleute, die sich an einen ähnlichen „roten Schnee" im Jahre 1861 erinnern, welcher ebenfalls unter Donner und Blitz gefallen war, wurde die Färbung auf den Einfluß des Blitzes zurückgeführt. Durch die Filtrirung des geschmolzenen Schnees und die gleichzeitigen Nachrichten aus Italien, welche von rotem Regen zu melden wissen, erscheint es aber erwiesen, daß die Färbung von saharischem Wüstenstaube herrührt, welcher durch mächtige Stürme nach dem europäischen Festlande getrieben wurde. « Lienzer Zeitung, Nr. 11

11. MAI

Gründende Versammlung des „Osttiroler Bauernbundes"

Am 1. Mai fanden sich in Fischwirts-Veranda behufs Gründung des „Osttiroler Bauernbundes" ungefähr 150 Bauern ein. Nach Eröffnung der Versammlung und Vorstellung des erschienen Regierungsvertreters Herr k.k. Bezirkskommissär Eduard v. Sölder durch den Einberufer Herrn Franz Fuetsch, Gemeindevorsteher und Gutsbesitzer in Oberdrum, wurde zur Wahl des Bureaus geschritten. [...] Beigetreten sind vorläufig einige siebzig Bauern. « Lienzer Zeitung, Nr. 19

3. AUGUST

Brauerei Falkenstein

Der Bau dieser neuen Brauerei in der Nähe unserer Stadt schreitet nun rasch vorwärts und es dürften die Hauptgebäude: Sudhaus, Kesselhaus und Maschinenraum, sowie die Kellereigebäude noch in diesem Monate unter Dach gebracht werden. Diese Brauerei ist nach den Plänen der in diesem Fache weltbekannten Firma Baron F. Ringhofer unter Mitwirkung hervorragender Brauerei-Fachleute erbaut, hat einen Lagerraum von 5000 hl, kann somit in einem Jahre 15-20.000 hl gut abgelagertes Bier zum Ausstoß bringen und wird mit den modernsten Einrichtungen ausgestattet. Nach unserer Information dürfte mit dem Brauen im Herbste 1902 begonnen werden und können wir nur in des Brauer's Spruch einstimmen: „Hopfen und Malz, Gott erhalt's!" « Lienzer Zeitung, Nr. 31

1902

Bergführer im Ködnitztal, auf dem Weg zum Großglockner, um 1900.

18. JÄNNER »

Besteuerung der Bergführer!

Wie wir hören, geht man jetzt daran, den Verdienst der Bergführer mit einer Erwerbsteuer zu belegen, welche zudem auf vier Jahre zurück eingehoben werden soll. Wir wissen nicht, welchem fiscalischen Gehirne der Gedanken entsprungen ist, von diesen mit Gefahr für Leben und Gesundheit und unter großen Anstrengungen sauer verdienten Kreuzern eine Abgabe für den Staat zu fordern; wir hoffen aber, daß die berufenen Vertreter der Fremdenindustrie und der bäuerlichen Bevölkerung sich der Sache annehmen werden und daß die Entrüstung über diesen jüngsten Besteuerungsversuch, mit welchem eine bäuerliche Nebenerwerbsquelle getroffen werden soll, imstande sein wird, diese neueste Blutsteuer abzuwenden. « Lienzer Zeitung, Nr. 3

28. JUNI »

Automobilfahrt

Die Promenade-Automobilfahrt Paris-Wien hat sich auf der Pustertaler Streck programmgemäß abgewickelt und ist ohne jeden Unfall verlaufen. Die Automobile trafen am 25. ds. M., circa 35 an der Zahl, von 2 bis 5 Uhr Nachmittag in Toblach ein, dessen Bahnhof-Hotels festlich, auch mit der Tricolore beflaggt waren. Abends fand vor dem Südbahn-Hotel ein Concert der Toblacher Musikkapelle statt. Am 26. früh erfolgte die Weiterfahrt nach Klagenfurt und zwar brachen die ersten Fahrer schon um 6 Uhr auf, worauf die weiteren in größeren und kleineren Zwischenräumen nachfolgten. Das Wetter war herrlich und so hatten die fremden

Gäste eine prächtige Fahrt durch unser schönes Tal, welche noch durch die längs der ganzen Strecke getroffenen Vorsichtsmaßregeln und die aufmerksame Begrüßung seitens der Bevölkerung sympatischer gestaltet wurde. Die Radfahrer-Clubs von Innichen und Lienz hatten die ganze Strecke besetzt, um alle Stellen, an welchen Vorsicht nötig war, zu markiren, auch die k.k. Gendarmerie war angewiesen worden, den Verkehr auf der Reichsstraße zu regeln, um Unfällen vorzubeugen. In Lienz hatte man in den Straßen und Plätzen längs der Reichsstraße festlich beflaggt und am Eingange der Stadt, sowie an mehreren Punkten derselben wurden die französischen Gäste mit Blumen beschenkt. Die Automobilisten waren auch sichtlich erfreut von dem herzlichen Empfange, der ihnen zu teil wurde und der Präsident des Automobil-Clubs von Frankreich machte auf der Durchreise in Lienz dem k.k. Herrn Bezirkshauptmanne Grafen Ceschi seinen Besuch, um seinen Dank für die im Bezirke getroffenen Maßregeln, sowie die Anerkennung für die sympatische Begrüßung seitens der Bevölkerung auszusprechen. Mit wenigen Ausnahmen fuhren die Motorwägen hier durch, um der Mittagsstation Villach zuzueilen. Einige Nachzügler kamen erst im Laufe des Nachmittags vorüber. « Lienzer Zeitung, Nr. 26

15. NOVEMBER »

Beitrag zur Lösung der Sprachenfrage

Eine von der Lienzer Krankenhausverwaltung an die Gemeinde Chraft in Böhmen gerichtete Zuschrift um Einsendung eines Armutszeugnisses, gelangte mit folgendem Vormerk uneröffnet zurück: „Gemeinde Chraft. Post Aumonin, verweigert die Annahme weil das deutsch geschrieben ist." « Lienzer Zeitung, Nr. 46

22. NOVEMBER »

Eröffnungsfeier der Dampfbrauerei Falkenstein

Letzten Donnerstag lud der Besitzer der I. Osttiroler Dampfbrauerei Falkenstein die Honoratioren von Lienz und die Geschäftskollegen der Stadt und Gegend, Gastwirte, Kaufleute etc. zu einer Eröffnungsfeier der bereits seit einigen Wochen in Betrieb stehenden Brauerei. Hochw. Herr Decan Baur nahm die Einweihung des Etablissements vor, dann erfolgt eine Besichtigung desselben. Die Bauerei ist nach dem modernsten Grundlagen erbaut und maschinell eingerichtet, electrisch betrieben und mit Dampfreserve versehen und auf eine Leistungsfähigkeit bis zu 30.000 Hectolitern jährlich angelegt. Nach der Besichtigung fand sich die große Gesellschaft in den hübschen Restaurationslocalitäten ein, wo eine reichliche Bewirtung bei kaltem Imbiß und dreierlei Sorten köstlichen Bieres aus der Troppauer bürgerlichen Brauerei stattfand, welches einen Vorgeschmack von dem künftigen Producte der Brauerei Falkenstein gab. [...] « Lienzer Zeitung, Nr. 47

1903

19. SEPTEMBER »

Zugsentgleisung

In der unheilvollen Nacht am Sonntag den 13. ds. M. ist der um 11:13 nacht von Franzensfeste hier eintreffende Personenzug Nr. 413 gleich außerhalb der Station Thal entgleist und es muß von großem Glücke gesprochen werden, daß dieser Unfall kein Menschenleben gekostet hat. Der Zug hatte fahrplanmäßig um 10:53 bei stockfinsterer Nacht und wolkenbruchartigen Regen die Station Thal verlassen und wurde in dem Moment, als er etwas außerhalb der Distanzscheibe die kleine über den vom Bannbergertale herabkommenden Filgisbach führende Brücke passierte, von einer großen blitzschnell herabgebrochenen Muhre erfaßt und aus dem Geleise gehoben. Zwischen den vorderen und hinteren Rädern der Maschine hatten sich zwei mächtige Baumstämme geschoben, welche dieselbe vollständig emporhoben. Der nachfolgende Kammerlwagen wurde schwer beschädiget und der nächste Personenwagen mit zur Entgleisung gebracht, während die übrigen Wagen glücklicherweise im Geleise stehen blieben. Die Passagiere befanden sich bei dem herrschenden Unwetter mit einemmale umgeben von Wasser, Sand, Stämmen und entwurzelten Bäumen, die sich mit donnerähnlichem Gepolter ausbreiteten, in einer schrecklichen Situation. Von Lienz war bald ein Hilfszug zur Stelle und auch von der nahen Station Thal kam Hilfeleistung und es gelang nach harter Arbeit, die Personenwagen in letztere Station zurück zu bringen. Der Muhrbruch, welcher die nicht engen Durchlässe bei der Bahn und bei der Masse des Geschiebes nicht zu passieren vermochte, breitete sich in einer Höhe von über einem Meter und in einer Länge von fast 70 Meter auf der Bahn und Straße aus und konnte anfänglich gar nicht passiert werden. Dem energischen Eingreifen der Ingenieure des Heizhauses Lienz und ihres geschulten Personales war es zu danken, daß die entgleisten Wagen und die Maschine im Laufe des Montag Vormittag bereits in das Geleise gehoben und von der Strecke gebracht werden konnten. Inzwischen waren zahlreiche Arbeiter damit beschäftiget, das Geleise seiner übermuhrten Länge nach wieder frei zu machen, was im Laufe des Nachmittags gelang. Während der Zeit wurde der Verkehr mit Umsteigen vermittelt, am Abend war die ganze Strecke Lienz-Franzensfeste für den Verkehr wieder offen. « Lienzer Zeitung, Nr. 38

Wilderer ertappt!

24. OKTOBER »

Jagdliches

In letzter Zeit mehrten sich die Fälle, daß vollkommen unbefugte Leute, die weder eine Jagdkarte oder sonst irgend eine Legitimation besitzen, mit ihren Hunden in den Gemeindegebieten von Lienz, Leisach und Burgfrieden dem Jagdvergnügen nachgingen und zwar mit einer Unverfrorenheit und Keckheit, die ihresgleichen sucht, noch dazu in Revieren, wo das Jagen mit Hunden vor 1. November gar nicht gestattet ist. Hoffentlich gelingt es die Herren Wilderer zu eruiren und diesen Schädlingen das Handwerk zu legen. [...] « Lienzer Zeitung, Nr. 43

21. NOVEMBER »

Neue Hochdruckleitung

Die kleine am Fuße des Rauchkofels schön im Walde gelegene Gemeinde Amlach, mit der Fremdenpension Amlacherhof, hat im Laufe dieses Sommers eine Hochdruckleitung in eigener Regie gebaut, welche nun vollkommen vollendet dasteht. Das einen Kilometer von Amlach südöstlich in erhöhter Lage hergestellte Wasserreservoir faßt 107 Raummeter Wasser; die Hauptrohrleitung hat einen Durchmesser von 100 Millimeter, die Nebenleitungen haben einen Durchmesser von 80 Millimeter. Die Druckkraft beträgt 6 Atmosphären und für Feuerlöschzwecke sind an geeigneten Plätzen 7 Oberflurhydranten aufgestellt. Die ganze, schöne, in jeder Richtung gewiß sehr nützliche Anlage kostet die Gemeinde in Summa rund 24.000 Kronen. « Lienzer Zeitung, Nr. 47

Hotel „Amlacher Hof“, 1923.

12. DEZEMBER »

Strenger Winter

Im Defereggentale, wo die Schneeverhältnisse heuer so bedeutend sind, daß jetzt schon in den oberen Regionen der Schnee fast einen Meter mißt, suchte letzter Tage ein Rudel Gemsen in der Nähe der oberen Gehöfte Nahrung und Schutz vor der strengen Kälte. Einige Kitze flüchteten sich sogar direkt in einen Kuhstall. « Lienzer Zeitung, Nr. 50

1904

23. JULI

Seltenes Jagdglück

Der Revier-Jäger des „Münchner Jagd-Konsortiums" Peter Trutschnig in Amlach hatte am 17. ds. M. abends halb 8 Uhr auf einem Dienstgange am Rauchkofel bei Lienz das seltene Glück mit einem Kugelschuß auf cirka 130 Schritt Distanz einen in den Latschen eingeflogenen mächtigen Steinadler, ein selten schönes Exemplar mit 2 Meter 30 centim. Flügelweite, zu erlegen. Als er zur Stelle kam, wo der todwunde Vogel lag, bemerkte er zu seinem größten Erstaunen, daß derselbe in seinen Fängen einen noch lebenden Edelmarder hielt, der nun auch dem glücklichen Jäger zur Beute fiel. « Lienzer Zeitung, Nr. 30

6. AUGUST

Unfall durch ein Automobil

Ein höchst bedauerlicher Unfall ereignete sich letzten Montag abends auf der Reichsstraße gegen Thal. Frau Gräfin Terlago, die Gemahlin des Reichsratsabgeordneten Grafen Robert Terlago, welcher hier eine größere Besitzung hat und auch den Sommer mit Familie stets hier zubringt, unternahm mit ihrer Tochter Marquise Pallavicini in ihrer eigenen Equipage eine Spazierfahrt auf der genannten Strassenstrecke. Etwas außer Leisach, bei dem sogenannten Minibeck-Bühele begegnete dem Gefährte in einer Straßenkurve das Automobil einer derzeit in Toblach sich aufhaltenden Gräfin. In diesem Momente scheuten die Pferde, bäumten sich hoch auf und der Wagen samt seinen Insassen wurde die Straßenböschung hinabgeschleudert. Frau Gräfin Terlago erlitt hiebei einen mehrfachen Armbruch und sonstige Verletzungen, auch deren Tochter Marquise Pallavicini und der Kutscher wurden nicht unerheblich verletzt, während der Wagen in Trümmer ging und eines der Pferde Hautabschürfungen davontrug. Die Besitzerin des Automobils, welches übrigens bei Sichtbarwerden der Equipage sofort angehalten worden soll, brachte die Verunglückten auf ihrem Gefährte nach Lienz zurück. « Lienzer Zeitung, Nr. 32

Das Automobil war um 1900 im Bezirk Lienz kein unbekanntes Fahrzeug mehr. Automobil-Rennen Paris–Wien 1902.

15. OKTOBER

Das neue Schulhaus in Lienz

» Wir berichten an anderer Stelle über die am 11. ds. M. vollzogene Eröffnung des neuen Knabenvolksschulhauses in Lienz und bringen hier einige Daten über dasselbe. Das Haus liegt in der Muchargasse im südlichen Teile des Hölzlgartens, mit der Hauptfront gegen Süden und zwei gleichmäßigen Flügeln gegen Osten und Westen. An den Westflügel schließt sich die Turnhalle an. Das Hauptgebäude ist zweistöckig [...] Das Gebäude enthält im Keller große Räumlichkeiten für Holz- und Kohlenlager, Waschküche, ebenerdig im östlichen Flügel die Wohnung für den Herrn Schulleiter und den Schuldiener, westlich ein dermalen noch diesponibles Lokal, dann ein geräumiges Musiklehrzimmer und daneben die Turnhalle. « Lienzer Zeitung, Nr. 42

Die neu errichtete städtische Knaben-Volksschule in der Muchargasse 8 in Lienz, 1904.

1905

4. FEBRUAR »

Von der Woche

Der Krämermarkt am Lichtmeßvorabend zeigte, nachdem die fremden Krämer mit Beschluß des Gemeindeausschusses vom Besuche der Lienzer Märkte seit Neujahr ausgeschlossen sind, einige Buden, Gestelle und Tische einheimischer Geschäftsleute. Nur ein einziger Jude, der ehrsame Osias Reig false Freukel aus Kalucz, der ahnungslos über den bösen Streich der Stadtväter von Lienz eigens von Wien gekommen war, um die Bewohner und Marktbesucher mit seinen bei diesem wechselhaften Winterwetter sehr nützlichen Wirkwaren zu erfreuen, hatte vom Bürgermeister die Erlaubnis erhalten, ein letztesmal auszukramen. Vielleicht wollte der Bürgermeister mit diesem Prachtexemplare eines Hebräers einen typischen Schlußstein auf die von nun an gewesenen Krämermärkte setzen, vielleicht wollte er mit dieser Judenfreundlichkeit dokumentieren, daß es nicht die Judenfrage sei, was ihn in einer anderen Angelegenheit mit der Mehrzahl der Stadtväter entzweit hat. [...] Jedenfalls ist durch das Ereignis die ohnehin wackelige Stellung des Bürgermeisters noch mehr erschüttert worden. « Lienzer Zeitung, Nr. 5

7. SEPTEMBER »

Großfeuer in Leisach

Am Sonntag den 3. ds. M. Nachmittag 3 Uhr ist in der von Lienz 2 Kilometer entfernt an der Reichsstraße gelegenen Gemeinde Leisach Feuer ausgebrochen, welches sich infolge der eng aneinander gereihten hölzernen Behausungen in dem kurzen Zeitraum von kaum 10 Minuten auf 3 Wohn- und 4 Futterhäuser ausgebreitet hatte. Dem sofortigen Einschreiten der Ortsfeuerwehr gelang es, dem Feuer in seiner Ausbreitung gegen Süden ein Ziel zu setzen. Die rasch nacheinander auffahrenden Feuerwehren Amlach, Lienz und Tristach umfaßten das Feuer von allen Seiten und lokalisierten den Brand auf die obigen schon im Feuer stehenden 5 Objekte. Die Windverhältnisse waren sehr günstig, dagegen war Wassermangel fühlbar. Später erschienen auch die entfernter gelegenen Feuerwehren von Nußdorf und Oberlienz und beteiligten sich an den Löscharbeiten. Um 7 Uhr abends war das Feuer vollständig niedergemacht und die Feuerwehren Leisach, Amlach und Tristach blieben zur Sicherheit auf der Brandstätte, während die übrigen Feuerwehren in ihre Standorte einrückten. Alle Feuerwehren waren gut bemannt, Spritzen und Schläuche in vorzüglichem Zustande und ihre Leistungen und Ordnung am Brandplatze müssen lobenswert genannt werden. « Lienzer Zeitung, Nr. 36

23. SEPTEMBER »

Von der Tauernbahn

Am 20. ds. M. ist in Anwesenheit des Kaisers und einer stattlichen Reihe von Festgästen die nördliche Tauernbahn, die Teilstrecke Schwarzach-St. Veit-Gastein, in feierlicher Weise dem Verkehre übergeben worden. Der Tag ruft für uns Osttiroler die wehmütige Erinnerung an die Hoffnungen wach, welche einst gehegt wurden, daß die Tauernbahn über bezw. durch den Felbertauern gebaut werden würde. Leider waren alle Bemühungen der interessierten Kreise vergebens; Osttirol und der Pinzgau blieben allein in der Agitation für diese Bahnlinie, denn weder in der tirolischen, noch in der salzburgischen Landeshauptstadt hatte man auf Unterstützung zu rechnen. In Innsbruck wollte man überhaupt von der ganzen Tauernbahn nichts wissen, weil man von ihr nur eine Ablenkung des Verkehres befürchtete und lieber, als für die Führung auf tirolischem Gebiete sich einzusetzen, sah man zu, wie die Bahn nach Kärnten verlegt wurde, eine Lösung, welche in der Folge für Tirol gewiß nicht die günstigste war. « Lienzer Zeitung, Nr. 38

4. NOVEMBER »

Neuer Marmorbruch

Die Herren Ferdinand Probst, Fabrikant und Marian Wanner, Grundbesitzer in Lienz und Kienburg, haben in der „Grünalpe“, Gemeinde Hopfgarten, einen Bruch zur Gewinnung von Marmor eröffnet. Im Jahre 1904 haben die Herren Sprengungen vornehmen lassen um die Qualität und Güte des Gesteines zu prüfen und indem die Aussicht vorhanden war, daß dieser Marmor anderen Marmoren gleichgestellt werden kann, so haben sich die Herren entschlossen, eine 13 m tiefe Mine von 1 qm Querschnitt anzulegen. Am 18. Oktober dieses Jahres wurde die Sprengung dieser Mine unter Verwendung von 1000 kg Pulver vorgenommen und das Resultat, in Beziehung auf Qualität und Quantität (circa 4000 m^3), wird von Fachleuten als sehr günstig bezeichnet. Zum Transporte der gewonnenen Marmorblöcke gedenken die Herren eine 3650 m lange und 0,75 m breite schmalspurige Rollbahn, welche bereits von Herrn Viktor Rizzardi, Baumeister in Lienz, aufgenommen und trassiert wurde, anzulegen. Wir können dieses Unternehmen auf das Freudigste begrüßen, denn dadurch wird die Gemeinde Hopfgarten eine sichere Einnahmsquelle haben und dadurch kann auch die Frage der projektierten Iseltalerbahnausführung als näher gerückt bezeichnet werden. « Lienzer Zeitung, Nr. 44

1906

13. JÄNNER

Seltenheit

Der Draxl-Gutsbesitzer in Nikolsdorf hat ein Mutterschaft, daß innerhalb Jahresfrist sechs Lämmer warf: im Frühjahr zwei und am 6. ds. M. vier Stück. Alle sechs Stück sind frisch und munter. – Der Etschberger-Sohn schlachtete ein Schwein. Er glaubte, daß dasselbe schon tot sei und kam mit seiner Hand dem Maule des totgeglaubten Schweines etwas zu nahe. Dasselbe raffte aber noch einmal die letzten Kräfte zusammen und biß dem Metzger den rechten Daumen beim Mittelgliede vollständig weg. « Lienzer Zeitung, Nr. 2

2. JUNI

Die Photographen ohne Platten

Aus dem Villgratentale wird berichtet: Kamen da jüngst zwei Photographen in unser Tal und machten Aufnahmen und zwar, wie sich jetzt herausgestellt hat, ohne Platten. Die noblen Herren ließen sich nach der Aufnahme von den Parteien eine Anzahlung geben. Dies Geschäftchen trieben sie bereits in mehreren Orten. Endlich erfuhr der Chef der Firma von dem merkwürdigen Gebaren seiner Vertreter und er selbst erschien in Begleitung eines Gendarmen und überlieferte die Herren dem Gerichte. Jetzt sitzen die beiden Früchtlein in der „Dunkelkammer" in Sillian und werden dort genügend Zeit haben, ihre imaginären Platten zu entwickeln. « Lienzer Zeitung, Nr. 22

Außervillgraten, 1932.

1906

6. OKTOBER »

Großfeuer in Dölsach

Ein trauriges Bild der Verwüstung bietet heute die Ortschaft Dölsach. nicht nur, daß acht Objekte dem verheerenden Elemente zum Opfer fielen, auch Menschenleben forderte das nimmersatte Gespenst. Am Mittwoch um ½ 12 Uhr nachts brach auf bisher noch unaufgeklärte Weise im Futterhause des Holzhändlers Josef Marinelli Feuer aus, welches ungemein rasch auf das Wohnhaus und Magazin desselben übergriff, und sich von dort auf das nahegelegene aus Wohn-, Futterhaus und Stallung bestehende Meßnergut und das dem Josef Amort vlg. Lackner gehörige Wohn- und Futterhaus ausbreitete. In kurzer Zeit war alles ein Flammenmeer. Die Futtervorräte boten ja genügend Brennstoff und überdies war durch die lange Trockenheit alles ausgedörrt. Die rasch erschienen Feuerwehren von Dölsach, Nikolsdorf, Nußdorf, Debant, Lavant, Tristach, Amlach, Leisach und Lienz mit der Bereitschaft des nun hier garnisonierenden Infanterie-Regiments Nr. 18 waren durch den großen Wassermangel vor eine schwere Aufgabe gestellt, der sie sich jedoch mit aufopferungsvollster Hingabe im Dienste der Nächstenliebe entledigten. [...] Leider forderte das unerschrockene Eingreifen drei Menschenleben. Bei den Bergungsarbeiten im Marinellischen Wohnhause begrub der einstürzende Plafond und die Giebelmauer im Hausgange den bei der Station Dölsach bediensteten Taglöhner Franz Ahorner, der bis zur Brust in heißem Schutt und Asche stekkend, erst nach dreiviertelstündiger angestrengter Arbeit noch lebend freigemacht werden konnte. Tot zogen nimmermüde Hände aus demselben Hause den aus Rangersdorf gebürtigen Postillon Franz Schilcher, in Diensten der Frau Merzinger in Winklern, unter Schutt und zersplitterten Balken hervor und kurze Zeit hernach den Briefträger Peter Weingartner. Drei Opfer uneigennützigster Nächstenliebe und treuester Pflichterfüllung. Glücklicherweise konnte das Vieh gerettet werden, sowie auch an Hausrat das meiste geborgen werden konnte. Eine äußerst günstige Windrichtung verhinderte ein weiteres Umsichgreifen des Brandes. « Lienzer Zeitung, Nr. 40

1907

„Pusterthaler Hochzeitsbild“, aufgeführt vom Lienzer Sängerbund anlässlich der 40-jährigen Gründungsfeier am 29. Juni 1900.

12. JÄNNER »

Der Rodelsport

ist auch in Lienz im Aufblühen begriffen und widmen sich Damen wie Herren demselben mit großem Eifer. Die schönste Rodelbahn führt von Thurn herunter nach Patriasdorf in einer Länge von anderthalb bis drei Gehstunden, andere schöne Rodelwege sind am Schloßberge und am Gaimberge. Es wäre nur wünschenswert, wenn die verschiedenen Wintersporte, Rodeln, Schlittschuhlaufen, Skifahren etc. von fachkundigen Händen womöglich ohne eine neue Vereinsgründung angegriffen und in ein gesellschaftliches System gebracht würden. « Lienzer Zeitung, Nr. 2

9. FEBRUAR »

Amerikanische Hochzeiter

Diese Woche haben zwei Hochzeiten von amerikanischen Bürgern hier stattgefunden. Die Vettern Thomas und Franz Rohracher aus Thurn bei Lienz, die vor mehr als zwei Jahrzehnten nach Amerika gezogen und nun dort wohlbestellte Landwirte sind, waren vor einem Vierteljahr hiehergekommen, um wieder einmal die Heimat zu sehen und haben sich Bräute in Lienz ausgesucht, mit welchen sie dieser Tage den Bund fürs Leben schlossen. Nächste Woche reisen die Paare über Havre nach ihrem Heim in Dolorado ab. « Lienzer Zeitung, Nr. 6

1907

23. MÄRZ

Zum Denkmal in Defereggen

» In der diesjährigen 34. Jahresausstellung im Künstlerhause in Wien, welche am 16. März durch Se. Majestät den Kaiser eröffnet wurde, befindet sich unter den internationalen reichhaltigen Maler- und Bildhauer-Kunstwerken, auch das recht wohlgelungene Bronze-Relief „Darstellung einer Szene aus den Tiroler Freiheitskämpfen 1809“ von Virgil Rainer aus Wind.-Matrei im Iseltale, welcher wie bekannt, mit dem Entwurfe und Modelle für das Freiheitskämpfer-Denkmal in Defereggen 1809-1909 betraut wurde. Rainer, der ein außergewöhnliches Bildhauer-Talent besitzt, lenkte bei dieser Gelegenheit die Aufmerksamkeit Sr. Majestät des Kaisers auf sich und hatte die hohe Ehre vorgestellt und angesprochen zu werden, worauf sich der Kaiser mit großem Interesse über die Verwendung des Kunstwerkes eingehend erkundigte, als auch über dessen Ausführung sehr lobend ausdrückte. «

Lienzer Zeitung, Nr. 12

18. MAI

Die Reichsratswahlen am 14. Mai 1907

» Der denkwürdige Tag der ersten Reichsratswahlen nach dem allgemeinen, gleichen und direkten Wahlrecht hat im allgemeinen, die Erwartungen gerechtfertiget, welche man im voraus gestellt hatte: Anwachsen der demokratischen Parteien, der sozialdemokratischen und christlichsozialen, Rückgang der bürgerlich-freisinnigen und der radikal-nationalen Parteien. Die Sozialdemokraten haben gleich im ersten Ansturm 60 Mandate in allen Ländern erobert – Polen hat noch nicht gewählt – und sind in 60 Bezirken in der Stichwahl. [...] In unserem engeren Wahlkreise, Landgemeinden-Bezirk Lienz, hat der Führer der Tiroler Christlichsozialen, Schraffl, einen glänzenden Sieg errungen, indem er von 5244 abgegebenen Stimmen 4775 aus sich vereinigte. Der in den letzten acht Tagen auf den Wahlplatz getretene agrarische Wahlwerber Dirketor Grimm erhielt nur 407 Stimmen und die Meinung, daß unsere Bauern des politischen Streites müde, und für rein wirtschaftliche Arbeit eingenommen seien, erhielt durch das Wahlergebnis einen gewaltigen Stoß. [...] Die Wahlbeteiligung war eine sehr große und erreichte durchschnittlich 90 % der Zahl der Wahlberechtigten. « Lienzer Zeitung, Nr. 20

29. JUNI

Der Eisenbahnminister in Lienz

» Unser Eisenbahnminister Dr. Julius v. Derschatta, welcher letzte Woche die Bauarbeiten an der Nord- und Südseite des Tauerntunnels inspizierte, kam am 13. ds. M. mittags nach Obervellach und besichtigte weiters die anschließende offene Baustrecke bis Möllbrücken. Mit dem Abendzuge um 6 Uhr 30 M. traf der Minister mit seiner Begleitung in Lienz ein und machte einen Spaziergang durch die Straßen der Stadt. Später wurde in der hiesigen Bahnhof-Restauration das Souper eingenommen und um 9 Uhr 26 M. nachts trat Se. Exzellenz mit dem Schnellzuge im eigenen Salonwagen die Rückreise über Graz nach Wien an. « Lienzer Zeitung, Nr. 26

13. JULI

Bataillons-Manöver

Diese Woche hatten die im Pustertale garnisonierenden Bataillone des Infanterie-Regimentes Nr. 18 Feldübungen vor Sr. kais. Hoheit dem Landeskommandierenden Erzh. Eugen, welcher am Dienstag früh aus Ampezzo nach einer Automobil-Partie über die Dolomitenstraße in das Pustertal kam. Am 9. Juli traf Se. kaiserl. Hoheit per Automobil in Abfaltersbach ein und wurde dortselbst von der Gemeindevorstehung, den Paradeschützen und der Musik feierlich empfangen. Bald nach der Ankunft bestieg der Herr Erzherzog ein Pferd und begab sich ins Gelände hinaus, wo ein Manöver der Lienzer Garnison mit jener von Panzendorf und den Kaiserschützen von Kartitsch stattfand. Nachmittags kehrte Se. kaiserl. Hoheit nach Abfaltersbach zurück und nahm in Aigners Gasthof das Mittagsmahl ein, worauf die Rückfahrt nach Toblach erfolgte. Der Herr Erzherzog spendete den Schützen und der Musik einen bedeutenden Betrag. Am folgenden Tage weile Se. kaiserl. Hoheit bei einem Manöver der Brunecker Garnison auf dem Plateau von Olang. « Lienzer Zeitung, Nr. 28

20. JULI

Theatre elektrique

Seit einer Reihe von Tagen veranstaltet ein am Rindermarkte etabliertes Theater Kinematographen-Vorstellungen, die sich eines regen Besuches erfreuen. Diese Art von Vorführung lebender Bilder ist für Lienz neu, weshalb sich auch allseits Interesse daran kundgibt. Für Humor und Tragödie in reicher Abwechslung ist in den Bilderserien Sorge getragen und verdienen die Vorführungen das vollste Lob. Das Theater hat eigene elektrische Anlage und ist wetterfest gebaut. Für die kommende Woche ist ein sehr reichhaltiges Programm ausersehen, das sicher vollen Beifall finden wird. « Lienzer Zeitung, Nr. 29

27. JULI

Denkmal-Enthüllungsfest in Nikolsdorf

Diesen Sonntag den 28. Juli wird die Enthüllungsfeier an der Chrisantner-Schanze vor sich gehen. Ein großer Obelisk ist dort errichtet als Denkmal der großen Ruhmestaten der wackeren Landesverteidiger und wird für ewige Zeiten der Mit- und Nachwelt vor Augen führen, daß hier unsere Voreltern, durch die Grausamkeit des fast allmächtigen Napoleon aufgereizt, sich zum Aeußersten entschlossen und mit gewandter List und Selbstverleugnung eine hundertfache Uebermacht zum Rückzuge zwangen. An dieser Feier haben die ehrende Teilnahme bereits zugesagt: für die k.k. Landesverteidigungs-Oberbehörde Herr k.k. Sektionsrat Graf Wolkenstein, für den Landes-Oberstschützenmeister und Landeshauptmann Herr J. Bauer, Oberkommissär, sowie viele Schützen- und Veteranen-Vereine, davon einige mit Musik. « Lienzer Zeitung, Nr. 30

1907

3. AUGUST »

Diebsmanöver

Aus Sillian wird berichtet: In einer der letzten Nächte hat man im Hause des Bürgermeisters Schraffl einen Dieb bemerkt; er wurde aber verscheucht. Derselbe hatte es auf Betten abgesehen, welche er mittels einer Stange vom Fenster aus „herausfischte“; mit einem konnte er flüchten, während er ein zweites mit samt der Leiter zurücklassen mußte. Leider konnte er wegen der Dunkelheit nicht erkannt werden. « Lienzer Zeitung, Nr. 31

12. OKTOBER »

Iseltalbahn

Die politische Begehung der schmalspurigen, mit Dampf zu betreibenden Lokalbahn von der Station Lienz der Südbahn nach Wind.-Matrei hat am 8. ds. M. in Lienz ihren Anfang genommen und ist dieser Tage bis Ainet vorgeschritten. Leiter der Kommission ist Herr k.k. Statthaltereirat Graf Vetter, das Eisenbahnministerium vertritt Herr Regierungsrat Steiner. Der Projektant Herr Ingenieur Riehl nimmt an der Kommission persönlich teil. Wie wir hören, haben sich in den Gemeinden Lienz und Patriasdorf keine besonderen Schwierigkeiten ergeben, nachdem auf einzelne Wünsche bezüglich der Führung der Bahnlinie und Anlage der Haltestellen seitens der Kommission bereitwillig eingegangen wurde. «

Lienzer Zeitung, Nr. 41

28. DEZEMBER »

Die Rodel

Vor kurzer Zeit hatten einige recht harmlose Rodeln in einem Koupé III. Klasse der Südbahn auf der Strecke Dölsach-Lienz ihr bescheidenes Dasein unter und über den Sitzbänken gefristet, nichtsdestoweniger hat sich ein wohl etwas zu übereifriger Kondukteur bemüßigt gefunden, die Rodeln zu beanständen, resp. veranlaßt, daß die Besitzer diese in Lienz zur Nachzahlung als Frachtgut stellen mußten. Auf der Strecke Villach-Franzensfeste dürfen Passagiere durch Rodler mit ihren Rodeln nicht belästigt werden! Kommt aber eine Bötin mit einem ganzen Zimmer voll Sachen, Körben, großen und kleinen Paketen und macht sich in unangenehmster Weise im Koupé breit, so wird sie natürlich nicht beanstädet. Wir möchten den Rodlern den guten Rat geben, künftig ihre Rodeln in Papier einzuschlagen, vielleicht werden sie dann auch nicht beanständet. « Lienzer Zeitung, Nr. 52

1908

23. MAI

Hotelbau in Lienz

Am 21. ds. M. hat die Baukommission über den von der I. Pustertaler Hotel- und Terrain-Gesellschaft, G.m.b.H. in Lienz geplanten Bau eines Hotels an Stelle des alten Ballhauses stattgefunden. Mit der Demolierung des Ballhauses soll nun sofort begonnen werden, um dann gleich den Bau des Hotels in Angriff zu nehmen. Lienzer Zeitung, Nr. 21

25. JULI

Einstellung eines Bergwerks-Betriebes

Vor einiger Zeit wurde allen Arbeitern der Bergwerke von Heinfels im unteren Pustertale gekündigt und am 15. Juli wurden sämtliche entlassen. Man will den Betrieb auf ein Jahr einstellen und dann mit neuen Bohrmaschinen weiter arbeiten. Für die ledigen Knappen mag vielleicht die Sache nicht so schlimm sein, wohl aber für jene, welche sich häuslich eingerichtet und für eine Familie zu sorgen haben. Lienzer Zeitung, Nr. 30

29. AUGUST

Das Ballhaus

in Lienz ist nun vom Erdboden verschwunden, um dem Neubau des Hotel „Lienzerhof" Platz zu machen. Beim Kelleraushub stieß man neben dem Hause des Herrn Fracaro auf alte Mauern in der Dicke eines Meters, welche noch Reste von Gewölben trugen und gegen das Fracaro-Haus einen zugemauerten Eingang aufwiesen. Ueber die frühere Bestimmung dieser Mauern und den Bestand eines Hauses an dieser Stelle ist nichts bekannt. Lienzer Zeitung, Nr. 35

Hotel „Lienzerhof", um 1910.

1909

9. JÄNNER

Vom Bau des städtischen Elektrizitätswerkes

Der Bau des städtischen Elektrizitätswerkes nimmt seinen programmäßigen Fortschritt. Abgesehen von den nötigen Vorarbeiten an der Herstellung der Zugangswege und Brücken wurde anfangs November des verflossenen Jahres mit den Stollenarbeiten begonnen. Bis heute sind die Stollenarbeiten am künftigen Wassereinlaufe auf 8 m, beim Seiten- bezw. Hilfsstollen auf 26 m und beim künftigen Wasserschlosse auf 70 m gediehen. Insgesamt sind bekanntlich 519 m Hauptstollen und 38 m Seitenstollen zu treiben. Von der Bahn aus, beim Passieren der Station Dölsach, kann man ganz deutlich die Ausbruchstelle des Stollens sehen und wird künftig an dieser Stelle das Wasserschloß als weithinsichtliches Zeichen der Licht- und Kraftquelle der Stadt Lienz sich zeigen. [...] Mit Eintritt des Frühjahres werden die Arbeiten für die Leitungen neben der Erstellung der Zentrale einsetzten. Lienzer Zeitung, Nr. 2

16. JÄNNER

Maschinengewehre im 1. Feldjäger-Bataillon

Ueber die Einführung von Maschinengewehren in einzelnen Truppenteilen wurde bereits berichtet. Nun sind hier die beiden, für das 1. Feldjägerbataillon bestimmten Maschinengewehre samt fünf Pferden eingetroffen. Zwei Pferde tragen die Gewehre, zwei die Munition und die Ausrüstung und ein Pferd ist dem Kommandanten der Abteilung als Reitpferd beigegeben. Im Kriegsfalle gehören zur Abteilung 22 Pferde und zwar ein Reitpferd und 21 Tragpferde.

Lienzer Zeitung, Nr. 3

30. JÄNNER

Zum Rodelfest in Aßling

Sehr zahlreich haben die Rodler und Rodlerinnen unserer Stadt der Einladung der beiden Gastwirte in Thal und Aßling Folge geleistet und haben sich ein Stelldichein in Aßling am Sonntag den 24. d. M. gegeben. Es wurde ein Rodelfest im wahrsten Sinne des Wortes. Bei den melodiösen Klängen einer Ziehharmonika und zweier Klarinetten gab man sich dem Tanze hin, bis der hereinbrechende Abend zum Aufbruche mahnte. In sausender Fahrt ging es hierauf dem Tale zu und manche Unfälle hatte die lustige Fahrt aufzuweisen. Der rasche Aufschwung, den dieser gesunde und schöne Sport in unserer Gegend nimmt, ist sehr zu begrüßen, zumal die schönen Rodelbahnen, das Aufblühen desselben bedeutend fördern. Lienzer Zeitung, Nr. 5

6. FEBRUAR

Schlenkeltag

Lichtmeß ist die Zeit, um welche die ländlichen, zumeist auf ein Jahr sich verdingenden Dienstboten ihre früheren Dienstplätze verlassen und in anderen einstehen. Am Tage nach dem Festtage Mariä Lichtmeß, also am Blasiustage wird daher geschlenkelt, d.h. soviel, als daß die Dienstboten, welche einen neuen Dienst antreten, zur Stadt kommen, sich in den hiesigen Wirtshäusern gütlich tun und dann des Abends bei dem neuen Dienstgeber einstehen. Auch in unserer Stadt war in dieser Richtung eine ziemliche Bewegung bemerkbar. « Lienzer Zeitung, Nr. 6

Lienz gegen Gaimberg.

6. MÄRZ

Das Lawinenunglück am Gaimberg

Am Dienstag den 2. März gegen 5 Uhr früh ereignete sich am Gaimberge bei Lienz eine Lawinen-Katastrophe, die in unserer Gegend zu den Seltenheiten gehört, der aber leider drei Menschenleben zum Opfer fielen. Der ungewöhnlich starke Schneefall in der Nacht vom 1. zum 2. März trug die Schuld daran, da an dem steilen Gelände der Schnee keinen Halt hatte. Die Schneelawine brach oberhalb des Hauses des Besitzers Peter Idl aus, riß das Futterhaus des genannten Besitzers mit fort und begrub unter sich 8 Stück Ziegen, sowie die Hausvorräte; 6 Stück Ziegen konnten geborgen werden Menschen wurden im Hause des Idl keine verletzt, doch waren 11 Personen in großer Gefahr verschüttet zu werden. Auf ihrem weiteren Wege erfaßte die Lawine sodann das neuerbaute Häuschen des Thomas Sariner, welcher dasselbe mit seiner Frau Creszenz und einem 8jährigen Ziehknaben namens Franz Gander bewohnte und fegte es vollständig weg. Das Ehepaar, nur mit dem Hemde bekleidet, wurde von der Lawine zur Seite geschlendert und fortgetragen, doch kam es, allerdings mit leichten Verletzungen, mit dem Leben davon, während der Knabe erst am 3. ds. M. mittags von der Rettungsmannschaft in der Lawine tot aufgefunden wurde. Vom Viehstande Saringer wurden 3 Stück Rindvieh gerettet. Die Lawine drang nun in das unterhalb liegende Wohnhaus des Franz

Mair, vulgo Kalserbauer ein, und begrub die dort wohnende Familie des Schuhmachermeisters Andrä Gutternig, bestehend aus dem Genannten, seiner Frau und 5 Kindern im Alter von 5 Monaten bis 7 Jahren und weiters das im gleichen Hause wohnende Ehepaar Stefan und Anna Hopfgartner. Mit Hilfe der übrigen Hausbewohner und der herbeigeeilten Nachbarn konnten die Frau des Gutternig mit den 5 Kindern und Stefan Hopfgartner noch lebend aus den Trümmern herausgeholt werden; Andrä Gutternig sowie Anna Hopfgartner hingegen wurden nur mehr als Leichen geborgen und ist bei denselben der Tod durch Ersticken eingetreten. Die übrigen Personen des Hauses waren ebenfalls der Verschüttungsgefahr ausgesetzt. An den Rettungsarbeiten beteiligten sich außer den zahlreichen Nachbarsleuten auch eine Abteilung von 50 Mann Feldjäger unserer Garnison, welche durch zwei Tage unermüdlich an der Durchsuchung der Lawine mitarbeiteten und verdienen die wackeren Jäger alles Lob und Anerkennung. [...] Die Beerdigung der drei Opfer dieser Katastrophe erfolgte am 4. ds. M. am Friedhofe zu Grafendorf im Beisein einer großen Anzahl Leidtragender. « Lienzer Zeitung, Nr. 10

3. APRIL »

Kinematograph

Seit Mittwoch, den 31. ds. M. hat in der Salonveranda zum „Glöcklturm" ein Kinematographen-Unternehmen sich für kurze Zeit etabliert, und erfreute sich bereits die Eröffnungs-Vorstellung eines guten Besuches. Das Programm ist abwechslungsreich, lustig und interessant. Die neue Errungenschaft auf diesem Gebiete, singende und sprechende Bilder, steckt wohl noch in den Kinderschuhen, und dies noch arg, solange nicht eine tadellose musikalische Wiedergabe des Vorgeführten an Stelle des heutigen Gramophons tritt. Besonders interessant waren die Bilder vom Kaiser-Jubiläumsfestzug in Wien. Der Besuch ist empfehlenswert und ist das Gebotene eine angenehme Unterhaltung während einiger Abendstunden. « Lienzer Zeitung, Nr. 14

Pfarrbrücke in Lienz. Auf der rechten Seite erkennt man den Gasthof „Glöcklturm".

1910

2. APRIL

»Von Sachsen aus im Freiballon über die Alpen

Wir berichten an anderer Stelle über den Luftballon, welcher am 25. März gegen Abend in Wind.-Matrei, St.Veit und St. Jakob in Defereggen gesichtet wurde und schließlich am Fuße des Breitlahner in 2430 Meter Höhe bei Innervillgraten landete. Hierüber schreibt man noch: Von Weißig bis Riesa bei Dresden unternahmen Mitglieder des Kaiserlichen Aeroklubs mit dem Ballon „Clouth 5" einen Aufstieg, an dem Oberleutnant v. Quast als Führer, als Mitfahrer der Prinz von Ratibor, Freiherr v. Weiß und Herr v. Siemens als Fahrgast teilnahmen. Die Fahrt ging über das Erzgebirge nach Böhmen, über die Donau, über das Salzkammergut und den Großglockner. Da der Wind nach Westen in die Alpen ging, wurde vor Anbruch der zweiten Nacht gelandet, und zwar im Innervillgratentale auf einer Anhöhe von 2430 Metern nördlich vom Orte Sillian. Die Fahrt dauerte 17 Stunden. Die Luftballonhülle und die Gondel wurden auf 3 Schlitten nach Innervillgraten und von dort nach Sillian geliefert, von wo aus die 4 Herren am Osterdienstag die Heimreise antraten. « Lienzer Zeitung, Nr. 14

9. JULI

»Hotel Lienzerhof

Das am 2. dem Betriebe übergebene und seither seiner Vollendung weiter zugeführte Hotel Lienzerhof nimmt – nicht wegen seiner Größe, denn es zählt nur 70 Zimmer mit hundert Betten – aber wegen seiner Anlage und Ausstattung einen ersten Rang nicht nur im Pustertale, sondern auch in Tirol ein. Das Hotel enthält alle Bequemlichkeiten und Anlagen, welche man heute in einem modernen Gasthofe verlangt, als: geräumige Saal- und Gesellschaftslokale, große Halle, Zentralheizung, Personenaufzug, Kühlanlage, Garagen, Bäder in allen Stockwerken, elektrische Beleuchtung durchaus, die Zimmer sind auf das modernste eingerichtet und in jedem Stockwerke sind auch Appartements mit Bäder verbunden vorhanden. Die Einrichtung des Hotels wurde größtenteils von bekannten Wiener Specialfirmen für Hoteleinrichtung beigestellt, jedoch hat auch das heimische Gewerbe daran mitgearbeitet. Der Bau wurde nach den Plänen des Herrn Stadtbaumeisters Rizzardi und Weisungen des Herrn Architekten Klingler in Innsbruck vom genannten Baumeister ausgeführt. Wir erachten, daß die Erstellung eines erstklassigen, den Ansprüchen der verwöhntesten Reisenden entsprechenden Hotels in Lienz eine wichtige Etappe in dem Entwicklungsstadium des Fremdenverkehrs unserer Stadt bildet. Eine kleine Eröffnungsfeier soll erst Mitte ds. M. stattfinden. «

Lienzer Zeitung, Nr. 28

Schloss Weißenstein, um 1910.

24. JULI

König Georg von Sachsen

traf am Montag den 18. Juli l. J. mittels Sonderzuges um 7 Uhr Früh hier ein, um sich zum Sommeraufenthalte mit seinen Söhnen und Töchtern nach Schloß Weißenstein bei Wind.-Matrei zu begeben. Nachdem die Ankunft des Königs nicht allgemein bekannt war, und nebstbei jeder offizielle Empfang verbeten war, so hatte sich nur eine kleine Schar Neugieriger am Bahnhofe eingefunden. Herr Bezirkshauptmann Edler v. Posch begrüßte den König nebst seinem Gefolge, nachdem derselbe seinem Salonwagen entstiegen war. In sechs bereit gehaltenen Landauern traten die hohen Herrschaften sofort die Fahrt nach Schloß Weißenstein an. Das Stadtgemeinde-Amt und das Hotel Lienzerhof hatten die sächsische Flagge gehißt. Hoffentlich ermöglicht eine bessere Witterung den hohen Sommergästen die projektierten Touren in die Großglockner- und Venediger-Gruppe. Die Ankunft erfolgte um 1/4 11 Uhr Vormittag in W.-Matrei, nachdem zuvor der Glockner-Ansicht bei Kienburg ein Besuch abgestattet wurde. Lienzer Zeitung, Nr. 30

30. JULI

Versuchter Einbruch

In der Nacht von Mittwoch auf Donnerstag wurde in das Geschäft des Herrn Moser in der Alleegasse ein überaus frecher Einbruch versucht. Der Tatbestand ist folgender. Ein im gleichen Hause wohnender Verwandter des Herrn Moser bemerkte bei seinem Heimkommen gegen 12 Uhr nachts ein verdächtiges Geräusch an den Ladentüren. Der Ursache nachgehend, bemerkte er 3 Individuen, von denen zwei sich anschickten, mit einer Brechstange die Ladentüren zu sprengen, um in den Laden zu gelangen, während der dritte den Aufpasser machte. Durch den rückwärtigen Hauseingang rasch eintretend, war es dem Beobachter möglich, den Besitzer zu wecken, welcher auch sogleich sich zur Abwehr bereit machte und plötzlich über die Einbrecher herfiel, einen derselben an der Gurgel packte und zu Boden warf, während die zwei anderen das Weite suchten. Die inzwischen herbeigeeilten Hausbewohner fesselten den am Boden liegenden Mann mit Wäschestricken und Herr Moser begab sich in das Haus, um seine Toilette zu vervollständigen und die Gendarmerie zu verständigen. Während dieser Zeit kamen die beiden Komplizen des Gefesselten ruhig des Weges daher und fragten den Verwandten und noch einen Herrn, die als Bewachung des am Boden liegenden am Tatorte blieben, was hier eigentlich los sei. In diesem Momente bückte sich der eine, schnitt mit raschem Ruck die Fesseln auf und versetzte den einem einen Stich in den linken Oberarm, während der Andere den Verwandten des Herrn Moser durch einen kräftigen Stoß zu Boden schleuderte. Gemeinsam mit dem Entfesselten brachen sie in den Hauseingang ein und der im Hausgange befindliche Herr Moser bemächtigte sich zu seiner Verteidigung eines dort befindlichen Kinderwagens, mittels dessen es ihm gelang die Unholde aus dem Hause zu jagen. Die Sache hätte ohne das tatkräftige Eingreifen einen bedenklichen Ausgang nehmen können, denn drei mit Messern bewaffnete Strolche hätten großes Unheil anrichten können. Unsere Gendarmerie, welche die Verfolgung und Ausforschung der Täter in die Hand nahm, wird jedenfalls in kürzester Zeit derselben habhaft werden. Daß die Sache so gut abgelaufen ist, ist jedenfalls der beste Trost für den ausgestandenen Schrecken. « Lienzer Zeitung, Nr. 31

13. AUGUST »

Der Thronfolger in Lienz

Der Thronfolger Herr Erzherzog Franz Ferdinand kam am Dienstag den 9. August mit dem fahrplanmäßigen Vormittag-Schnellzuge im eigenen Hofsalonwagen im strengsten Inkognito in Begleitung seines Dienstkämmerers hier an und nahm im Hotel zur „Post“ sein Absteigequartier. Bald nach seiner Ankunft fuhr der hohe Herr in der vom Hotel beigestellten Equipage zu der dem Antiquitäten-Händler Herr Ambros Rohracher gehörigen Villa in der Alleestraße. Da der Eigentümer nicht anwesend war ging die Fahrt weiter nach Schloß Bruck, wo die alte historische Kapelle der Grafen von Görz besichtiget wurde. Hierauf besuchte Se. kaiserliche Hoheit noch die Pfarr- und St. Michaelskirche und kehrte dann in das Hotel zurück, wo das Mittagmahl eingenommen wurde. Um ½ 2 Uhr fuhr der Thronfolger im eigenen Automobil nach Wind.-Matrei, besichtigte dort das Schloß Weißenstein und trat nach einstündigem Aufenthalte die Rückfahrt zum Pragser-Wildsee, seinem dermaligen Aufenthaltsorte, an. « Lienzer Zeitung, Nr. 33

31. DEZEMBER »

Bäckerei in Villgraten

Ein schon lange ausgesprochener Wunsch ist endlich heuer zu Weihnachten in Erfüllung gegangen; es ist nämlich in Innervillgraten eine Bäckerei errichtet worden, die einzige im Villgratentale. Bisher mußte mit viel Mühe und Kosten das Brot vom Lande ins Tal geliefert werden. « Lienzer Zeitung, Nr. 53

1911

21. JÄNNER »

Vom Schlosse Heinfels

Dem „Tir.“ wird aus Sillian geschrieben: Schon fast ein halbes Jahr steht das Schloß Heinfels im nahen Panzendorf leer. Die Garnison wurde abberufen und laut Mitteilung der militärischen Behörde ist eine Wiederbesetzung in absehbarer Zeit ausgeschlossen. Besitzer des Schlosses sind die Gemeinden des Gerichtsbezirkes Sillian, mit Ausnahme von Innichen; diese beschlossen nun, das noch sehr gut erhaltene Gebäude an den Baron Ertl aus Graz zu verpachten. Das Schloß enthält viele wertvolle Altertümer, die aber in den letzten Jahren durch den Aufenthalt der Garnison arg gelitten haben. Der neue Pächter versprach, die ruinierten Sachen auf eigene Kosten wieder herstellen zu lassen. « Lienzer Zeitung, Nr. 3

28. JÄNNER »

Influenza

Wie aus Abfaltersbach gemeldet wird, tritt die Influenza dort ganz besonders stark auf; in einigen Häusern liegen 5, ja selbst 10 Personen krank darnieder. In Straßen mußte die Schule gesperrt werden, denn mehr als die Hälfte der Kinder sind an Influenza erkrankt. « Lienzer Zeitung, Nr. 4

Abfaltersbach, 1905.

Burg Heinfels in Panzendorf, 1914.

22. APRIL »

Erzsucher

Aus Strassen im Pustertal wird mitgeteilt: Die Sachverständigen in Bergwerksangelegenheiten haben sich also diesmal nicht getäuscht. Wirklich stieß man am 6. April auf Erz und sehr reichhaltiges Schwefelkies wurde zutage gefördert. Wie ergiebig das Lager sein wird, muß erst die Zukunft erweisen. Die beständigen Wassereinbrüche in die Stollen erschweren die Arbeit ungemein. Man nimmt an, daß diese mit der auffälligen Wasserabnahme im Dorfbach zusammenhängen, dessen Quellen in Tessenberg immer mehr versiegen, so daß man zweifelt, ob die am Bache aufgestellten Mühlen noch genügend Wasser zu ihrem Betriebe bekommen werden. « Lienzer Zeitung, Nr. 16

1912

5. JÄNNER

» ## Vom Stadt-Kino

Der Besuch ist ein anhaltend guter zu nennen. Die Bilder weisen in ihrer Vorführung eine frappante Schärfe und Reinheit auf und üben deshalb durch die Flimmerfreiheit auch einen wohltuenden Einfluß auf die Augen aus. Die Bilder selbst sind hübsch und sehenswert. Leider ist die angenehme Kühle in den Lokalen noch nicht der Außentemperatur angepaßt und dürfte ein Abdecken der Rundbögen mit Vorhängen von großem Vorteil sein, da die Räume derartige Dimensionen haben, die die Beheizung äußerst kostspielig machen. Das neue Programm umfaßt ebenfalls eine Reihe schöner Bilder. Es sei noch mitgeteilt, daß Sonntags und Feiertags um 10 Uhr Vormittag, um 4 Uhr Nachmittag und um 8 Uhr abends Vorstellungen stattfinden; an Werktagen stets um 8 Uhr abends. « Lienzer Zeitung, Nr. 2

12. JÄNNER

» ## Auswanderung nach Florida

Hinsichtlich der für eine Auswanderung nach dem Staate Florida (Vereinigte Staaten von Amerika), in Betracht kommenden wirtschaftlichen Verhältnisse dieses Staates wird darauf aufmerksam gemacht, daß sich Westflorida infolge seines häufigen sandigen, trockenen, teilweise von Tonschichten durchzogenen Bodens, dessen Bearbeitung große Mühe und reichliche Düngung erfordert, nur wenig für Zwecke des Ackerbaues eignet. Die wenigen dort vorhandenen Industrien sind in den Händen der eingeborenen Bevölkerung und bieten kaum diesen genügende Beschäftigung. Wenngleich sich die wirtschaftlichen Verhältnisse in Ostflorida im Allgemeinen etwas günstiger darstellen, sind doch die unseren Auswanderern im Staate Florida überhaupt sich bietenden Vorteile und die Existenzmöglichkeit dortselbst nur gering. « Lienzer Zeitung, Nr. 4

9. FEBRUAR

» ## Eine energische Operation

Man meldet uns die folgende Geschichte vom Iselsberg: Ein hiesiger neunzehnjähriger Knecht hatte sich mit einem Flobertgewehr eine Kugel in die Schaufel des Fußes geschossen. Zuerst versuchte er dieselbe mit dem Taschenmesser herauszuziehen, nachdem ihm dies nicht gelang, schritt er zu einem energischeren Mittel: Er lud sein Flobertgewehr neuerlich, setzte genau über der Einschußöffnung der ersten Kugel an, schoß los und beide Kugeln sausten aus dem Fuße hinaus! Die Verletzung ist eine geringfügige und der Mann dürfte in Kurzem geheilt sein. Probatum est! « Lienzer Zeitung, Nr. 12

5. APRIL

Heimische Industrie

Dieser Tage war es einem Berichterstatter unseres Blattes gegönnt Einblick in ein heimisches Industrie-Unternehmen zu nehmen und die gewonnenen Eindrücke, mögen an dieser Stelle Raum finden, denn sie beweisen, daß in unserem Städtchen der moderne Zeitgeist auf industriellem Gebiete siegreich seinen Einzug gehalten hat. Es betrifft dies die neuerbaute Kunstmühle des Herrn Johann Winkler in Lienz. Das geräumige, lichte, drei Stockwerke hohe Gebäude beherbergt im Innern eine Mühlen-Einrichtung modernster Art, die aus der bekannten Mühlenbau-Fabrik der vormals Gebr. Seck in Dresden hervorging. Ein Musterwerk deutschen Fleißes und technischen Fortschrittes auf diesem Gebiete. Im Parterre befindet sich der maschinelle Antrieb, den eine 20 pferdige Francis-Turbine der Leobersdorfer-Maschinenfabrik in spielend leichtem Gange besorgt. Als Kraftreserve dient ein vom städt. Elekrizitäts-Werke gelieferter und aufmontierter 10 pferdiger Elektromotor. Nebenan befindet sich der Getreide-Elevator, der das zu vermahlende Getreide auf endlosen Tragbändern den Mahlmaschinen zuführt. Im 1. Stock arbeiten drei mit den modernsten Errungenschaften versehene Mahlmaschinen und eine automatische Mehlmischmaschine. Kein einziges Mehlstäubchen läßt der sinnreich eingebaute Ventilator in den freien Räumen fliegen, alles ist sauber und adrett. Im 2. Stockwerke ist ein Plansichter, eine Dunst- und Griesputzerei-Maschine „Reform“ untergebracht und zwei Räume in denen das gewonnene Mehl gesammelt wird. Drei Mann bedienen den einfachen Mechanismus und der gewonnene Eindruck ruft die Ansicht wach, daß dieses Unternehmen heute einen solchen Grad der Leistungsfähigkeit erreicht hat, daß es den vielseitigsten und größ-

Blick auf die Stadt Lienz von der Tamerburg, um 1900.

ten Anforderungen vollkommen gewachsen ist. Wenn auch ein Vermögen in der Anlage investiert ist, die Tüchtigkeit und das bekannte Renommee des Besitzers sind die sicherste Gewähr hiefür, daß es an der weiteren Fortentwicklung nicht fehlen wird. Uns freute es, diesen Zeilen Raum geben zu können, möge dies noch recht oft sein, damit unser Städtchen sich emporschwinge zu einem Industrieorte, daß Handel und Arbeitsamkeit des Bürgers goldene Früchte tragen. « Lienzer Zeitung, Nr. 28

14. MAI »

Frauen-Versammlung

Am vergangenen Samstag tagte wie in vielen Orten Oesterreichs beim „Glöcklturm" eine Frauenversammlung bei der Frau Emmy Freundlich über die politische Gleichberechtigung der Frau dem Manne gegenüber sprach. Dieser Tagung brachten „die Frauen und Mädchen der Stadt Lienz" kein Interesse entgegen, denn der Besuch war kein guter. Es gibt nämlich zu viele Frauen und Mädchen in Lienz, welche der geistigen Führung einer gewissen Frau heute noch nicht bedürfen und in der politischen Gleichberechtigung noch nicht jenes glückverheißende Moment erkennen, daß ihnen einen Vorrang gegenüber dem Manne einbringen könnte. Das sind Zukunftsträume, die sich nur dann erfüllen könnten, wenn wir nicht in Oesterreich lebten. Sollte es jedoch einmal der Fall sein, so werden unsere Frauen und Mädchen sich selbst ihre Führerin erküren, geradeso, wie sie sich heute bedanken, von der heutigen mit einer Einladung beehrt worden zu sein. « Lienzer Zeitung, Nr. 39

28. JUNI »

Lienz. Ein moderner Musik-Automat

versehen mit den neuesten Errungenschaften auf dem Gebiete dieser Technik gelangte dieser Tage im Saale des Gasthofes zur „Alten Post" zur Aufstellung und ersetzt mit seinem Spiele ein vollständiges Orchester. Die Vielseitigkeit dieses Werkes und seine Mechanik sind geradezu verblüffend, so sind in demselben Klavier, Xylophon, Zither, Harfe, Orgel, vertreten und ist die Klangfarbe voll und stark und sehr angenehm. Samstag und Sonntag besorgt dieses Instrument bereits vormittags und abends die Konzerte. Der Eintritt ist frei. « Lienzer Zeitung, Nr. 52

13. SEPTEMBER »

Heimische Industrie

In Bälde wird Lienz wieder um ein den modernsten Ansprüchen entsprechendes Unternehmen reicher sein. Es ist dies die mit den neuesten Maschinen eingerichtete Selcherei und Kühlanlage des Herrn Fleischhauermeisters Johann Glanzl in der Rosengasse in Lienz. Die geräumige Kühlanlage ist bereits in Betrieb genommen, und die verschiedenen Wurst- und Fleischbereitstellungs-Maschinen harren nur nach der endgiltigen Montage. Es ist dies Unternehmen wohl eines der größten im Pustertale und infolge seiner Einrichtung auch in der Lage den größten und weitgehendsten Ansprüchen gerecht zu werden. « Lienzer Zeitung, Nr. 74

Obertilliach, 1934.

26. NOVEMBER »

Obertilliach. Unfall beim Schlittenfahren

Am Freitag den 22. d. M. um 10 Uhr abends sind hier zwei Burschen mit einem schweren Schlitten vom Dorfe hinuntergefahren und haben dabei so ungeschickt hantiert, daß der 17jährige Johann Ebner, Sohn des Josef Ebner vlg. Winkler hier, an eine Harpfenstange anfuhr, wodurch ihm das dünne Ende der Stange durch den Oberschenkel gestoßen wurde. Der Anprall war so stark, daß ein großer Nagel, welcher diesen Teil der Stange durchquerte, an beiden Seiten zurückgebogen wurde. Die Stange konnte wegen des umgebogenen Nagels nicht aus der Wunde gezogen, sondern mußte beim Schenkel abgeschnitten werden. Dem Verletzten wurde vom Gemeindearzt Dr. Kunater in Sillian die erste Hilfe gebracht und mußte Holz und Nagel operativ entfernt werden. « Lienzer Zeitung, Nr. 95

17. DEZEMBER »

Lienz. Bewachung der Eisenbahnlinien

Es diene zur allgemeinen Kenntnis, daß alle Bahnlinien durch militärische Posten besetzt sind, welche den Befehl haben, jedermann, der sich an den Bahnlinien zu schaffen macht oder diese betritt und sich nicht gehörig zu legitimieren vermag, zu verhaften, gegen jedermann aber, der sich der Verhaftung zu entziehen versucht, oder auf den ersten Anruf: „Halt! wer da?" nicht stehen bleibt, von der Waffe Gebrauch zu machen. Diese Maßnahmen stellen sich insoferne als keine Neuerung dar, als bekanntlich die wichtigsten Eisenbahnbrücken schon seit längerer Zeit einer besonderen Ueberwachung unterliegen. Immerhin erscheint es notwendig, die Bevölkerung vor jedem unberechtigten Betreten der Bahnlinien ausdrücklich und ernstlich zu warnen. « Lienzer Zeitung, Nr. 101

1913

Neben dem Museum Aguntum entstand in Lienz auch ein Heimatmuseum in der Knabenvolksschule in der Muchargasse 8.

21. MÄRZ

Eröffnung des Museums Aguntum

Mit Montag den 24. ds. M. wird, nachdem die umfangreichen Vorbereitungen hiezu vollendet sind, das Museum „Aguntum" dem Publikum zur Besichtigung erschlossen werden. Es ist im 1. Stock des städt. Brauhauses untergebracht und ist an allen Sonn- und Feiertage von 10 bis 12 Uhr Vormittag geöffnet. An Eintrittsgebühr wird für Erwachsene 60 Heller, für Kinder und Militär vom Feldwebel abwärts 30 Heller eingehoben. Kataloge sind zur näheren Orientierung für 20 Heller erhältlich. [...] Lienzer Zeitung, Nr. 23

28. MÄRZ

Evangelischer Gottesdienst

Der erste evangelische Gottesdienst in Lienz hat am 25. ds. M. im Saale des Thomas Huberschen Gasthauses stattgefunden. Zu dieser Eröffnungsfeier der Predigtstation Lienz hatten sich die Herren ev. Pfarrer von Gries, Meran, Spittal und Villach eingefunden. Der Gottesdienst war von mehr als 70 Personen aller Stände und Klassen aus Lienz und der anliegenden Pustertaler Strecke besucht.

Lienzer Zeitung, Nr. 24/25

27. MAI

Oberlienz. Von der Musik

Zum erstenmale seit dem Bestand der Musik, das sind zirka einige 90 Jahre, rückte dieselbe zur Fronleichnams-Prozession nicht aus. Daß dieses Ereignis nicht besonders günstig einwirkte, ist wohl dadurch erwiesen, daß viele die

Prozession anstatt in Oberlienz in Lienz mitmachten. Wie man hört, soll noch am selben Abend die Musikfrage gelöst und ein Kapellmeister in Aussicht genommen worden sein, der sich bereit erklärte die Stelle zu übernehmen, falls man ihm das Vertrauen schenke und außerdem durch tatkräftige Mitwirkung unterstütze. Am Herz Jesu-Sonntage wird die Musik nach langem Winterschlaf zum neuen Leben erwachen und wir hoffen, daß dieselbe in kürzester Zeit auch ein hunderjähriges Jubiläum und nicht einen x-jährigen Krieg feiern möge. « Lienzer Zeitung, Nr. 42

27. JUNI

» Kartitsch. Waidmannspech

Eine sonderbare Jagdgeschichte geht hier von Mund zu Mund. Ein Jäger zog ins Schöntal auf die Rehpürsche. Durch Gebüsch verdeckt, sah er einen äsenden Bock. Mit der Büchse im Anschlage schlich er das Wild an, zielte und in den Wänden hallte der Schuß wieder. Schwer getroffen kollerte das Wild den steilen Abhang hinab und ihm folgte freudig erregten Herzens der Jäger. Wie er vor der Beute stand, da hatte er des Schneidermeisters Josef Hochrauter aus Anras beste und einzige Kalbin vor sich im Blute liegen. Der Schrotschuß war ihr in den Hals gegangen und durch den Absturz erlitt sie größere Verletzungen. Der Schütze ließ die Beute liegen und wie es den Anschein hat, wird ihm dieser Blattschuß sehr teuer zu stehen kommen, da die Kalbin einen Wert von 350 K repräsentiert. « Lienzer Zeitung, Nr. 51

Kartitsch, 1927.

1913

29. JULI

Eine schwierige Ballonlandung

» Ballonlandungen gehören in der Lienzer Gegend zu den größten Seltenheiten, denn sehr selten findet ein solch modernes Luftvehikel seinen Weg über die Berge zu uns. Am Samstag Nachmittag kam nun der in der Früh in Innsbruck aufgelassene Ballon „Tirol" mit Herrn Leutnant Wacher als Führer und den Herren Feldpilot G. Knirsch, Ingenieur Hubert Münch und Dr. Eduard Stroh aus Wien als Fahrgästen über das Glocknermassiv durchs Iseltal ins Lienzer Talbecken geflogen. Ober den Taxer Mösern am Schloßberge ging den Ballonfahrern der Atem, pardon Ballast, aus, weshalb sie nicht mehr hochkamen. Der „untere" Wind trieb infolgedessen den Ballon in die steilen, weglosen Hänge des oberen Schloßberges und hier ließ er sich infolge seiner Größe gleich auf fünf Bäumen nieder und tauchte seine Gondel in den kühlen Waldesschatten. In Lienz blieb dies Landungsmanöver nicht unbemerkt und es machten sich sofort Leute und bei 40 Mann Militär auf die Beine, den Ballon zu bergen. Das „Aussteigen" hatte jedoch in Anbetracht der Höhe seine Schwierigkeiten, denn nur ein Herr kletterte über das Schleppseil auf die sichere Erde herab. Bei der Bergung kam der Ballon am schlechtesten weg, denn wie er am Boden war, hatte sein Kleid Löcher und Schrammen und vom Netze hingen die Fetzen in den Baumkronen. Die aus fünf Bäumen bestehende Fangvorrichtung wurde zu Boden gefällt und dann erst konnte der Ballon mit vieler Mühe heruntergeholt werden. [...] « Lienzer Zeitung, Nr. 60

Die vor allem im 19. Jahrhundert aufgebauten Bergbaubetriebe im Puster- und Iseltal erbrachten nicht den erhofften raschen Reichtum und mussten daher alle im Laufe des 20. Jahrhunderts eingestellt werden.

Sillian mit der Burg Heinfels im Hintergrund, 1941.

14. AUGUST »

Auflassung des Bergbaues in Heinfels

Bekanntlich betreibt eine bayrische Aktien-Gesellschaft hinter Schloß Heinfels einen Bergbau, in welchem nach Magnesit und Schwefelkies geschürft wurde. Bei 50 Arbeiter fanden hier Verdienst und Arbeit. Leider versiegten die Erzquellen und mit 1. August wurde der Betrieb wahrscheinlich für immer eingestellt. Viele schöne Projekte und Pläne sind damit begraben und nur ein paar Aufseher überwachen noch die Knappenhäuser bis weitere Verfügungen eintreffen. In eine bedeauernswerte Lage kommen die nunmehr entlassenen Arbeiter mit ihren Familien. « Lienzer Zeitung, Nr. 64/65

30. SEPTEMBER »

Das macht die Liebe ...

Unter den vielen ausstellungs- und prämiierungswürdigen Vierfüßlern, die man am vergangenen Samstag am Michaelsplatze zur Musterung vorführte, befand sich auch ein junger 1 ½ jähriger Stier, der bisher auf den saftigen Almwiesen des Hinterbergls lustig und froh in den Tag hinein fraß. Da kam es, daß man am Ausstellungsplatze in seine Nähe eine bildschöne Kuh postierte, die sich sehr kokett benahm. Der junge Stier fing Feuer, sein jugendliches Herz erglühte. Die Liebe auf den ersten Blick, sie machte sich kund. Er fing an zu hüpfen und zu springen und sah in seinem Unverstande nicht eine offenstehende Kalkgrube, in der das Kalkgestein seiner chemischen Analyse entgegenging und – plumpste hinein. Da lag er nun mit all seiner glühenden Liebe in den brodelnden Hexenkessel und die zischende Gischt fraß ihm die Haut vom Leibe. Als ihm ein blitzendes Messer in die Kehle fuhr, da war es aus mit Liebe und Heldentum. « Lienzer Zeitung, Nr. 78

1914

6. FEBRUAR »

Benzin-Explosion

Am Mittwoch den 4. ds. M. nachmittags wurden die Bewohner der oberen Schweizergasse durch eine vehemente Detonation erschreckt. In einem Hause hatten dort befindliche Spenglergehilfen gefrorenes Benzin in den Abort geworfen. Diesem folgte jedenfalls ein noch brennender Zigarren- oder Zigarettenstummel nach und so erfolgte eine Explosion, die so stark war, daß sie beide Oberlichten an den Haustüren in Trümmer schlug. Es diene zur Warnung, daß Benzin auch in gefrorenem Zustande, wie der Fall zeigt, ein sehr gefährliches Ding ist. «

Lienzer Zeitung, Nr. 10/11

27. FEBRUAR »

Zum Zusammenbruch der Tiroler Maschinenfabrik in Lienz

Mit der am 7. ds. M. stattgefundenen Versteigerung eines großen Teiles des Warenlagers und anderer beweglicher Gegenstände der Tiroler Maschinenfabrik in Lienz scheint der Zusammenbruch dieses Unternehmens zur Gewißheit geworden. Die Maschinenfabrik wurde vor wenigen Jahren von Herrn Laure aus Klagenfurt gegründet, welcher sie dann an eine Gesellschaft, deren Hauptteilnehmer die Brüder Grimm waren, veräußerte. Für die Geschäftsführung wurde später noch ein Ingenieur Drechsler aus Deutschland gewonnen, es scheint jedoch, daß das ganze Unternehmen nicht mit der nötigen Sachkenntnis geleitet wurde, denn trotz nicht unbedeutenden Absatzes stellten sich bald Zahlungschwierigkeiten ein. «

Lienzer Zeitung, Nr. 17

9. JUNI »

Kartitsch. Das erste Auto

Am 3. ds. M. wurden die Einwohner von Kartitsch durch ein Automobil überrascht. Man hörte ein Saufen und Rattern, als wenn es ein Erdbeben gäbe und auf einmal sauste ein Auto vorüber. Dieses Auto, das erste was Kartitsch passierte, gehörte dem Herrn Suppan in Klagenfurt und wurde von ihm selbst gelenkt. Er ist von Tassenbach auf der neuen Straße bis Rauchenbach gefahren. Was die Behörden dazu sagen, wird man später erfragen. Die Straße ist noch nicht dem Verkehre übergeben und die Hälfte derselben nicht kollaudiert. Unter der Manegge fuhr er über die abgesperrte neugebaute Betonbrücke, welche über die Gail führt. «

Lienzer Zeitung, Nr. 46

23. JUNI »

Lienz. Geschäftseröffnung

Gegenüber dem k.k. Telegraphenamte in der Muchargasse hat sich nun das erste Lienzer Blumengeschäft etabliert und zwar liegt der Geschäftsbetrieb in Händen des Fräulein Mathilde Wiedner. Als Spezialität führt das Geschäft nebstbei seine Schirme und Handschuhe. « Lienzer Zeitung, Nr. 50

3. JULI »

Zum Tode des Thronfolgerpaares

Die ersten nicht kontrollierbaren Gerüchte über die entstetzliche Bluttat in Sarajewo kamen am Sonntag Nachmittag nach Lienz. Sie nahmen immer bestimmtere Formen an, bis von der Fahrt zurückkommende Eisenbahner die Bestätigung brachten. In den Nachtstunden erbrachten hier einlangende Telegramme die fürchterliche Wahrheit, welche tiefste Empörung und Trauer auslösten. Am Morgen des Montag verschwand der anläßlich des Gauturnfestes angelegte Flaggenschmuck der Häuser und von den öffentlichen Gebäuden und mehreren Privathäusern wehten die Trauerfahnen. Der Erzherzog-Thronfolger war uns Lienzer keine unbekannte Persönlichkeit. Bei seiner seinerzeitigen Anwesenheit am Pragser Wildsee, wo er einige Zeit mit Familie auf Sommerfrische weilte, kam er des öfteren nach Lienz, um nach Antiquitäten Umschau zu halten, von welchen er auch viele käuflich erwarb. Sehr lobend sprach sich der nunmehr Verblichene über [sic!] die Schönheiten unserer Gegend und des Pustertales aus. Der am Dienstag Vormittag zu einer außerordentlichen Sitzung einberufene Gemeinde-Ausschuß der Stadt Lienz nahm eine Entschließung an, die die tiefste Trauer und Empörung über das ruchlose Attentat ausdrückte und auch an die Kabinettskanzlei des Kaisers weitergeleitet wurde. [...] « Lienzer Zeitung, Nr. 52/53

Nach der Ermordung Franz Ferdinands war der hier mit seiner Ehegattin Zita abgebildete Karl Erzherzog-Thronfolger.

1914

28. JULI

Zur gefälligen Beachtung

» Wir machen unsere verehrl. Leserwelt aufmerksam, daß die verschärften gesetzlichen und militärischen Vorkehrungen auch auf den Zeitungsbetrieb ihre Anwendung finden und daß nur von der Behörde beglaubigte und mit Visum versehene Berichte zur Veröffentlichung zugelassen werden. Es ist unter diesen Umständen an eine geregelte Ausgabezeit auf die Stunde sowohl der Zeitung wie der Extrablätter nicht zu rechnen. Wir werden jedoch, dank guter Verbindungen, jederzeit bestrebt sein, sowohl bei Tag wie zur Nachtzeit unser Leserpublikum über alle authentischen Vorfälle zu unterrichten. Ferners warnen wir eindringlichst die durch Militär besetzten Eisenbahnbrücken und Durchlässe zur Nachtzeit aus Neugier in Augenschein zu nehmen, da nach einmaligen Haltruf der Posten von der Waffe Gebrauch zu machen befugt ist. « Lienzer Zeitung, Nr. 60

31. JULI

Die Kriegserklärung

» an Serbien resp. das Manifest des Kaisers an seine Völker, welches am Vormittage des Mittwoch durch große weiße Affichen allerorts angeschlagen wurde, hat begreiflicher Weise die Bevölkerung in gehobene Stimmung gebracht. Am Johannesplatze bei den Schaufenstern der Buchhandlung J. G. Mahl, woselbst die neueinlangenden Telegramme sofort nach der strengen Zensur zum Aushange gebracht werden, wickelt sich tagsüber ein ungemein lebhafter Verkehr ab und in vielen Gruppen diskutiert man allerorts die wechselvollen Geschehnisse. [...] «

Lienzer Zeitung, Nr. 61

Johannesplatz in Lienz, um 1900.

Feldpostkarte mit den beiden verbündeten Monarchen Kaiser Franz Joseph I. und Kaiser Wilhelm II. sowie siegreich voranstürmende deutsche (links) und österreichisch-ungarische (rechts) Soldaten, 1914/15.

4. AUGUST

Die Mobilisierung

Wie ein Blitz aus heiterem Himmel durchdrang am Freitag Nachmittag die Nachricht von der allgemeinen Mobilisierung unsere Stadt. Man war eigentlich schon gefaßt darauf, daß es wahrscheinlic±h so kommen mußte, daß sich der Gang der Ereignisse aber so schnell abwickeln würde, wurde doch von vielen bezweifelt. Wie ein Lauffeuer verbreitete sich die ernste Kunde durch die Straßen und Gassen und es bildeten sich viele Menschengruppen, welche die vollendete Tatsache besprachen, von welchen die weißen Zetteln an den Mauern Meldung erstatteten. Im Laufe des Samstag und Sonntag kamen die Einberufenen in hellen Schaaren von der Umgebung und den großen Seitentälern zu Fuß, mit Wagen oder Auto in die Stadt geströmt, den Rucksack am Rücken, das Kofferchen in der Hand, um für Gott, Kaiser und Vaterland mit den nächsten Bahnzügen unsere Stadt zu verlassen. Wohl selten konnte man ein so bewegtes Straßenbild beobachten, als es in diesen Tagen der Fall war und es sei ausdrücklich bemerkt, daß die Mobilisierung allgemein mit Begeisterung aufgenommen wurde, denn nun hatte zum langen bangen Warten endlich die Erlösungsstunde geschlagen. Es fehlte in diesen Tagen auch nicht an zahlreichen patriotischen Kundgebungen, welche sich in den Straßen der Stadt und am Bahnhofe abspielten. Am späten Samstag-Abend durchzog die Veteranen-Musikkapelle umgeben von zahlreichen Lampionsträgern an der Spitze die Mitglieder des Deutschen Turnvereines Lienz mit ihrem schönen Banner die Straßen der Stadt. Im Hofe der Kaiser Franz Josef-Kaserne und am Kaiser-Josefplatz vor der Liebburg wurde Aufstellung genommen und patriotische Lieder wechselten mit solchen Musikstücken, denen zum Schluße die Kaiser-Hymne folgte, welche tausendfache Hoch und Heilrufe auf seine Majestät den Kaiser auslöste. Am Sonntag Vormittag konzertierte die Oberlienzer-National-Schützen-Kapelle am Bahnhofe und am Nachmittag eben dortselbst die wackere Veteranen-Kapelle, welche mit ihren Mitgliedern und der Fahne am Perron Aufstellung genommen hatte. Stürmische Begrüßungen wurden allen ankommenden und abfahrenden dicht gefüllten Eisenbahnzügen von der großen anwesenden Menschenmenge von Stadt und Land zu Teil. Es fehlte auch nicht an herzzereißenden Abschieds-Szenen und selten wohl dürften an dieser Stelle so viele Tränen geflossen sein. So manches junge Eheleben ist zerrissen, so mancher Sohn wurde seinen Eltern weggenommen und so mancher Geschäftsmann mußte seinen Laden alleine zurücklassen. « Lienzer Zeitung, Nr. 62

15. SEPTEMBER »

Lienz. Verwundeten-Transporte

Seit einer Woche fahren mit fast allen Zügen, welche in der Richtung von Marburg kommen, größere Trupps von Verwundeten hier durch. Letzten Sonntag und Montag kamen Seperatzüge, welche mehrere hunderte von Verwundete vom nördlichen und südlichen Kriegsschauplatze brachten, welche nach kurzem Aufenthalte, während welcher Zeit die Herren und Damen vom „Roten Kreuz" Erfrischungen und Zigaretten zur Verteilung brachten, die Reise nach Südtirol und über den Brenner nach Nordtirol fortsetzten. Am Dienstag früh ist ein Lienzer, Herr Leutnant Raimund Geiger, vom 3. Landesschützen-Regiment, welcher an Gelenks-Rheumatismus erkrankt ist, hier eingetroffen. Mit einem Abendzuge kommen 500 Verwundete an, welche in die hiesigen Spitäler und in Privatpflege abgegeben werden. « Lienzer Zeitung, Nr. 74

25. SEPTEMBER »

Schloß Bruck als Unterkunft für Kriegsgefangene

Wie wir hören, wurde das Schloß Bruck bei Lienz wegen allfälliger Unterbringung von Kriegsgefangenen besichtigt und als geeignet erklärt. Für die Mannschaften soll der Turm hergerichtet werden, während für die Unterkunft von Offizieren der Rittersaal dienen würde. Es sollen über 100 Mann und ein Dutzend Offiziere untergebracht werden. « Lienzer Zeitung, Nr. 77

9. OKTOBER »

Bereitstellung des Epidemiespitals

Ueber behördlichen Auftrag wurde das vor nahezu 30 Jahren im Norden von Lienz erbaute und seither immer von Privatparteien bewohnte Epidemiespital geräumt, um es für allenfalls eintreffende Infektionskranke sofort in Verwendung nehmen zu können. « Lienzer Zeitung, Nr. 81

Gefechtsbildaufnahme der italienischen Stellungen am Zinnenplateau (Sextener Dolomiten), Juli 1917.

1915

2. JÄNNER »

Verwundeten-Ankunft

Am 30. d. M. sind hier wieder 156 Verwundete und Kranke vom nördlichen Kriegsschauplatze angekommen, größtenteils Ungarn. Ein Teil derselben wurde mittels bereitgehaltenen Schlitten in das Reservespital überführt. «

Lienzer Zeitung, Nr. 1

16. JÄNNER »

In Frankreich interniert gewesene Lienzerinnen

Unter den vielen Oesterreichern, welche nach dem Ausbruche des Krieges in Frankreich gefangen gesetzt wurden, befanden sich auch zwei Lienzerinnen aus der vielen unserer Leser noch erinnerlichen Familie Kraissa. Die beiden Schwestern Anna und Rosa sind nun nach Innsbruck zu ihren Angehörigen zurückgekehrt und schreiben hieher, daß sie volle vier Monate in Frankreich zurückgehalten wurden und dabei in vier Lager kamen, darunter vierzehn Tage in einem Pferdestalle untergebracht waren; das Bett war ein Haufen Stroh, das Essen schlecht. Von ihren Sachen mußten sie fast alles in Paris zurücklassen bei ihren Herrschaften, die Ersparnisse in der Bank. Auf der Rückreise kamen sie bis ans mittelländische Meer. « Lienzer Zeitung, Nr. 3

Gefechtsbildaufnahme der italienischen Stellungen am Zinnenplateau (Sextener Dolomiten), Juli 1917.

Zwei Lienzer Schwestern, um 1900.

23. JÄNNER

» Verhaftung eines Falschmünzers

Seit einiger Zeit war die Wahrnehmung gemacht worden, daß in Lienz falsche Kronenstücke ausgegeben wurden, welche durch das fettige Anführen und die schlechte Ausführung bei einigem Aufpassen leicht als solche zu erkennen waren. Da die Kronenstücke in den Gasthäusern ausgegeben worden waren, so wurden die Kellnerinnen unterrichtet, beim nächsten Eingang einer solchen Münze „nichts dergleichen" zu tun, aber sich den Gast zu merken. Durch neue Ausgabe der Fälschungen richtete sich der Verdacht gegen einen sicheren Florian Unterlechner, einen kleinen Erdarbeitenunternehmer und Kegelbahnpächter und am 18. d. M. wurde der ahnungslose Mann von Herrn Polizeiwachmann Beimrohr mitten im Geschäfte der Münzenerzeugung getroffen und verhaftet. Auch ein Sohn des Falschmünzers wurde eingezogen. « Lienzer Zeitung, Nr. 4

30. JÄNNER »

Was die Einrückenden mitnehmen sollen

Es liegt im Interesse eines jeden einrückenden Landsturmpflichtigen, ein Paar fester Schuhe (eventuell Stiefel, Opanken), dann warme, wollene Unterwäsche, warme Kleider (wollene Weste mit Aermeln, Wolleibchen, Pelze, dicken Wintermantel und dergleichen), Wollsocken (wollene Fußlappen), Schneehaube, Pulswärmer, warme (Woll-) Handschuhe, warme Decke (Kotze) und einen Rucksack, jedenfalls aber ein Eßzeug und Eßgefäß mitzubringen, soweit er diese Ausrüstungsgegenstände besitzt. Diese werden falls sie als brauchbar zur Benützung im militärischen Dienste befunden werden, nach ihrem Werte vergütet werden. Auch empfiehlt es sich, Nahrungsmittel für drei Tage mitzubringen. « Lienzer Zeitung, Nr. 5

27. FEBRUAR »

Eine neue kaiserliche Verordnung zur Verbrauchsregelung von Getreide und Mahlerzeugnissen

Die Regierung hat sich entschlossen, zu der behördlichen Regelung des gesamten Verbrauches an Getreide (Weizen Roggen, Gerste, Hafer und Mais) sowie an Mahlerzeugnissen jeder Art (Mehl, Grieß, Rollgerste u. dgl.) überzugehen. Als Vorstufen zu dieser Verbrauchsregelung ordnet die kaiserliche Verordnung zwei vorbereitende Maßnahmen an, einerseits die genaue umfassende und lückenlose Aufnahme sämtlicher Bestände an Getreide und Mahlerzeugnissen von Haus zu Haus und von Haushalt zu Haushalt, anderseits die zur Sicherung dieser Vorratsaufnahme und der darauf folgenden Verbrauchsregelung eintretende Sperre der Bestände. Diese Sperre trat am 24. Februar in Kraft. Der persönliche Verbrauch an Mehl ist auf einen Tageskonsum von höchstens 240 gr. pro Kopf beschränkt. Die Parteien erhalten bei den Gemeinden Bescheinigungen, mit welchen sie ihre Verbrauchsmengen bei Händlern, Bäckern etc. beziehen können. « Lienzer Zeitung, Nr. 9

Gefechtsbildaufnahme der österreichisch-ungarischen Stellung am Zinnenplateau (Sextener Dolomiten), Juli 1917.

19. MÄRZ

» Gebrauchte Schuhe für die Soldaten

Noch nie in den sieben Kriegsmonaten ist ein Apell an die Bevölkerung ungehört verhallt. So wird auch der neue Ruf nicht umsonst erschallen. Bringet dem Kriegsfürsorgeamt und seinen Zweigstellen alles, was ihr an starkem Schuhzeug entbehren könnt, genagelt und ungenagelt. Bergschuh und Sportschuh, Wasserstiefel, alles was stark und dauerhaft ist, bringt es herbei, denn es wird gebraucht, weil der erprobte getragene Schuh dem Material nach vielfach dem heute neugelieferten überlegen ist. « Lienzer Zeitung, Nr. 12

3. APRIL

» Lienz. Vom Elektrizitätswerk

Die in der Vornummer gemeldete Unterbrechung im Betriebe des Elektrizitätswerkes hat gerade sieben Nächte gedauert, indem am Freitag den 26. März abends zur allgemeinen Freude die elektrischen Lichter wieder aufflammten. Innerhalb acht Tagen war es gelungen, die aufgetretenen Mängel an der Druck-Rohrleitung zur Zentrale soweit zu beheben, daß der Betrieb wieder eröffnet werden konnte. Ob mit der Instandsetzung eine dauernde Gewähr für den Bestand der Druckrohrleitung gegeben ist oder diese erst durch kostspielige Nacharbeiten geschaffen werden muß, dürfte fachkundiger Beurteilung zu unterziehen sein. «

Lienzer Zeitung, Nr. 14

17. APRIL

Getreiderequisition im Pustertal

Die „Innsb. Volkszeitung“ schreibt in Nr. 78 vom 8. April: Wie uns mitgeteilt wird, wurden im Auftrage der Statthalterei bei den Bauern im Pustertal, die bei der Vorratsaufnahme größere Getreideüberschüsse aufzuweisen hatten, Requisitionen für die Bezirke Feldkirch und Bludenz vorgenommen. Und zwar hat der Bezirk Bruneck 120.000 Kilo und der Bezirk Lienz 80.000 Kilo zu liefern. Dieser unerwartete Auftrag hat gar manche Bauern in Aufregung gebracht, weil sie befürchteten, es würde ihnen soviel weggenommen werden, daß ihnen und ihren Familien zu wenig Lebensmittel bleiben. Allein diese Furcht ist wohl unbegründet, indem die einzelnen Besitzer von ihren Vorräten nur ein leicht entbehrliches Quantum abzugeben brauchen, so daß für sie und ihre Angehörigen noch genügend Getreide bis zur nächsten Ernte bleibt. « Lienzer Zeitung, Nr. 16

29. MAI

Beschränkung des Zugverkehrs

Mit dem Eintritte des Kriegszustandes gegen Italien wurde der Zivilverkehr auf der Pustertaler Linie eingestellt und verkehrt bis auf weiteres nur mehr je ein Zug nach beiden Richtungen. [...] « Lienzer Zeitung, Nr. 22

Die Requisitionen landwirtschaftlicher Produkte nahmen in den folgenden Kriegsjahren im Bezirk Lienz zu.

1916

Weihnachts-feldpostkarte aus dem Ersten Weltkrieg.

7. JÄNNER

Weihnachten im Felde

Zwei Leisacher, Alois Egger und Blasius Kreuzer, senden auch namens ihrer Kameraden aus dem Felde den Lesern der „L. N." folgende Zeilen zur Veröffentlichung: Wir befinden uns in nächster Nähe feindlicher Stellungen, um unser teures und heißgeliebtes Vaterland zu verteidigen. Wir sind jederzeit bereit und wachsam bei unseren sehr praktischen Geschützen und den dazu benötigten Strahlenapparat (Scheinwerfer), um das Herannahen des Feindes zu begrüßen. Wir befinden uns in einer guten Stellung, welche wir uns selber erbaut haben im September 1915. Unser Heim trägt den Namen „Villa Edelweiß". Wir sind, Gott sei dank, gesund, frisch und munter. Die Menage ist, wies im Gebirge halt möglich sein kann, sehr zufriedenstellend. Auch besuchte uns das liebe Christkindl an der Dolomitenfront und bescherte uns sehr reich mit Liebesgaben – herzlichen Dank allen Spendern und Wohltätern. Erhebend war unsere Weihnachtsfeier am Christabend. Der schön gezierte Christbaum stand auf weißem Schneefeld unter freiem Himmel und seine Lichter beleuchteten die Felsenwände, dazu spielten die Scheinwerfer, die mit ihren Strahlen die Berge beleuchteten. Durch die Stille der Nacht klang das alte schöne Weihnachtslied: „Stille Nacht, heilige Nacht" und die Volkshymne. Zum Ende der Feier gaben wir noch einige Ehrensalven ab. – Auch die Welschen taten ähnliches, auch hörte man sie in ihrer Sprache ein Weihnachtslied singen. Sie schienen guter Laune zu sein. Am Christtag war auch außergewöhnliche Ruhe an der beiderseitigen Front. Wir hoffen, die nächsten Weihnachten wieder in der Heimat zu feiern. Gott gebe es. An alle Bekannten im Hinterlande viele Grüße von der gesamten Mannschaft der Maschinengewehrabteilung. « Lienzer Nachrichten, Nr. 2, S. 3

18. JÄNNER »

Hopfgarten in Defereggen

Aus der welschen Gefangenschaft berichtet Kasp. Unterlercher, daß er sich durchaus nicht zu beklagen habe über schlechte Behandlung. Das Klima sei angenehm, war, etwa so, wie bei uns im Sommer. Untertags sei ihre einzige Arbeit, sich von der Sonne ruhig anscheinen zu lassen. Zuletzt ersucht er, man möge ihm ein deutsches Kartenspiel und Flickzeug schicken. [...] « Lienzer Nachrichten, Nr. 5, S. 6

14. MÄRZ »

Verschafft euch eine Identitätsbescheinigung

Wer das Stadtgebiet verlassen will, um in ein umliegendes Dorf zu kommen, benötigt einen Passierschein. Ohne solchen kommt er entweder nicht dorthin oder nicht mehr zurück. Die Scheine stellt das Militärkommando in Lienz aus. « Lienzer Nachrichten, Nr. 21, S. 6

28. MÄRZ »

Der Verkehr mit Kriegsgefangenen

Von amtlicher Seite wird mitgeteilt: Es ist vorgekommen, daß Arbeitgeber und deren Angestellte mit Kriegsgefangenen Karten spielten. Solche und ähnliche Unterhaltungen sind mit den Kriegsgefangenen strengstens untersagt. «

Lienzer Nachrichten, Nr. 25, S. 3

14. APRIL »

Hopfgarten in Defereggen

Neugierig ist man auf die kommenden russischen Arbeiter. Auf unseren Bergen wird man sie allenfalls anseilen müssen, damit sie nicht abstürzen. «

Lienzer Nachrichten, Nr. 30, S. 6

9. MAI »

Anbau und Arbeitskräfte

Soweit man im allgemeinen den Lienzer Boden mit dem Auge überblicken kann, sieht man, daß die Felder, die nicht für Futterzwecke benötigt werden, restlos angebaut werden, eigentlich schon angebaut sind. Bei diesen Feldarbeiten leisteten militärische Pferde wertvolle Hilfe. Als Hilfsarbeiter traten auch gefangene Russen in Verwendung, die sich ziemlich gut auf die Feldarbeiten verstehen. Die ganz staunenswerte Hauptarbeit aber leisten doch immer noch die Bauernfamilien, Frauen, Kinder und alte Männer. Was die Kinder leisten und leisten müssen, das kann man fast nur mehr mit Sorge für ihr körperliches Wohl besehen. Es geht vielfach schon über die Alterskräfte. Aehnliches muß man vom bäuerlichen Frauenvolk sagen. « Lienzer Nachrichten, Nr. 37, S. 3

30. MAI » **Der 23. Mai in Lienz**

Die Wiederkehr des Tages des Kriegsausbruches mit Italien und der gleichzeitige siegreiche Vorstoß unserer tapferen Armee ins Land des treubrüchigen Feindes fand auch in unserer Stadt festlichen Ausdruck in einer allgemeinen Häuserbeflaggung und abends in einem Umzug durch die Stadt. Am Kaiser Josefplatz hielt ein k.k. Oberstleutnant eine längere Ansprache, die ausklang in ein Hoch auf Seine Majestät den Kaiser und obersten Kriegsherrn, worauf der große Zug der Teilnehmer unter den Klängen einer Musikkapelle durch die Straßen der Stadt zog. « Lienzer Nachrichten, Nr. 43, S, 3

18. AUGUST » **Der neue Feldhüter,**

der jüngst erst bestellt wurde, bewährt sich sehr gut, da in der kurzen Zeit seiner Tätigkeit schon einige Feldfrüchte-Diebe ertappt und bei Gericht angezeigt wurden. Der Feldhüter, welcher bei Tag wie bei Nacht seine Streifpatrouillen nach allen Richtungen unternimmt, wird jeden Dieb zur Anzeige bringen, besonders aber jene Eltern, die ihre Kinder in die Felder schicken, um dort Früchte zu stehlen. Die Namen der vom Feldhüter erwischten Diebe werden auch in der Zeitung vollinhaltlich veröffentlicht werden, damit jeder Grundbesitzer die Diebe kennen lernt und weiß, vor wem man sich zu hüten hat. « Lienzer Nachrichten, Nr. 65, S. 5

500 russische Kriegsgefangene kamen am 27. Juni 1915 am Lienzer Bahnhof an.

26. SEPTEMBER »

Die gute alte Zeit

Die meisten Blätter bringen gegenwärtig ihre Ansichten über den Wert und die Bedeutung der neuen Zeit. Uns hat bisher die Zensur nicht gestattet, eine Meinung zu äußern. Heute glauben wir mehr Glück zu haben. Am Sonntag, 1. Oktober beginnt wieder die gute alte Zeit. Den Großteil der Bevölkerung in Ostpustertal berührt die Aenderung wenig. Die Bauern haben sich überhaupt nur selten an die Sommerzeit gehalten. Sie habe nicht einmal ihre Hausuhren darnach eingerichtet. Das höchste, was sie taten, bestand darin, daß sie eine zweite Hausuhr nach der neuen Zeit stellten! Die Tagesordnung blieb dieselbe. In den allermeisten Fällen haben sich auch die Kirchenvorstehungen auf dem Lande nach den natürlichen Bedürfnissen der Bauernbevölkerung eingerichtet und haben den Gottesdienst vom 1. Mai bis 31. Dezember um 1 Stunde später angesetzt. « Lienzer Nachrichten, Nr. 76, S. 2

28. NOVEMBER »

Der Tod des Kaisers

hat auch hier tief in die Volksseele hineingegriffen. Was man nicht glauben wollte, fast nicht glauben konnte, ist traurige Wirklichkeit geworden; wir haben den guten greisen Kaiser verloren, er ist von uns gegangen. Als Waisen stehen wir an seiner Bahre. – In den frühen Morgenstunden, welche dem Todestage folgten, ging hier die Trauernachricht herum und verbreitete sich rasch. Etwas vor-

Portrait Kaiser Franz Josephs kurz vor seinem Tode am 21. November 1916.

sichtig geworden durch manche verfrühte Meldung glaubten wir es erst notgedrungen, als die schwarzen Flaggen das Amtsgebäude des Herrn Bezirkshauptmannes verdüsterten und bald danach an den Kirchentürmen und an einzelnen Privathäusern erschienen. Die Glocken blieben selbst bei diesem Anlasse stumm. Kein Sterbeläuten, kein Schiedungsläuten. [...]

Die feierliche Eidesleistung an den neuen Kaiser des in Lienz und Umgebung liegenden Militärs fand in Lienz am Sonntag, den 26. November statt. « Lienzer Nachrichten, Nr. 94, S. 2

22. DEZEMBER »

Außervillgraten. Schneefälle und Lawinengefahr

Vom 18. bis 22. Nov. und vom 5. bis 14. Dezember hat uns der Himmel ungefähr 250 Zentimeter Schnee beschert und wir haben infolgedessen seit dem 19. November keinen offenen Weg mehr nach Sillian, obwohl es vom 25. November bis 5. Dezember leicht möglich gewesen wäre, wenn die maßgebenden Persönlichkeiten der hiesigen Gemeinde und von Panzendorf das Nötige veranlaßt hätten. Erst am 3., bezw. 4. Dezember brachte die hiesige Gemeinde auf einmal 63 Arbeiter auf und am 5. Dezember Panzendorf 5 bezw. 6. Aber es nützte nicht viel – es begann wieder zu schneien und machte mit kleiner Unterbrechung einen Meter Neuschnee, so daß wir vom 5. bis 9. Dezember abends auch keine Post mehr hatten. Wie lange wird es noch dauern, bis die Straße nach Sillian endlich durchaus offen wird? – Derzeit sind drei Kinder erkrankt, wovon eines am 8. Dezember, dem Kaufmann Johann Perfler gehörig, mutmaßlich an der Halsbreune gestorben ist. Dem Arzt Doktor Brunner war es am 9. Dezember leider nicht möglich, hereinzukommen, um die Krankheit genau zu konstatieren. – Die Lawinengefahr ist sehr groß und es sind schon einige niedergegangen, so daß es schon manche Heuschupfe, Almhütte und Waldteile niedergerissen haben wird. – Das Heu ist von den Bergwiesen und Almen sehr schwer herabzuliefern. An Brennholz und Streu ist ebenfalls bereits großer Mangel eingetreten. « Lienzer Nachrichten, Nr. 101, S. 4

1917

9. MÄRZ »

Holznot

Die Holznot ist noch lange nicht behoben. Jeder einzelne, der so glücklich ist, eine Klafter Holz zu erbetteln, natürlich gegen entsprechende Bezahlung, wird von zehn anderen heimlich beneidet. Weil von dem Vorrat in der Umgebung nicht wenig für militärische Zwecke in Beschlag belegt wurde, bleibt für Privatparteien fast nichts mehr übrig. Von Windisch-Matrei erzählt man, daß ein Besitzer seinen Heuschupfen abgetragen und zu Brennholz aufgeschnitten hat. Etwas ähnliches ist hier noch nicht vorgekommen. Einigen Privaten ist es gelungen, ein paar Waggon Kohlen zu erhalten. « Innsbrucker Nachrichten, Nr. 56, S. 5

3. APRIL »

Die Requisitionen

Am 26. März begannen 30 Kommissionen, denen über Verlangen Militär- und Gendarmerie-Assistenz beigestellt wurde, im ganzen Bezirk Lienz mit der Ueberprüfung der Vorräte an Getreide und Kartoffeln, um dadurch ein zuverlässiges Bild von der noch vorhandenen Menge zu bekommen. In Orten, wo die Ablieferung des angesprochenen Getreides durchgeführt worden war, wurden, soweit man bisher gehört hat, selten Vorräte, die über das bewilligte Mindestmaß gingen, aufgedeckt. Belassen wurde den Bauern pro Kopf und Tag 30 Dekagramm Korn, das macht also vom 26. März bis 15. August, dem Termintag für die neue Ernte, 44 Kilogramm. Dabei setzt die Behörde voraus, daß das Korn bis zu 90 Prozent ausgemahlen wird. Es ist jedermann klar, daß diese belassene Mehlmenge für den Bauernstand mit seiner langen und schweren Arbeit gering zu nennen ist. Wenn die Bauern aber von dem großen Notstand in den Städten und Fabrikorten mehr hören würden, dann würden sie die Einschränkung leichter tragen und die Freude zum Anbau nicht verlieren. Aufklärung und gütige Belehrung tut hier mehr not, als die Beistellung von Militär bei Kommissionierungen. «

Innsbrucker Nachrichten, Nr. 76, S. 5

21. APRIL »

Diebstahl von Fett

In Mittenwald bei Franzensfeste wurden 10 Kilogramm Fett nach Lienz verladen. Die kostbare Sendung ist aber in Lienz nicht eingetroffen. Es kann kaum ein Zweifel darüber sein, daß das Fett auf dieser kurzen Strecke gestohlen wurde. Die Südbahn erleidet einen Schaden von 70 Kronen, den Einwohnern der Stadt ist ein Lebensmittel vorweggeraubt worden, auf das viele bedürftigen Familien hart warteten. « Innsbrucker Nachrichten, Nr. 93, S. 4

11. MAI

»» St. Jakob i. D., Murbruch

Am 4. ds. M. gegen halb 4 Uhr nachmittags erfolgt in Tegisch, Gemeinde St. Jakob, oberhalb des Futterhauses des Bauern Alois Volgger ein Murbruch, der das Futterhaus zerstörte. Das Vieh konnte bis auf zwei Kitze noch rechtzeitig in Sicherheit gebracht werden. Ein 5 ½ Jahre altes Mädchen, Anna Steiner, Tochter des Silverster Steiner, das in der Nähe des Futterhauses spielte, wurde von dem Murbruch erfaßt, konnte aber gerettet werden; es erlitt jedoch am linken Oberschenkel einen Beinbruch. Das Kind wird, wenn es die Wegverhältnisse gestatten, in das Bürgerspital nach Windisch-Matrei transportiert werden. «

Innsbrucker Nachrichten, Nr. 107, S. 5

16. MAI

»» Windisch-Matrei. Hindernisreicher Viehauftrieb

Viele Bauern zwang die große Heunot zum Alpenauftrieb, trotzdem dies mit ungeheuren Schwierigkeiten wegen der ungewöhnlichen Schneemassen verbunden ist. Es mußten z.B. vom Tauernhaus bis zu den nächsten Alpen die schweren Kühe einzeln auf einen Schlitten geladen, gut angebunden und so von 12 bis 16 Männern eine halbe Stunde lang gezogen werden, um dort das im Winter nicht nach Hause gebrachte Futter verfüttern zu können. Das alles bei großer Lawinengefahr. Das sind auch Kriegsarbeiten. « Innsbrucker Nachrichten, Nr. 111, S. 6

26. MAI

»» Trinkwassermangel

Bei allem Ueberfluß an schmutzigem Bachwasser leiden wir [Thurn bei Lienz] Mangel an Trinkwasser für Menschen und Tiere. Eine eigentliche Wasserleitung gibt es hier nicht weshalb wir das Trinkwasser aus dem Bach holen müssen. Gegenwärtig ist dasselbe infolge der Murbrüche trüb und ungenießbar. Zur Not kann es für das Vieh verwendet werden, wenn man es „sitzen" läßt. Das Trink- und Kochwasser muß vom Stadtbrunnen mit Kannen geholt werden. «

Innsbrucker Nachrichten, Nr. 119, S. 6

11. JUNI

»» Dölsach. Glockenabnahme

In der vergangenen Woche wurden von unserem Pfarrturm die Elfer- und die zweitgrößte Glocke heruntergenommen; letztere wurde erst vor zehn Jahren gegossen. Die Zwölferglocke verließ uns voriges Jahr. Vier Glocken bleiben uns noch übrig. Möchten sie bald den Frieden einläuten. «

Innsbrucker Nachrichten, Nr. 130, S. 3

1917

6. JULI »

Bier aus!

Während der längeren Zeit beschränkten Bierabgabe hatten die Bierfreunde Gelegenheit, sich das Biertrinken allmählich ganz abzugewöhnen. Nun scheint eine volle Bierfastenzeit zu kommen. Herr Steiner von Falkenstein hat seine Bierabgabe eingestellt. Am 1. Juni wurde noch in unbeschränkter Zahl von alten Flakensteinergästen der Trauertrunk gehalten. Wann wird wieder der erste Zapfen eingestroßen werden? « Innsbrucker Nachrichten, Nr. 151, S. 5

29. OKTOBER »

Sillian. Russenliebe

Die hier bei den Bauern angestellten Russen erwiesen sich als brave, arbeitsame Leute; wenn nur die dummen Evastöchter ihretwegen nicht ganz aus dem Häusl kämen. Man geniert sich nicht, um für immerwährende Zeiten ein Andenken zu erhalten und sich mit diesen Liebhabern photographieren zu lassen. «

Innsbrucker Nachrichten, Nr. 247, S. 4

Zwei russische Kriegsgefangene in Prägraten, 1915–1918.

1918

Im ersten Weltkrieg fielen nicht nur Orgeln der Requisition zum Opfer, sondern auch zahlreiche Glocken.

5. JÄNNER

Pustertal. Orgelabnahme

Die Orgelabnahme hat im Pustertal begonnen. Sie wird durch Alois Fuetsch, Orgelbauer in Lienz, durchgeführt und dürfte ungefähr zwei Monate in Anspruch nehmen. Erhalten bleiben als historisch-wertvoll die Orgeln der Stadtpfarrkirche Lienz, der Stiftskirche in Innichen, der Pfarrkirche in Innichen, der Kirche in St. Moritzen in Sand in Taufers, der Kirche in Moos bei Niederdorf. Als musikalisch-wertvoll bleibt erhalten die Orgel von Leisach bei Lienz. Ganz unberührt bleiben jene Orgeln, welche Zinkpfeifen im Prospekt haben, z.B. die neue Pfarrorgel in Bruneck, die Pfarrorgel in Welsberg, in St. Jakob i. Defr., in Kampill und St. Johann im Iseltal. « Innsbrucker Nachrichten, Nr. 4, S. 6

15. FEBRUAR

Pustertal. Freigabe des Telegrammverkehrs

Nun sind die Telephon- und Telegraphenämter auch für Zivil wieder geöffnet; es können also wieder Depeschen nach allen Richtungen aufgegeben werden. « Innsbrucker Nachrichten, Nr. 43, S. 3

16. FEBRUAR

Pustertal. Aufhebung der Brief- und Paketzensur

Die Handels- und Gewerbekammer Bozen bringt zur Kenntnis, daß die Brief- und Paket-Zensur in den politischen Bezirken Brixen, Bruneck und Lienz aufgehoben und der freie Verkehr unbeschränkt zugelassen ist. Für die politischen Bezirke Bozen-Stadt, Bozen-Land, Meran und Schlanders besteht für

Briefe die diese Bezirke verlassen, soweit sie nicht nach den südlich davon gelegenen politischen Bezirken des italienischen Landesteiles gerichtet sind, die bisherige Zensur aufrecht. Dagegen können Postpakete von nun an unbeschränkt und von jedermann aufgegeben werden. Sie dürfen jedoch ebensowenig wie die Postbegleitadressen, keine schriftlichen Mitteilungen enthalten und unterliegen, soferne sie das engere Kriegsgebiet verlassen, der Zensur, die in Innsbruck beim Postamte 2 vorgenommen wird. « Innsbrucker Nachrichten, Nr. 44, S. 4

6. MÄRZ »

Frevel

Ein unbekannter Frevler brach in Leisach nachts in die Kirche ein, öffnete am Hauptaltare gewaltsam das Tabernakel und die Pyxis; in dieser waren 425 Hostien, im Ziborium des Tabernakels acht Hostien verwahrt. Der Frevler hat alle geweihten Hostien mit sich genommen, bis auf eine, die er anscheinend verloren hatte. Sonst entwendete er gar nichts, kein wertvolles Gefäß, nicht einmal eine Kerze. Die Leute sind allgemein der Meinung, die ruchlose Tat könne nur ein italienischer Kriegsgefangener begangen haben. Dem Vernehmen nach sind deren bei 700 in der Nähe mit Bach- und Bahnarbeiten beschäftigt. « Innsbrucker Nachrichten, Nr. 63, S. 4

16. MÄRZ »

Gegen den Fremdenverkehr

Die Bezirkshauptmannschaft Lienz läßt den interessierten Stellen mitteilen, es sei nicht möglich, für die Verpflegung der Fremden im Bezirke besondere Zuschübe an Lebensmitteln zu erhalten, es sei deshalb in der kommenden Saison zu trachten, den Fremdenzuzug womöglich vom Bezirke abzuhalten. «

Innsbrucker Nachrichten, Nr. 72, S. 5

30. MÄRZ »

Ernährungsfragen

Das Anstellen um Fleisch dauerte unvermindert an. Bald nach 3 Uhr früh kommen die ersten angerückt. Die Ansteller nummerieren sich selbst, solange dies noch möglich ist. Mit berechtigter Duldermine erzählen sie später, um 4 Uhr war ich die siebenunddreißigste usw. Weil das stundenlange Stehen für schwächliche Leute nicht auszuhalten ist, nehmen sich jetzt die Leute Fußschemmel zum Sitzen mit. Ein Schritt noch und wir haben in der Rosengasse ein Strohsäkkelager, auf denen die Fleischkunden liegend die Stunde der Eröffnung des Fleischladens erwarten. « Innsbrucker Nachrichten, Nr. 84, S. 7

31. JULI

» Der Gerichtsbezirk Lienz gesperrt

Die Statthalterei hat mit Erlaß vom 20. Juli den ganzen Gerichtsbezirk Lienz wegen des Bestandes der Maul- und Klauenseuche für die Ein-, Aus- und Durchfuhr von Wiederkäuern, sowie für die Ausfuhr von Stoffen und Gegenständen, welche Träger des Infektionsstoffes sein können, gesperrt. «

Innsbrucker Nachrichten, Nr. 201, S. 4

10. AUGUST

» Saatenstand und Ernte im Pustertale

Von dort berichtet man uns: Im Unter-Pustertale ist die Roggenernte bereits vollendet, mit dem Weizenschnitt wurde diese Woche begonnen. Die Roggenernte war eine gut mittelmäßige, in manchen höheren Lagen, besonders bei Niederdorf und Bruneck, sogar eine sehr gute; der Weizenschnitt ergibt ein gutes bis sehr gutes Erträgnis, so daß allgemein unter den Selbstversorgern Zufriedenheit herrscht. Die Aecker werden nun umgebaut und Rüben sowie Spätplenten angebaut. Schön steht die Gerste und verheißt ebenfalls ein gutes Erträgnis. Im oberen Pustertale wurde mit dem Roggenschnitt dieser Tage größtenteils begonnen, vielfach braucht es freilich noch eine Reihe schöner Tage. Auch im Oberspustertale ist das Ergebnis aller Voraussicht nach ein gutes und in manchen Mittellagen der Sonnseite sogar ein sehr gutes. Auch der Weizen ist entsprechend; allgemein wird die Ernte die vorjährige an Menge und Güte ziemlich übertreffen. Die Gerste steht überall gut. Schön stehen tut im ganzen Pustertale Kraut, Türken, Erbsen, Kartoffeln und Fisolen, die Kartoffeln ganz besonders. In der Brunecker Gegend dürfte die Kartoffelernte eine ganz ausgezeichnete, in den übrigen Bezirken eine gute werden, was wohl bei der allgemeinen Mehlknappheit sehr erwünscht ist. Die Obsternte ist weniger verheißend, insbesondere fällt die Apfelernte fast vollständig aus. Birnen sind, so weit vorhanden, etwas besser geraten. Marillen stehen schön. Von den letzteren dürfte aber der Großteil den nächtlichen Langfingern in die Futterkammern fallen. « Innsbrucker Nachrichten, Nr. 211, S. 4

23. AUGUST

» Ainet im Pustertale. Der Höhepunkt der Frechheit

Daß eingebrochen und gestohlen wird, das kommt alle Tage vor, daß aber ein Einbrecher, der keine Butter findet, Zeit und Muße hat, in fremdem Hause selbst Butter zu rühren, dürfte nicht oft der Fall gewesen sein. Die Bewohner des Außensteinergutes in Gwahl haben aber eines Morgens ein zerbrochenes Fenster, verschwundenen Rahm und Rührmilch im Butterkübel vorgefunden, als Zeugen der eigentümlichen Einbrecherarbeit, welche in ihrem Hause geleistet wurde. «

Innsbrucker Nachrichten, Nr. 223, S. 3

botene Sicherheitswache wie Militärpatrouillen erwiesen sich als zu schwach, um der gefahrdrohenden Lage Herr zu werden.

Um Mittag erzwang sich die Menge den Zutritt zum Hauptbahnhof, um hier eventuell einen Waggon Lebensmittel zu erspähen und sich diese anzueignen. Die Menge stellte sich vor einen Schnellzug und verhinderte dessen Abfahrt. Ungarische Soldaten gaben auf die Menge eine Salve ab. (Zensurlücke.) aber man muß auch, um die Vorgänge in Villach zu verstehen, berücksichtigen, was in Villach sich im Laufe des Krieges abgespielt hat und wie mit der Geduld der Bevölkerung ein frevles Spiel getrieben wurde.

Welche Folgen die Salve hatte, ist noch nicht gemeldet, aber wenn Mütter schwer verwundet sein sollten, wer übernimmt die große Verantwortung vor den Kindern? Gewalt ruft Gewalt hervor und führt nicht zur Linderung der Not; aber allen berufenen, maßgebenden Faktoren mag der Vorfall von Villach ein lautwarnendes Zeichen sein, alles zu tun, was die Ernährung verbessert, und alles hintanzuhalten, was Aufregung hervorruft!"

geregte Menge wieder verlief. Erst gegen Mittag begannen die Geschäftsleute nach und nach die Läden zu öffnen.

Fliegerangriff auf Villach.

kb. Wien, 8. Sept. Kriegspressequartier: **Am 7. ds. um 9 Uhr 25 Min. vormittags versuchten 3 feindliche Flieger, aus dem Gailtal kommend, Villach anzugreifen. Die Flugzeuge würden mit heftigem Abwehrfeuer empfangen. Unsere Abwehrflieger drängten den Feind von der Stadt ab und zwangen ihn zur Rückkehr. Der Feind vermochte daher nur einige Bomben in aller Hast abzuwerfen, von denen zwei explodierten, ohne nennenswerten Schaden anzurichten.**

Aus Stadt und Land.

verdient registriert zu werden. Endlich ist der Bocksfuß zum Vorschein gekommen! Ob die Kinder in der Schule etwas lernen und was sie lernen, ist den sozialdemokratischen Drahtziehern Wurst; Hauptsache ist der politische Kampf und die (sozialdemokratische) Zukunft. Für den Lehrkörper der städtischen Mädchenschule muß es doch äußerst peinlich sein, wenn man ihm zumutet, er habe die Aufgabe, die Kinder für den politischen Kampf und für die Zukunft der Sozialdemokratie zu erziehen. Im Reichsvolksschulgesetz liest man's anders: „Die Volksschule hat die Aufgabe, die Kinder sittlich religiös zu erziehen". Köstlich ist auch die Behauptung der „V.-Ztg.", durch die Beschickung der Klosterschulen würden die Klöster unterstützt. Wie denn? etwa finanziell? Die Dominikanerinnen erziehen 3/4—4/5 der Lienzer Mädchen und bekommen von der Stadt keinen roten Heller, müssen vielmehr sämtliche Schulkosten aus Eigenem bestreiten. Daß derartige Werbeartikel nicht sonderlich ziehen, ist einleuchtend.

Sterbefall. Am 7. September starb Herr Josef Flatscher im Alter von 68 Jahren. Er war einstens Dienstmann, erlitt vor mehreren Jahren einen Unfall und war infolge

Diese hier weiß gebliebene Fläche in den Innsbrucker Nachrichten hatte wohl ursprünglich den Luftangriff der Italiener auf den Bahnhof von Lienz am 7. September 1918 zum Thema. Aufgrund der strengen Zensur liest man in den Tageszeitungen aber kein Wort über diesen Fliegerangriff.

9. SEPTEMBER »

Ein Fliegerangriff auf Villach. Wien. Kriegspressequartier

Am 7. ds. M. um 9 Uhr 25 vormittags versuchten drei feindliche Flieger, aus dem Gailtal kommend, Villach anzugreifen. Die Flugzeuge wurden mit heftigem Abwehrfeuer empfangen. Unsere Abwehrflieger drängten den Feind von der Stadt ab und zwangen ihn zur Rückkehr. Der Feind vermochte daher nur einige Bomben in aller Hast abzuwerfen, von denen zwei explodierten, ohne nennenswerten Schaden anzurichten. « Innsbrucker Nachrichten, Nr. 240, S. 2

18. OKTOBER »

Verkauf der Brauerei Falkenstein

Die Brauerei Falkenstein ist vor kurzem um 800.000 Kronen von der Gößer Brauerei bei Leoben angekauft worden. Wie man hört, will diese den Betrieb nicht ausüben, die Einrichtung abmontieren und das Gebäude anderen Zwecken zuführen. Im Interesse des Bezirkes und der Konsumenten können wir den Verkauf an ein kartelliertes Großunternehmen nur bedauern. Mit großer Mühe und Fleiß wurde das Werk vor 18 Jahren gegründet. Der Falkensteiner Gerstensaft hatte einen guten Namen und viele Freunde in Lienz, die auch „ihr" Erzeugnis stets hochhielten. Hätte sich in der Lienzer Gegend oder in Tirol wirklich keine Gesellschaft gefunden, um das Werk zu kaufen und fortzuführen; versuchen hätte man es doch sollen, statt es ohne weiters einem auswärtigen Großunternehmen zu überlassen. Etwas mehr Lokalpatriotismus wäre heute mehr denn je notwendig, besonders gegenüber kartellierten Großunternehmungen. « Lienzer Nachrichten, Nr. 79, S. 5

12. NOVEMBER »

Im Pustertale

Der amtliche italienische Heeresbericht vom 10. ds. M. besagt: Unsere gegen den Brenner und im Drautale vorrückenden Truppen haben Toblach besetzt und rücken gegen Osten vor. « Innsbrucker Nachrichten, Nr. 299, S. 3

13. NOVEMBER »

Ein Nationalrat in Lienz

Zur Aufrechterhaltung der Ordnung wurde in Lienz aus den Landtagsabgeordneten Ing. Suske und Henggi und dem Altbürgermeister Rohracher ein Nationalrat gebildet, der sich durch zwölf Vertreter aller drei Parteien verstärkt. Zum Vorsitzenden wurde Abg. Ing. Suske gewählt. Der Nationalrat übernahm die Leitung und Verantwortung für sämtliche Amtsgeschäfte im Bereiche der Bezirkshauptmannschaft Lienz. Zum einstweiligen Leiter der Bezirkshauptmannschaft wurde Statthaltereikonzipist Dr. Sandbichler bestimmt. Der Nationalrat, der sich dem Landes-Nationalrat in Innsbruck unterstellt, hat den Geschäftsschluß mit 5 Uhr, den Torschluß mit 6 Uhr, den Gasthausschluß mit 9 Uhr und den Kaffeehausschluß mit 10 Uhr festgesetzt. Zum Kommandanten der Bürgerwehr wurde Oberstleutnant Jung ernannt. Mangel an brauchbarer Mannschaft veranlaßte den Nationalrat, um Hilfe beim kärntnerischen Nationalrat zu ersuchen, denn die Tag und Nacht Drau abwärts ziehenden Massen drohen auch für Kärnten eine fürchterliche Gefahr zu werden. Die nichtdeutschen Nationalregierungen wurden um ehesten Zuschub von Lebens- und Transportmitteln drahtlich ersucht. « Innsbrucker Nachrichten, Nr. 300, S. 4

29. NOVEMBER »

Lienz und Kärnten

Im Lienzer Gemeinderat sind Bestrebungen gemacht worden, den Lienzer Bezirk zu Kärnten zu schlagen. Die Frage ist zu einer Zeit angeschnitten worden, wo man die gewaltigen Ereignisse der letzten 14 Tage noch nicht voraussehen konnte. Wenn beim Friedensschluß den Italienern wirklich das westliche Pustertal und Südtirol bis zum Brenner zufallen würde, dann wäre der Lienzer Bezirk tatsächlich vom noch übrigbleibenden Tirol abgeschnitten und der Bezirk wäre wohl gezwungen, einen Anschluß an Kärnten zu suchen. Hoffentlich gelten die Wilsonschen Grundsätze auch für Tirol und wird es möglich sein, das ganze Pustertal für Tirol zu retten. In dem Fall werden wir aber entschieden Stellung nehmen gegen eine Angliederung Osttirols an Kärnten. « Lienzer Nachrichten, Nr. 87, S. 3

30. NOVEMBER »

Die Italiener in Tirol

In den „Lienzer Nachrichten“ lesen wir: In der Volksbundversammlung machte Herr Duregger aus Sillian, der Geschäfte halber nach Lienz gekommen war, die Aufsehen erregende Mitteilung, daß die Italiener auch in Sillian – also in einem Gebiete, das außerhalb der Demarkationslinie liegt – darangehen, die Männer von 19 bis 42 Jahren zu internieren. Sie verlangen auch die Ablieferung sämtlicher Schußwaffen, auch der Jagdgewehre. « Innsbrucker Nachrichten, Nr. 317, S. 3

9. DEZEMBER »

Aus dem Bezirke Lienz

wird uns vom dortigen Nationalrate berichtet: Sofort bei Beginn des Rückzuges der Truppen hat sich für den Bereich der Bezirkshauptmannschaft in Lienz ein Nationalrat aus allen Parteien und Kreisen der Bevölkerung gebildet. Diesem Nationalrat wurden sämtliche Aemter und noch vorhandenen militärischen Dienststellen untergeordnet. Durch diese einheitliche Zusammenfassung aller Behörden war es möglich, in den vergangenen schweren Wochen trotz vollkommener Absperrung von der Außenwelt Ruhe und möglichste Ordnung aufrecht zu erhalten und zahlreiche, durch die Truppen zurückgelassene Güter vor Beraubung und Verderben zu bewahren. Durch Aufrechterhaltung einer regen Verbindung mit dem italienischen Kommandanten konnte der Nationalrat auch die Bewohner der besetzten Gebiete vor unnötigen Härten schützen. Nachdem nun die Verbindungen mit Innsbruck und Wien wieder aufleben, greifen zahlreiche auswärtige Behörden, wohl in Unkenntnis der hiesigen Lage, mit Umgehung des Nationalrates „ordnend“ in unsere Verhältnisse ein. Es erscheint daher nötig, mitzuteilen, daß kein Amt und keine Amtsperson im hiesigen Bezirke Verfügungen öffentlicher Natur ohne Zustim-

Zwei Soldaten vor dem Gefallenendenkmal am Soldatenfriedhof in Lienz.

mung des Nationalrates treffen darf und wir auch die Macht besitzen, gestützt auf das allseitige Vertrauen der Bevölkerung, jeden Widerstand im hiesigen Bezirke zu brechen. Ueber einstimmigen Beschluß des Nationalrates vom 2. ds. M. sei hiemit das Ersuchen gestellt, die dem Nationalrat in Innsbruck unterstellten Aemter und Behörden in Kenntnis zu setzen, daß der Nationalrat natürlich in den inneren Amtsgang der Behörde nicht eingreift, sondern sich hauptsächlichst nur die Verfügungsgewalt über alle Maßnahmen vorbehält, die mit den Kriegsereignissen im Zusammenhange stehen (Bergung und Abschub, Volkswehr, Kriegsschäden-Aufnahme, Lebensmittelnot u. dgl.) und insolange, als nicht vollkommen klar und geordnete gesetzliche Verhältnisse eingetreten sind. [...] « Innsbrucker Nachrichten, Nr. 326, S. 3

10. DEZEMBER »

Heimsuchungen

Aus St. Johann im Walde wird berichtet: Die Grippe ist nun im Erlöschen. 13 frische Gräber zeugen von ihrer unheimlichen Arbeit. Es trifft nun auf jedes Haus unserer Gemeinde einen Toten. « Innsbrucker Nachrichten, Nr. 327, S. 3

19. DEZEMBER »

Im Pustertale

verkehrt täglich ein Personenzug auf der Strecke Franzensfeste-Toblach; der gleiche Zug fährt wieder zurück. Ebenso verkehrt täglich ein Zug auf der Strecke Lienz-Vierschach. Von Vierschach bis Toblach muß man also zu Fuß wandern. Von Toblach bis Tassenbach (unterhalb von Sillian) ist ein Sperrgürtel errichtet, mit Wachen gut versehen. In Bruneck ist alle Tage Militärkonzert. Fast alle Läden sind geschlossen. Am Bahnhofe in Bruneck hängt eine Kundmachung, welche beginnt: „Dijenige, welche Fich zu verkaufen haben, das ist: Hoxen, Gelbern [...] können sie da und da abgeben [...]. Katastrophal muß die Heurequirierung werden. Da werden derart übertriebene Anforderungen gestellt, daß manche Gemeinden um Weihnachten überhaupt kein Heu mehr haben werden. In Niederdorf wurde ein Mann von einem italienischen Offizier angehalten und gefragt, was er jetzt werden wolle. Der Mann sprach: „Oesterreicher will ich bleiben!" Da hielt ihm der Offizier den Revolver vor die Brust und sprach: „Solche Reden sind auflehnend gegen die bestehende Obrigkeit und verdienen den Tod." Da sprach der Mann: „Dann will ich Tiroler bleiben!" Alle Waffen, selbst die altmodischen Jagdflinten und aller Schießbedarf mußte abgeliefert werden. « Innsbrucker Nachrichten, Nr. 336, S. 4

20. DEZEMBER »

Sillian – frei

Nach Mitteilung von eingetroffenen Zivilpersonen wurde mit 10. Dezember die Besetzung Sillians durch italienische Truppen aufgehoben; der Ort ist nunmehr frei. Die Besatzung hatte sich anständig benommen und gewaltsame Requirierungen unterlassen. « Innsbrucker Nachrichten, Nr. 337, S. 3

1919

15. MÄRZ

» Nach vier Jahren

Ende Mai 1915 mußte die „Lienzer Zeitung" nach 30jährigem Bestande ihr Erscheinen einstellen, weil nach der Kriegserklärung Italiens das letzte Personal aus der Druckerei einrücken mußte. Ereignisse von welterschütternder Bedeutung haben sich seither vollzogen. Die größten Schlachten der Weltgeschichte sind in diesen Jahren geschlagen worden. Tief in den feindlichen Ländern standen die deutschen und österreichischen Heere, Rußland war zur Ohnmacht verurteilt, Italien, dessen Angriffe gegen unser Bergland heldenmütig abgeschlagen worden waren, stand vor der letzten Vergeltung für seinen Verrat, in Frankreich wehrte sich Deutschland mit österreichischen Truppen standhaft gegen die gewaltige französisch-englisch-amerikanische Uebermacht – da brach dank der österreichischen Staatskunst das Verhängnis über Nacht herein. Das unglückliche Manifest Kaiser Karls, mit welchem er seine Völker einlud, selbständige Gemeinschaften zu errichten, löste die bis dorthin mühsam zusammengehaltenen Bande der gemeinsamen, schon von Verrat zerfetzten Armee und das Verhängnis brach nicht nur über das österreichisch-ungarische, sondern auch über deutsche Heer herein. Die Mittelmächte waren Sieger auf allen Kriegsschauplätzen und mußten schließlich dem Verrate in unserem Heere und der Mißwirtschaft in der Verpflegung der Bevölkerung, welche immer dringender nach Abhilfe und Frieden begehrte, erliegen. Dem Zusammenbruche der Armeen folgte der Sturz der Kaiserreiche und Königreiche und Fürstentümer und auf den Ruinen der Herrscherhäuser erheben sich die neuen Freistaaten und ringen gegen die eigenen Feinde im Inneren nach dem mühsamen Aufbau ihrer Herrschaft über die müden Völker. [...] Tirol insbesondere sieht sich in der traurigen Lage, daß ganz Deutschsüdtirol von den Italienern besetzt und nach dem bisherigen Standpunkte Roms dauernd in Anspruch genommen wird. Die Italiener beginnen bereits sich häuslich einzurichten, Behörden und Schulen einzusetzen und die Italienisierung der rein deutschen Gebiete einzuleiten. Ob die Verwahrungen gegen diese Vergewaltigung, ob die Berufung auf die Grundsätze des Präsidenten der Vereinigten Staaten über das Selbstbestimmungsrecht der Völker einen Erfolg haben werden, müssen die Friedensverhandlungen entscheiden, die einen furchtbar schleppenden Verlauf nehmen. [...] Die Beendigung des Krieges ermöglicht wieder an die Herausgabe der „Lienzer Zeitung" zu schreiten und unserem vom übrigen Tirol abgeschnittenen Landesteile ein Sprachrohr für die Vertretung unserer Parteianschauungen zu vermitteln. Mehr als je ist dies heute notwendig. Wir laden unsere Gesinnungsgenossen ein, in alter Treue zu uns zu stehen und die „Lienzer Zeitung" nach jeder Hinsicht zu fördern. Die Schriftleitung und Verwaltung der „Lienzer Zeitung". « Lienzer Zeitung. Deutschfreiheitliches Wochenblatt, Nr. 1

Bahnhof von Sillian, 1921.

29. MÄRZ

Ehrlose Frauenzimmer

Wiederholt macht man uns aufmerksam auf das anstößige Treiben Lienzer Mädchen und Frauen (!) mit Italienern in Innichen. Wir fordern eine Kontrolle über die vielen nur einem Zwecke dienenden Reisen nach Innichen dieser Volksverräterinnen, denen auch Spionagedienste zuzutrauen sind und wir fordern insbesondere die sofortige Entfernung solcher nicht einheimischer Kreaturen aus Lienz. « Lienzer Zeitung. Deutschfreiheitliches Wochenblatt, Nr. 3

5. APRIL

Die Italiener im Pustertale

Zur geschichtlichen Erinnerung verzeichnen wir weiter die Tatsache, daß am 23. März, als der Sonderzug mit den Teilnehmern an der Lienzer Protestversammlung ins Oberland fuhr, am Bahnhofe Sillian 400 Soldaten hinter dem Stationsgebäude aufgestellt waren, welche vor den aussteigenden Leuten die Gewehre luden. Auch Maschinengewehrte waren hinter dem Bahnhofe in Stellung gebracht. Es scheint also, daß man einen Angriff der Versammlungsteilnehmer befürchtet hatte. « Lienzer Zeitung. Deutschfreiheitliches Wochenblatt, Nr. 4

12. APRIL

Vom Wiederaufbau im Pustertale

Durch die feindliche Beschießung in den Jahren 1915 und 1916 haben bekanntlich mehrere Orte im Pustertale mehr oder weniger gelitten. Es sind dies Dorf Toblach, dann die Hotels und Villen in Toblach und im Höhlensteintale, Innichen, Sexten und Sillian, dann einige Orte in Buchenstein und Enneberg. Selbstverständlich bemühten sich die Geschädigten, eine Aufnahme der Schäden und in der Folge die Vergütung bzw. Wiederherstellung ihrer Objekte zu erlangen. Die erste amtliche Verhandlung hierüber fand am 15. März 1917 bei der Statthalterei über Einladung und unter dem Vorsitze des Statthalters Grafen Toggenburg statt. In derselben wurde insbesondere ein Ersuchen an die Regierung beschlossen, gesetzliche Normen zu schaffen, um den Ersatz der Kriegsschäden, die Wiederinstandsetzung der betroffenen Gebiete und Wiederaufnahme des gestörten Wirtschaftslebens zu regeln und die Regierung wurde ersucht, die Erhebung der Kriegsschäden möglichst bald einzuleiten. Gemacht wurde indessen nichts [...]. «

Lienzer Zeitung. Deutschfreiheitliches Wochenblatt, Nr. 5

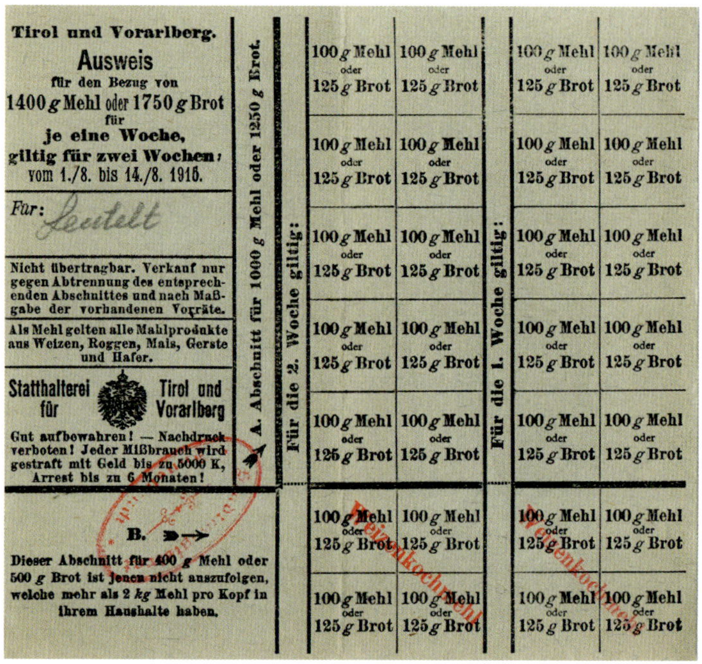

Tirol und Vorarlberg.
Ausweis
für den Bezug von
1400 g Mehl oder 1750 g Brot
für
je eine Woche,
giltig für zwei Wochen:
vom 1./8. bis 14./8. 1916.

Für:

Nicht übertragbar. Verkauf nur gegen Abtrennung des entsprechenden Abschnittes und nach Maßgabe der vorhandenen Vorräte.

Als Mehl gelten alle Mahlprodukte aus Weizen, Roggen, Mais, Gerste und Hafer.

Statthalterei für Tirol und Vorarlberg

Gut aufbewahren! — Nachdruck verboten! Jeder Mißbrauch wird gestraft mit Geld bis zu 5000 K, Arrest bis zu 6 Monaten!

A. Abschnitt für 1000 g Mehl oder 1250 g Brot.

B. Dieser Abschnitt für 400 g Mehl oder 500 g Brot ist jenen nicht auszufolgen, welche mehr als 2 kg Mehl pro Kopf in ihrem Haushalte haben.

Für die 2. Woche giltig:		Für die 1. Woche giltig:	
100 g Mehl oder 125 g Brot	100 g Mehl oder 125 g Brot	100 g Mehl oder 125 g Brot	100 g Mehl oder 125 g Brot
100 g Mehl oder 125 g Brot	100 g Mehl oder 125 g Brot	100 g Mehl oder 125 g Brot	100 g Mehl oder 125 g Brot
100 g Mehl oder 125 g Brot	100 g Mehl oder 125 g Brot	100 g Mehl oder 125 g Brot	100 g Mehl oder 125 g Brot
100 g Mehl oder 125 g Brot	100 g Mehl oder 125 g Brot	100 g Mehl oder 125 g Brot	100 g Mehl oder 125 g Brot
100 g Mehl oder 125 g Brot	100 g Mehl oder 125 g Brot	100 g Mehl oder 125 g Brot	100 g Mehl oder 125 g Brot
100 g Mehl oder 125 g Brot	100 g Mehl oder 125 g Brot	100 g Mehl oder 125 g Brot	100 g Mehl oder 125 g Brot
100 g Mehl oder 125 g Brot	100 g Mehl oder 125 g Brot	100 g Mehl oder 125 g Brot	100 g Mehl oder 125 g Brot

Weizenkochmehl

Lebensmittelkarte für den Bezug von 1400 Gramm Mehl oder 1740 Gramm Brot, 1916.

7. JUNI »

Butterausgabe, Marmelade

Dieser Tage und zwar vom 4. bis 7. Juni gibt es wieder 5 Deka Butter für die Person in den Handlungen Hibler und Konsumverein für alle Parteien mit den Anfangsbuchstaben G bis einschließlich O, jedoch mit Ausnahme der im Nachtrage der Listen erscheinenden Partein. Am 6. und 7. Juni ist Marmeladeverkauf in den Handlungen Hibler-Maier, Hibler Theodor, Konsumverein. Nächste Woche wird es Speiseöl und Salzspeck geben. « Lienzer Zeitung. Deutschfreiheitliches Wochenblatt, Nr. 14

War die Nachkriegszeit weiterhin durch Requisitionen landwirtschaftlicher Produkte in Osttirol geprägt, verschlimmerte das schlechte Erntejahr 1919 die Lage weiter.

14. JUNI »

Trockenheit und Mißernte

Nach den letzten schlechten Erntejahren gehen wir heuer im Bezirke Lienz einer vollständigen Mißernte entgegen. Die abnormalen Regen im Winter ließen schon ein trockenes Frühjahr befürchten und dies ist auch eingetroffen. Der ganze April und Mai waren kalt, im Juni ist es nun heiß und seit 10 Wochen gab es nur einmal etwas Regen. Die furchtbare Trockenheit läßt die Wiesen, soweit sie nicht bewässerbar sind, verdorren und das Getreide zu keiner Entwicklung kommen. « Lienzer Zeitung. Deutschfreiheitliches Wochenblatt, Nr. 15

12. JULI »

Die amerikanische Kinderausspeisung

hat in Lienz am 3. Juli begonnen und täglich erhalten seither gegen dreihundert Kinder, Knaben und Mädchen im schulpflichtigen Alter ein kräftiges Mittagessen und über siebzig jüngere Kinder eine Jause. «

Lienzer Zeitung. Deutschfreiheitliches Wochenblatt, Nr. 19

28. SEPTEMBER »

Lienzer Fußballklub

Unter der Führung der Herren Probst, Felbinger, Vogl und Lang hat sich in Lienz ein Fußballklub gebildet, welcher dieses beliebte Bewegungsspiel hier einführen und unserer Jugend Gelegenheit bieten will, diesem gesunden, der Erziehung eines starken, kräftigen Geschlechtes so mehr dienendem Sporte sich zu widmen. [...] « Lienzer Zeitung. Deutschfreiheitliches Wochenblatt, Nr. 30

1920

2. JÄNNER

» **Die deutschfreiheitliche Lienzer Zeitung** hat ihr Erscheinen eingestellt. Der Drucker der Zeitung, Buchdruckerbesitzer J. G. Mahl, hat erklärt, daß er sich physisch und technisch außerstande sehe, die „Lienzer Zeitung" länger als bis Neujahr herzustellen. Die Einstellung erfolgt auf unbestimmte Zeit. « Innsbrucker Nachrichten, Nr. 1, S. 4

3. JÄNNER

» **Anras. Elektrisches Licht** Eine freudige Ueberraschung war es, als Freitag abends den 20. v. M. zum erstenmale das elektrische Licht in unserer Gemeinde erglühte. In wenigen Tagen wird das Werk zum Betriebe fertiggestellt sein und das Licht in voller Stärke leuchten. Den Unternehmern ist zu gratulieren und werden diese den Dank aller haben, die dadurch der armseligen Erdölbrennerei los geworden sind. «

Lienzer Nachrichten, Nr. 1

Anras, um 1930.

14. JÄNNER

» Windisch-Matrei. Vom Scharlach

Im neuen Jahre forderte der Scharlach, diese tückische Krankheit, bereits 4 Opfer. Es wurden zwar alle Maßregeln zur Eindämmung der Epidemie getroffen, doch sind dieselben solange nicht wirksam, als nicht alles mithilft, um die Anordnungen zum Durchbruche zu bringen. Zur Eindämmung der Krankheit ist es sicher zweckdienlich, Theateraufführungen und andere gesellige Unterhaltungen einstweilen zu unterlassen. Bei der Aufführung des Stückes „Die heiligen drei Könige“ am 5. und 6. Jänner bemerkte man auch Kinder, obwohl die Schule zu dem Zwecke geschlossen wurde, um das Beisammensein derselben zu verhindern und nicht Gelegenheit zu geben, daß durch die Berührung die Krankheit weiter verschleppt wird. Da der Scharlach zu den gefährlichsten Krankheiten zählt und selten ohne spätere Folgen bleibt, sollen es sich die Eltern zur Pflicht machen, alle Anordnungen des Arztes peinlichst genau zu befolgen, aus eigenem Interesse und in jenem des Nachbars und der Gemeinde. « Lienzer Nachrichten, Nr. 4

21. JÄNNER

» Lienz. Verkehrssperre

Laut Verfügung der Südbahn wurde wegen Erschöpfung der Kohlenvorräte der Personenverkehr ab 19. Jänner bis einschließlich 26. Jänner eingestellt. Die Post wird wie bisher mit den Güterzügen befördert werden. «

Lienzer Nachrichten, Nr. 6

30. JÄNNER

» Schmuggler und Behörden

Aus Ainet im Iseltale schreibt man uns unterm 21. d. M.: Nachdem der hiesige Bezirk durch das Heer der Schmuggler, Schieber, Wucherer usw. bereits zur Gänze ausgeplündert ist, haben sich die Behörden veranlaßt gefunden, gegen diese Gesellschaft etwas schärfere Maßnahmen zu ergreifen und siehe da, der Erfolg blieb nicht aus. Schon in der ersten Woche wurden von den Sicherheitsorganen eine derartige Menge dieser Unholde eingeliefert, daß die Arrestplätze in Lienz, Sillian und Windisch-Matrei total vergriffen sind und schon eine größere Anzahl in noch freie Arrestlokale nach Kärnten abgeschoben werden mußten. Leider sind unter diesen Schiebern eine ziemliche Anzahl „Einheimischer“ vertreten, welche um des schnöden Gewinnes ihre eigene Familie, ihre Nebenmenschen sowie auch sich selbst ruinieren. Nicht nur Vieh, Felle, Leder, Butter, Wolle usw. wird von diesen Gaunern verschleppt, sondern sie greifen schon auf landwirtschaftliche Geräte über. Es wäre zu wünschen, wenn jeder Mensch, welchen Standes er immer angehören mag, gleich beim nächsten Gendarmerieposten die Anzeige erstatten würde, damit diese Gauner der verdienten Bestrafung nicht entgehen. «

Innsbrucker Nachrichten, Nr. 24, S. 6

7. FEBRUAR »

Außervillgraten. Unverhofft heimgekehrt

ist aus der serbischen Gefangenschaft der Sohn des hiesigen Zimmermeisters Josef Feichtler. Derselbe war im Frieden Angestellter der Telegraphensektion in Bozen-Meran und hat den ganzen Krieg mitgemacht. Beim Zusammenbruche im Jahre 1918 geriet er in serbische Gefangenschaft. Die letzten 11 Monate war er im Sandschak-Novibazar als elektrischer Arbeiter, stets gesund, doch immer ohne Nachricht von seiner Familie. Die Frau starb im Sommer in Meran, wo derzeit noch seine zwei Kinder weilen. Die Freude seiner alten Eltern war umso größer, da die Hoffnung auf ein Wiedersehen sehr klein war und jede Nachricht fehlte. Möge dies viele trösten, die um die Lieben in der Ferne sich sorgen. « Lienzer Nachrichten, Nr. 10/11

18. MÄRZ »

Fleischschmuggel

Beim Zuge nach Innichen wurde am Mittwoch den 17. d. M. unter den Kohlen versteckt von den Ueberwachungsorganen eine größere Menge Fleisch aufgefunden, welche ein Bahnorgan verschmuggeln wollte. Es wird uns diesbezüglich mitgeteilt, daß von gewissen Frauen des öfteren Fleisch um mehr als 100 Kr. eingekauft wird und dürfte wohl dieses für den Schmuggel in Verwendung kommen. Diesem Unfuge muß bald energisch abgeholfen werden, da hiedurch die allgemeine Versorgung schwer geschädigt wird. « Lienzer Nachrichten, Nr. 23

31. MÄRZ »

Telefonnetz Lienz

Die Telefonbauleitung plant für die nächste Zeit die Herstellung des Telefonnetztes in Lienz. Um eine Uebersicht über die Zahl der zu erwartenden Teilnehmer zu erhalten, werden alle Interessenten ersucht, eine vorläufige unverbindliche Anmeldung an die Telefonaufsicht Lienz, Herrn Oberwerkmeister Niederegger, Kaiser-Josef-Platz Nr. 9. « Lienzer Nachrichten, Nr. 26

28. APRIL »

Reiseverkehr ins besetzte Gebiet

Die Einreise ins besetzte Gebiet (Südtirol) ist durch neue Verfügungen der italienischen Behörden in der Weise bedeutend erschwert worden, daß für jeden Fall das Visum der italienischen Paßstelle in Innsbruck, Wien oder Graz ausdrücklich verlangt wird. Dieses Visum ist jedoch nur bei persönlicher Vorstellung zu erlangen, was naturgemäß für den Einreiseverkehr sehr hemmend wirkt. Das eigentümlichste an der Sache ist das eine, daß dieselbe Vorschrift auch für die Südtiroler gilt und dieselben zurückgewiesen werden, wenn sie zur Rückreise nicht das Visum beigebracht haben. Da nun die Reisen nach Innsbruck oder gar nach Wien oder Graz nicht nur kostbillig, sondern auch äußerst zeitraubend sind, da man mitunter 8 bis 14 Tage auf eine Erledigung warten muß, bedeutet die Verfügung der italienischen Behörden eine nicht zu berechnende Schädigung jeden Geschäftsverkehres. Oberkärnten, vielmehr aber noch der Bezirk Lienz und die Gegend um Bruneck ist aber auf einen solchen Geschäftsverkehr förmlich angewiesen und deshalb wäre die Errichtung einer italienischen Paßstelle in Lienz von großer volkswirtschaftlicher Bedeutung. « Lienzer Nachrichten, Nr. 34

19. MAI

» Die Sommerzeit zu Ende!

Ueber Wunsch weiter Kreise der Bevölkerung hat der Tiroler Landesrat beschlossen, die Sommerzeit ab Pfingstmontag den 24. Mai aufzulassen, so daß die Uhr am Pfingstmontag um 1 Stunde zurückzustellen ist. Die Sommerzeit bleibt jedoch bei den Bahnen in Giltigkeit. « Lienzer Nachrichten, Nr. 19

22. MAI

» Ein Waggon verdorbenes Mehl

Für die Versorgung des Bezirkes langte dieser Tage ein Waggon amerikanisches Weizenmehl im hiesigen Bahnhofe ein. Als man den Waggon öffnete, drang aber aus denselben ein fürchterlicher Geruch. Das ganze Mehl im Werte von 120.000 Kr. war verdorben. Durch Sachverständige wurde nach der Beschaffenheit der Säcke einwandfrei festgestellt, daß der Schaden nicht auf dem Transporte, sondern schon im italienischen Lagerhause eingetreten sein muß, da die Sackwände eine feste Kruste zeigten und noch auf einer Seite die Spur vom gebräuchlichen Bodenbeleg trugen. Natürlich wurde dieses Mehl sofort zur Verfügung gestellt, doch wird es lange dauern, bis ein Ersatz dafür eingetroffen sein wird. « Lienzer Nachrichten, Nr. 41

12. JUNI

» Tristach. Der letzte Gefangene zurückgekehrt

Zur Freude seiner Angehörigen und der ganzen Gemeinde kehrte kürzlich als letzter der unmittelbaren Opfer des Weltkrieges Josef Huber, Wastlersohn aus der russischen Gefangenschaft heim, in welche er bereits im Jahre 1914 geraten war. Er erlebte sowohl in Sibirien und in Rußland Furchtbares und nur die Sehnsucht in die Heimat hielt ihn aufrecht, alle die unsäglichen Strapazen bei der Rückkehr zu ertragen. Zuletzt stand er mit seinen Kameraden zwischen der polnischen und Bolschewikenfront und sah hier noch einmal die Greuel des Krieges. Die Polen nahmen sich der Flüchtlinge getreulich an und sorgten für den raschen Abtransport derselben. Möge sich nun der Zurückgekehrte der Heimat erfreuen. «

Lienzer Nachrichten, Nr. 46

24. JULI

» Der Abschied der Italiener

Mit der am 16. d. M. erfolgten Ratifizierung unseres Friedensvertrages wurden auch die Besatzungen der Ortschaften im oberen Pustertal aufgehoben und benützte diesen Umstand der Kommandant der 7. Infanterie-Division, General Tagliaferri, um an die Bevölkerung des Ober-Inn- und Ober-Drautales folgenden Aufruf ergehen zu lassen: „Heute wurde der Vertrag von Saint Germain ratifiziert. Die Regierung S. M. des Königs von Italien hat in gewissenhafter Beobachtung der Bestimmungen dieses Vertrages ohne Verzug angeordnet, daß die im Oberinntale liegenden Truppen, welche während ihres Verweilens unter Euch sich die Aufgabe gestellt haben, durch freigebige Mitarbeit die Rückkehr zum normalen Leben zu erleichtern und gleichzeitig Bande der Freundschaft und guten Nachbarschaft zwischen Italien und Deutsch-Österreich (!) zu knüpfen, sich mit loyaler Pünktlichkeit zum weggehen rüsten. Unser Abschiedsgruß enthält den Wunsch, daß das normale Leben bei Euch in Bälde wieder hergestellt sein möge und daß unsere Bande der Freundschaft in Zukunft niemals gestört werden mögen." So weit der Aufruf, in den wir aber die Räumung Sillians, Panzendorfs u.s.w. vermissen. Soll dies nur ein Versehen sein? Der loyalen Versicherung entsprechend müssen wir auch hoffen, daß fernerhin dem Schmuggel nicht mehr Vorschub geleistet, die Ein- und Ausreise erleichtert, der Touristenverkehr nicht gehemmt wird und Handel und Verkehr die notwendige Förderung finden. Dann und wenn unseren Brüdern in Südtirol das ihnen gebührende Recht wird, ist es sicher, daß wieder normales Leben einkehrt, das beide Teile notwendig genug brauchen. « Lienzer Nachrichten, Nr. 52

28. AUGUST

» Vom Lienzer Fußballklub

Am 5. September wird der Lienzer Fußballklub sein erstes Wettspiel gegen eine auswärtige Mannschaft austragen. [...] Das Fußballspiel das nunmehr auch in Lienz seinen Eingang gefunden hat, dessen intensivste Förderung sich eine große Anzahl sportbegeisterter, den besten Kreisen der Stadt angehörige junge Männer angelegen sein läßt, zählt zu den schönsten Rasenspielen und wird deshalb auch das angekündigte Wettspiel allseits das größte Interesse finden. «

Lienzer Nachrichten, Nr. 57

1921

5. JÄNNER

Professor Franz Defregger †

» Nach Schluß dieses Blattes kam uns die betrübende Nachricht zu, daß Osttirols großer Sohn, Professor Franz von Defregger am 3. Jänner vormittags in München gestorben ist. Der Meister stand im 86. Lebensjahr. «

Lienzer Nachrichten, Nr. 1

Postkarte mit dem Geburtshaus von Franz von Defregger und seinem „Erstlingsgemälde", welches in Putzenbachers Gasthof in Dölsach auflag.

19. FEBRUAR

Ein Lienzer Künstler

»Vor kurzem brachte die „Reichspost" aus der Feder des Kunstkritikers Dr. Trantzky eine ausführliche Abhandlung über die künstlerische Tätigkeit des in Wien weilenden und schaffenden Lienzers Josef Manfreda. Derselbe ist außerordentlich vielseitig und ragen seine Leistungen auf jedem Gebiete beträchtlich über das landläufige Mittelmaß hinaus. Manfreda ist Bildhauer, Maler und Architekt, Kunstgewerbler und wissenschaftlich anatomischer Zeichner, Reformator des künstlerischen Bildungswesens und – Schriftsteller. Besonders hervorgehoben und gewertet werden seine gelungenen Versuche von Darstellungen aus den vergangenen Menschheits- und Erdperioden, seine Plastiken „Fanatiker", „Alpenhirt" und „Versunken", seine Bilder aus dem Osttiroler Volksleben, der großangelegte Entwurf einer Gedächtniskirche und eine Reihe von zumeist preisgekrönten Entwürfen für das Kunstgewerbe sowie der tiefdurchdachte Entwurf zu einer Reform der Akademie der bildenden Künste in Wien. Das Lob, das dem strebsamen Künstler gespendet wird, ehrt auch die Heimat, die auf ihrem Sohne stolz sein kann. «

Lienzer Nachrichten, Nr. 14

Für die Drauregulierung kamen auch Schienenfahrzeuge zum Einsatz, um den Transport der Bau- und Schuttmaterialien bewältigen zu können.

23. FEBRUAR

» ## Thal. Mangelhafte Fürsorge

Für die Drauregulierungsarbeiten langte kürzlich eine Partie kroatischer Arbeiter ein, von denen ein Mann nachher angeblich an Flecktyphus erkrankte. Dies gab Anlaß dazu, daß die Unterkünfte der Arbeiter einer Desinfektion unterzogen und endlich einmal gründlich gereinigt wurden. Gleichzeitig wurde auch von der Behörde die Entlausung oder Reinigung der in den Baracken untergebrachten Arbeiter angeordnet, die aber nicht – man höre und staune – an Ort und Stelle, sondern in Lienz vollzogen wurde. Die eventuell mit Krankheitserregern belasteten Leute wurden mit dem Zuge dorthin befördert und konnten also auch diesen oder Personen verseuchen, mit denen sie in Berührung kamen. Es ist entschieden ein Beweis von mangelhafter Fürsorge, wenn bei einem Betriebe, wie es die ständigen Regulierungens- und Verbauungsarbeiten sind, keine Vorrichtung für die regelmäßige Reinigung des Personales vorhanden sind und können dementsprechend diese Arbeiter-Unterkünfte als direkte Seuchenherde betrachtet werden. Eine solche Nachlässigkeit ist auf das schärfste zu verurteilen und muß von den maßgebenden Stellen sofort alles veranlaßt werden, damit dem Uebelstande Abhilfe geschaffen wird, wenn sie nicht für die eventuellen Folgen verantwortlich gemacht sollen. Wie wir weiter in Erfahrung brachten, fehlten auch in Lienz die Vorrichtungen für solche Massen-Reinigungen, was der anordnenden Behörde gewiß nicht unbekannt gewesen sein dürfte. « Lienzer Nachrichten, Nr. 15

23. APRIL

» ## Wo wird am 24. April abgestimmt?

Für die Volksabstimmung am 24. ds. M. gelten als Abstimmungslokal alle jene Stellen, wo bei der letzten Nationalratswahl oder Landtagswahl gewählt wurde. Die Abstimmungszeit ist in der Stadt für die Zeit von 8 Uhr früh bis 7 Uhr abends festgesetzt und stimmt der I. Sprengel im Gasthof „Fisch“, der II. im Kaffeehaus Bergmann, der III. im Magistrat, der IV. im Gasthaus Neuwirt (Schweizergasse) und der V. im Gasthaus Neustadt (Albin Eggerstraße) ab. Die von auswärts einlangenden Abstimmungsberechtigten, das sind jene, welche nicht im Bezirke ihren Wohnsitz haben, wählen im Magistrate (Gemeindekanzlei.) Stimmzettel, ein weißes Blatt Papier, sind entweder selbst mitzubringen oder sind bei der Abstimmungskommission erhältlich. Wer für den Anschluß ist, schreibt nur ein „Ja“ und sonst nichts darauf und übergibt den zusammengefalteten Zettel dem Kommissionsmitgliede zum Einwurfe in die Urne. Es empfiehlt sich zur Abstimmung ein Dokument mitzubringen, durch welches die Person des Abstimmenden festgestellt werden kann. « Lienzer Nachrichten, Nr. 32

Propagandaplakat für die Volksabstimmung 1921 in Tirol.

27. APRIL

Des Volkes Wille!

An der Volksabstimmung beteiligten sich 85,7 Prozent der Wahlberechtigten, rund 99 Prozent hiervon stimmten für den Anschluß, 0,6 Prozent gegen!

Das waren am Samstag und Sonntag wahrlich echte Volkskundgebungen, voll völkischer Begeisterung, der Ausdruck echten Tiroler Volkswillens. Weit über die Grenzen Osttirols wird die Volksabstimmung laut hinausrufen den Willen des Bezirkes Lienz, und Kunde davon geben, daß in den Bergen Tirols noch das alte freiheitsliebende, gesunde Bergvolk lebt, das unbekümmert um Drohungen, von der ganzen Welt nichts anderes fordern als seine Freiheit, sein Südtirol, seine Selbstbestimmung, sein heiliges Recht. Die Abstimmung vom 24. April über die Frage: „Wird der Anschluß an Deutschland gefordert?", zeitigte ein Ergebnis, das den Erwartungen vollauf entsprach, ja dieselben vielfach sogar übertraf. Von 15.923 Wahlberechtigten nach dem Stande der Nationalratswahlen vom 17. Oktober 1920 machten 13.649 (85,7 %) vom Stimmrechte Gebrauch und 13.519 (99 %) stimmten mit „Ja“ nur 84 (0,6 %) mit „Nein“, während 46 Stimmen (0,4 %) als ungültig erklärt wurden. Obwohl eine intensive Aufklärungsarbeit infolge der Ungunst der Witterung und der Kürze der zur Verfügung gestandenen Zeit nicht geleistet werden konnte und lediglich nur von dem bayrischen Zentrumsabgeordneten Scharnagl, Religionslehrer Walder aus Innsbruck und den Herren Abg. Henggi und Stadtrat Solderer kurze Besprechungen mit Vertrauenspersonen in einem kleinen Teil der Gemeinden des Bezirkes abgehalten werden konnten, wurde ein Resultat erzielt, das den allgemeinen Willen der Bevölkerung von Osttirol klar zum Ausdrucke bringt und an dem nicht mehr zu rütteln ist. « Lienzer Nachrichten, Nr. 33

14. MAI

» Lienz. Zwei wohltätige Aktionen eingestellt

In der Zeit der ärgsten Not in Oesterreich waren die Amerikaner die ersten, welche mit werktätiger Hilfe eingriffen und sich als wahre Wohltäter erwiesen. Sie errichteten die „American Relief Administraiton“ (Amerikanische Kinderhilfsaktion), jenes große Werk, das tausenden und tausenden unserer unterernährten Kindern das Leben rettete. Durch die Dollarpaket-Aktion wurde das Wohltätigkeitswerk erweitert und schließlich durch die ebenso umfangreiche Bekleidungsaktion gekrönt. Es würde zu weit führen, das Riesenwerk im einzelnen zu besprechen und dürfte wohl der Hinweis genügen, daß im 1. Betriebsjahre nicht weniger als 148.589 Dollarpakete im Wert von ungefähr 3 Millionen Dollar in Oesterreich ausgegeben wurden und dadurch große Mengen von Mehl, Reis, Speck, Schmalz, Corned beef, Pflanzenöl, Milch nach Oesterreich kamen. Der Reingewinn aus dieser Aktion floß wieder der Kinderausspeisung und Kleideraktion zu. [...] Leider kam nunmehr die Kunde, daß nicht nur die Dollarpaketaktion, sondern auch die Bekleidungsaktion eingestellt wurden, eine Tatsache, die wohl von allen schmerzlich empfunden wird, weil ja noch so viele Kinder und Familien einer besonderen Hilfe bedürftig wären. Es wird wohl kaum jemanden geben, der den edlen Wohltätern nicht Dank wüßte für ihre Hilfe in der Not und der nicht den Wunsch hätte, daß die Dollarpaket- und Bekleidungsaktion wieder fortgesetzt würden. [...] «

Lienzer Nachrichten, Nr. 38

25. JUNI

» Außervillgraten. Die gute alte Zeit

ist leider dahin, ob sie wiederkehrt? Der grause Krieg hat alles geraubt: Glück und Lebenslust, Freude und Einigkeit und hat uns dafür Zwietracht, Eigennutz, Geldsucht und Unterdrückung aller edlen Gefühle gebracht. Streikbewegungen sind die Früchte. Sie beginnen nun auch schon in stillen Hochtälern sich zu zeigen. Der letzte Sonntag gab uns den Beweis dafür. In der Kriegszeit mußte der

Organist zu den Waffen, die Orgelpfeifen ebenfalls, doch der Chor wurde angemessen der Zeit aufrecht erhalten. Und heute? „Stille Messe"! Der Chor schweigt, die Orgel schlummert, aus welchem Grunde? Lohnfrage! Hoffentlich wird von maßgebender Stelle eine Einigung geschaffen, denn, auch der Organist hat einen Verdauungsorganismus, der mit Orgelwind und satten Tönen allein nicht befriedigt wird! Dann wird auch die Orgel wieder aufwachen, zur Ehre Gottes. Die Streikbewegung machte sich auch in anderer Art bemerkbar, worunter ein unschuldiger Teil zu leiden hatte. « Lienzer Nachrichten, Nr. 50

20. AUGUST »

Umbenennung von Windisch-Matrei

Die Landesregierung hat gegen die Umbenennung des Marktes in Martei am Venediger Widerspruch erhoben und die Bezeichnung Matrei in Osttirol vorgeschlagen. Ob diese Bezeichnung geradezu die beste ist, darüber läßt sich zwar streiten, immerhin verweist sie darauf, daß unser Matrei in Tirol liegt und hiefür das „Ost" die nähere Bestimmung bildet. Osttirol hat sich außerdem schon einen Namen gemacht und der heurige Fremdenverkehr beweist es, daß es in allen Ländern bekannt genug ist. Um das „Windisch" auszumerzen und dies ehest zu erreichen, kann daher dem neuem Vorschlage zugestimmt werden und wäre es vielleicht angezeigt, auch Lienz „offiziell" nach Osttirol zu verlegen, damit die österreichischen Postämter einmal wissen, wo es liegt. « Lienzer Nachrichten, Nr. 59

3. SEPTEMBER »

Huben. Großer Erfolg einer einheimischen Industrie

Wie uns aus industriellen Kreisen berichtet wird, haben die rühmlich bekannten „Waldhof-Hausmühlen" neuerdings einen großen Erfolg zu verzeichnen. Diese transportablen Hausmühlen, welche seit ungefähr 2 Jahren in den Holzindustriewerken Waldhof bei Huben (Osttirol) nach einem eigenen gesetzlich geschützten System hergestellt werden und überall, wo sie eingeführt wurden, Anklang finden, erweckten auf 2 landwirtschaftlichen Ausstellungen u. zw. in Baden und Hessen in den letzten Wochen allgemeines Interesse, trotzdem gerade in diesem Artikel viele deutsche Firmen ihre Fabrikate zur Ausstellung gebracht hatten. Das Interesse an den Waldhofmühlen war ein derartiges, daß nicht nur aus Deutschland selbst eine Reihe von Bestellungen erfolgte, sondern auch amerikanische und holländische, sowie nordländische Interessenten sich meldeten und daraufhin der Waldhof-Hausmühlen-Bauunternehmung von einer erstklassigen deutschen Firma der Antrag gemacht wurde, gemeinsam mit dieser Unternehmung in Deutschland ein Zweigunternehmen für den Waldhofmühlenbau einzurichten. Mit den diesbezüglichen Vorarbeiten wurde auch schon begonnen. « Lienzer Nachrichten, Nr. 61

29. OKTOBER

Grenzregulierung im Pustertal

Man schreibt uns: An der österreichisch-italienischen Gebirgsgrenze fanden den heurigen Sommer über, sowohl von österreichischer wie von italienischer Seite, neue Grenzvermessungen statt; so wurden die neuen Grenzen in der Venediger- und zum Teil in der Zillertaler-Gruppe aufgenommen und auf vielen Gipfeln neue triogonometrische Pyramiden aufgestellt. Im Pustertal haben die Vermessungen heuer ihr Ende gefunden, denn die Tätigkeit im Hochgebirge mußte bereits eingestellt werden. Beendet wurden die Arbeiten am Rauchkofel und an der Dreiherrnspitze. Die Grenze wird wie an der Birnlücke und Krimmlertauernpaß bezeichnet durch Pilaster, welche auf der Höhe eine Plakette tragen, die gegen Italien den Buchstaben I, gegen Oesterreich den Buchstaben Oe zeigt. Gegen das Zillertal und gegen die Tauern wurden starke Finanzierabteilungen aufgestellt, die sich zum Teil frühere Alpenvereinshütten, wie die Neugersdorferhütte als Kaserne angeeignet haben. Es wäre sehr zu wünschen, wenn diesen neuen Vermessungen zugleich auch für neue Karten dienen würden, denn die alten, zum Teil unrichtig gezeichneten noch bestehenden D. u. Oe. Alpenvereinskarten der Venediger- und Zillertaler-Gruppe bedürfen einer dringenden Korrektur. Lienzer Nachrichten, Nr. 69

Matrei in Osttirol, 1937.

1922

Der Tod des verbannten Kaisers.

Carl I.
Kaiser von Österreich, König von Ungarn

Die damaligen österreichischen Tageszeitungen waren voll mit Trauerkundgebungen zum Tode von Kaiser Karl I.

8. APRIL

» Kaiser Karl I. gestorben

Ein edles Herz hat aufgehört zu schlagen. Fern, weitfern von seiner Ahnen Reich und Heimat, als Verbannter mußte Oesterreichs Kaiser sein Leben beenden. Am 1. April um 11 Uhr 30 vormittags, so meldete der Telegraph, starb, mit den Tröstungen der hl. Religion versehen, Kaiser Karl. « Lienzer Nachrichten, Nr. 27

15. APRIL

» Hopfgarten i. Def. Trauergottesdienst

Am Montag den 10. d. M. wurde hier unter großer Beteiligung des Volkes, selbst von den entlegensten Berghöhen her, das von der kirchlichen Behörde angeordnete Requiem für eilend Majestät Kaiser Karl I. abgehalten. Obwohl es am Sonntag ganz unverhofft verkündet worden war, wurden noch in aller Eile die Musikkapelle und eine Schützenabteilung zusammengetrommelt und es gestaltete sich die ganze Feier zu einer ergreifenden Kundgebung der Treue an den toten Landesvater, die selbst gestandenen Männern Tränen entlockte. Die Schützen hatten mit Fahne im Schiff der Kirche Aufstellung genommen und die Musik spielte nach dem Requiem einen ans Herz gehenden Trauermarsch und die Kaiserhymne. Wer noch ein Herz mit anständigen Gefühlen hat, wird den Veranstaltern, Schützenhauptmann Jos. Grimm mit Buchhalter Scheiber und Kapellmeister Tönig, dankbar sein für ihre Mühe. Ein echter Tiroler läßt sich in ein paar Jahren nicht umstülpen wie ein alter Tabaksbeutel, darum soll es bei der alten Treue, bei den guten alten Sitten bleiben und Ehre jedem, der da mittut. « Lienzer Nachrichten, Nr. 28

29. APRIL

» ## Durchreise der österr. Delegation

Mit dem D-Zuge am Montag Vormittag kamen die Mitglieder der österr. Delegation Bundeskanzler Dr. Schober und Finanzminister Dr. Gürtler auf ihrer Reise nach Genua in Lienz an. Die beiden Minister entstiegen in Lienz dem Salonwagen und fanden bei den Neugierigen, die sich am Perron eingefunden, allseitiges Interesse. Bezirkshauptmann Dr. Kneußl benützte den kurzen Aufenthalt, um sich den beiden Regierungsmitgliedern vorzustellen und ihnen einige Bezirksangelegenheiten zu empfehlen. « Lienzer Nachrichten, Nr. 30

6. MAI

» ## Das Ende der Brotkarte

Mit 30. April wurde die Brotkarte aufgehoben. In den 7 Jahren ihres Bestandes hat sie für die Versorgung der Bevölkerung die größten Dienste geleistet. Eingeführt wurde die Brotkarte am 25. März 1915; damals betrug der Preis für 70 g Brot 4 Heller, am 15. August 1915 noch 5 Heller! « Lienzer Nachrichten, Nr. 31

19. AUGUST

» ## Die Nationalsozialisten,

die jüngste politische Wahlpartei Oesterreichs, traten am Dienstag den 15. ds. M. mit einer öffentlichen Versammlung hervor. Zum Besuche derselben stellten sich allerdings doppelt so viel Sozialdemokraten als Nationalsozialisten ein; daher rissen erstere auch sofort das Präsidium an sich. Aus den Ausführungen der nationalsozialistischen Redner, Herren Renner und Protsch aus Linz, entnahm man, daß ihr Parteiprogramm ein Sammelsurium der zügigsten Schlager der anderen drei großen Parteien repräsentiert. Mit dem vollen Programm rückten sie allerdings nicht heraus. In der sozialdemokratischerseits mit übermäßiger Energie geführten Debatte kamen die Nationalsozialisten wohl ziemlich zu Schaden. Uns kann das ganz recht sein, wenn sich nationale und internationale Sozialisten die Köpfe waschen. Etwas ist uns aufgefallen und wurde von uns anderswo noch kaum gesehen. In dieser bis über 12 Uhr nachts andauernden Versammlung befanden sich nicht wenig Jugendliche, die schwerlich ihre 16 Jahre hinter sich haben. Welcher Partei sie als Anhang zuzuzählen waren oder ob es nur Neugierige waren, konnten wir nicht feststellen. Jedenfalls gehören solche Leutchen nicht in eine öffentliche, allgemein zugängliche Versammlung und das erst recht nicht, wenn selbe nachts und in einem Gasthause stattfindet. Hoffentlich wird dieser Unfug, der in den Großstädten nicht einmal vorkommt, in Lienz abgestellt werden. « Lienzer Nachrichten, Nr. 46

1923

27. JÄNNER »

St. Johann i. W. Bergwerk

Im Michelbachtale, wo andere Jahre zur Winterszeit nur die Axtschläge der Holzhauer gehört wurden, wird es immer lebendiger. Das Arsenik-Bergwerk, das unter der Leitung des Ing. Neudeck im vergangenen Jahre in Betrieb gesetzt wurde, scheint sich gut zu entwickeln. Gegenwärtig sind darin bei 20 Arbeiter beschäftigt, jedoch soll diese Zahl in Bälde verdoppelt werden. Es werden jetzt die Oefen aufmontiert, die zur Gewinnung des Arsenik aus dem Erze eigens konstruiert sind. « Lienzer Nachrichten, Nr. 4

10. FEBRUAR »

Der Stand der Arbeitslosen in Lienz im Jänner

Am 31. Dezember gab es, wie wir damals mitteilten, in Lienz 64 Arbeitslose. Im Laufe des Jänners vermehrte sich die Zahl auf 110. Hievon konnten 16 Stellen finden, so daß der Stand an Arbeitslosen mit Ende Jänner 94 beträgt, darunter befinden sich 42 Familienerhalter. Die meisten Arbeitslosen sind Hilfsarbeiter (51), 11 sind Maurer. Die Zahl von 7 weiblichen Arbeitslosen, die im Bezug der Arbeitslosenunterstützung stehen, ist in obigen Angaben nicht einbezogen. «

Lienzer Nachrichten, Nr. 6

10. MÄRZ »

Aßling, Fraktion-Penzendorf. Neue Glocken

Wie man jubelt, wenn ein Heimkehrer nach langem Krieg und Gefangenschaft glücklich zurückkommt, wie man freudig lächelt, wenn im Frühling die Vögel wiederkehren, so jauchzte und pöllerte man auch droben beim lieblichen Kirchl, als die langentbehrten Glocken den steilen Bergweg, herauf kamen. Und man hat wohl Ursache sich zu freuen, denn die Glocken sind allem Anscheine nach sehr gut gelungen. Sie stammen aus der Gießerei Rudolf Oberascher, München, wohin Baumeister Alois Weiß reiste, um die Bestellung zu machen. Der fromme kirchliche Sinn und die einmütige Opferwilligkeit der Penzendorfer haben die Glocken herbeigeschafft, den Anstoß dazu aber gab der Huberbauer Franz Stocker, der nicht ruhte bis die Bestellung Tatsache war. Die beiden Glocken wiegen zusammen 185 Kilogramm. « Lienzer Nachrichten, Nr. 10

27. OKTOBER »

Der Wahltag in Lienz

verlief in voller Ruhe. Der Großteil der Wähler schritt bereits in den ersten Stunden der Wahlzeit zur Urne. Das Abholen säumiger Wähler war infolge der Wahlpflicht nicht mehr so wie anderemale notwendig. Von der Wahlpflicht hatten auch die Sozialdemokraten ihren Vorteil; sie brachten ihre Frauen leichter zur Wahl. Leider stimmten auch diesmal die Wählerverzeichnisse nicht vollkommen und die Tiroler Volkspartei verlor deshalb manche Stimme. Wieviel Wahlen etwa noch sein müssen, bis in Lienz die Wählerlisten stimmen! Das für den Vortag und den ganzen Wahltag geltende Alkoholverbot trug viel zur Ruhe am Wahltage bei. [...] Nach Abschluß des Wahllokales bis in die späten Abendstunden und auch noch am Montag herrschte gespannteste Erwartung, die auswärtigen Wahlresultate zu erfahren. Nach der Aufregung der letzten Tage ist man allgemein froh, den Wahltag hinter sich zu haben. « **Lienzer Nachrichten, Nr. 46**

22. DEZEMBER »

St. Justina. Wildererunglück

Ein Bursche von Burg-Vergein, der in der Nacht vom 16. auf 17. ds. M. beim Mondschein unbefugterweise Hasenpassen ging, hatte das Unglück, daß sein Kopf, welcher zweitweise hinter einer Mauer herausguckte, von einem zweiten unbekannten Hasenjäger als Meister Lampe angesehen und mit einem wohlgezielten Schrotschuß bedacht wurde. Die Verletzungen trieben diesen Burschen am 17. d. M. ins Spital nach Lienz. – Nach seiner Genesung wird er dieses unsaubere Handwerk lassen, zumal er auch mit den Gerichtsbehörden zu tun haben wird. «

Lienzer Nachrichten, Nr. 54

Prozession anlässlich der feierlichen Glockenweihe in Anras, 1925.

1924

23. FEBRUAR »

Das Allerneueste

in Lienz ist noch immer die Gründung eines Republikanischen Schutzbundes, der sich, wie die „Volkszeitung" jetzt meldet, zur Aufgabe setzt, in Lienz „die Republik vor allen Gefahren, ob von links oder rechts kommend, zu schützen und zu verteidigen". Wahrlich, süß ist die Bürde und leicht ist das Joch, das nun die hiesigen sozialdemokratischen Parteifunktionäre nebst ihren bisherigen Lasten zu tragen gewillt sind. Oder ist es wirklich schon so weit, daß von Lienz aus die Republik gestürzt und die verfassungsmäßige Regierung per Flugzeug in Wien ausgehoben wird, wenn nicht in Lienz ein republikanischer Schutzbund besteht? Wir glauben um Himmelswillen denn doch nicht. « Lienzer Nachrichten, Nr. 8

5. APRIL »

Anläßlich des Todestages Kaiser Karls

wurde am 1. April in der Stadtpfarrkirche ein feierliches Requiem gehalten, dem viele Andächtige beiwohnten. « Lienzer Nachrichten, Nr. 14

26. JULI »

Die Ausgabe von Schillingen

Trotzdem das Münzamt bereits seit einer Woche wieder voll arbeitet, wird vorläufig die Ausgabe von Schillingen noch nicht aufgenommen, da das Finanzministerium, wie bereits gemeldet, einen größeren Vorrat der Münzen ansammeln will, ehe es diese in den Verkehr bringt. Gleichzeitig mit der Ausgabe des neuen Hartgeldes erfolgt bekanntlich die Einziehung der betreffenden Banknoten in entsprechender Menge. Daneben werden auch Vorbereitungen getroffen, jene Noten, welche auf die Oesterreichisch-ungarische Bank lauten, gegen neue umzutauschen. Die Angelegenheit ist aber über die ersten Stadien hinaus noch nicht gediehen. Im Zusammenhang damit ist auch der Plan erörtert worden, neue Noten zu emittieren, welche ein Schillingnominale haben, es ist aber nicht zu erwarten, daß dieser Plan vor dem Herbst greifbare Formen annimmt. – Außer den Schillingen sollen bekanntlich auch Halbschillinge und Doppelschillinge geprägt werden. Die Halbschillinge werden bestimmt im Herbst ausgegeben, dagegen dürfte die Ausgabe der Doppelschillinge in diesem Jahre nicht erfolgen. Die Nationalbank wird in absehbarer Zeit auch die Noten der Oesterr.-ung. Bank durch neue ersetzen, so namentlich die Noten zu 50.000, 100.000 und 500.000 Kronen. Sie werden möglicherweise schon auf Schilling lauten. « Lienzer Nachrichten, Nr. 30

1925

Iselsberg, um 1930.

17. JÄNNER »

Iseltal. Radio-Beobachter

Man beobachtet nun auch in diesem Tale Radio-Apparate, errichtet von manchen, die sichs leisten können. [...] « Lienzer Nachrichten, Nr. 2

7. FEBRUAR »

Die Arbeitslosigkeit

ist im abgelaufenen Monate weiter bedeutend gestiegen. Vom hiesigen Amte werden mit 31. Jänner 133 männliche und 2 weibliche Arbeitslose ausgewiesen. Davon sind 66 Familienerhalter. Die Mehrzahl der Arbeitslosen sind Hilfsarbeiter, dann kommen Maurer, Zimmerleute, Schlosser, Schuhmacher, Bergarbeiter an die Reihe. Es wird dringendst ersucht, Arbeitsgelegenheiten dem hiesigen Amte bekannt zu geben. « Lienzer Nachrichten, Nr. 5

22. MAI »

Huben. Grundsteinlegung

Der 6. Mai war für Huben ein Fest 1. Klasse, wie es Huben noch nie gesehen hat; galt es ja, den Grundstein zur neuen Herz-Jesu-Kirche zu legen. Um 8 Uhr früh wurde an der Eingangspforte der Hochwürdigste Bischof Dr. Sigismund Waitz vom Klerus, der Schuljugend, den Kranzljungfrauen, den Schützenkompagnien, den Musikkapellen, den Chorsängern und vielen Festteilnehmern aus Nah und Fern empfangen. Drei weißgekleidete Mädchen mit blauer, grüner und roter Schleife (Glaube, Hoffnung, Liebe) begrüßten den hochwürdigsten Oberhirten [...].

Dann setzte sich der Festzug in Bewegung zu dem für die neue Kirche ausgesteckten Platz, wo an der Stelle des künftigen Presbyteriums ein schön geschmückter Feldalter, ein Thron und eine Kanzel für den Hochwürdigsten Bischof und ein Ehrenplatz für die Festgäste errichtet war. [...] Nun begann die Haupthandlung, die Weihe des Kirchplatzes und des Grundsteines, welche wohl noch niemand in ganz Osttirol gesehen hat und auch in naher Zukunft nicht mehr wird. « Lienzer Nachrichten, Nr. 20

29. MAI »

Strassen. Vom Bergbau

Seit einigen Tagen steht nun der Betrieb im Bergbau Tessenberg außer einer kleinen Partie, die die Grubenerhaltung besorgt, still. Von der Entlassung sind meistens Einheimische betroffen, welche infolge der momentan günstigen Verhältnisse einen angemessenen Verdienst fanden. Manche Bauern rechneten, daß es jetzt doch möglich sei, eine Arbeitskraft zu erhalten, aber vergebens. Man konnte in den letzten Tagen die Wahrnehmung machen, daß ziemlich einige um die Arbeitslosenunterstützung ansuchten, um ja nicht Bauernarbeit verrichten zu müssen. Wie weit nun dies dem einzelnen gelungen ist, entzieht sich meiner Kenntnis. « Lienzer Nachrichten, Nr. 21

10. JULI »

Keine Schillinge hamstern!

Seit etlichen Tagen sind die Schillinge wieder da. Zum erstenmal vor 10 Monaten hat sie die österreichische Regierung in einer viel zu geringen Anzahl ausgegeben; kein Wunder daher, daß sie von der Bevölkerung stark gehamstert wurden. Diesmal ist die Sache aber anders. Die Finanzverwaltung gibt sie diesmal in Massen, nämlich über 13 Millionen Stück aus, zieht aber dafür ebensoviele papierene 10.000-Kronennoten ein. Die Schillinge werden daher nicht verschwinden können, denn es werden reichlich genug im Umlauf sein. Hamstern hat daher gar keinen Zweck und jene Leute, die einst die ersten Schillinge gehamstert und sich sogar überzahlt hatten, werden jetzt damit herausrücken müssen, weil es zwecklos ist, sie weiter aufzuheben, wo so reichlich Silbergeld in Umlauf sein wird. «

Lienzer Nachrichten, Nr. 27

1926

8. JÄNNER

Ruhrlandkinderaktion

In diesem Jahre kommen wieder Ruhrkinder zum Landaufenthalt nach Oesterreich, das ihnen gewiß gerne wieder die gastfreundlichen Tore öffnen wird. Die traurigen Verhältnisse im Ruhrgebiet haben sich leider noch immer nicht gehoben; infolge der schweren Wirtschaftskrisen müssen von Zeit zu Zeit immer noch viele Betriebe in diesem reinen Industriegebiet geschlossen werden, Tausende von Arbeitern sind brotlos, die Kinder der Arbeiterfamilien leiden die größte Not. Sicher finden sich auch in Osttirol wieder Wohltäter, die ein Kind aus dem Ruhrgebiet über den Sommer in Pflege nehmen. Jeder, der ein Ruhrkind aufnehmen will, melde dies bis Mitte, spätestens Ende Februar bei der Redaktion der „Lienzer Nachrichten". « Lienzer Nachrichten, Nr. 1

26. FEBRUAR

Radio u. Gebrauch von Massierapparaten

In der letzten Zeit hat sich der Gebrauch von elektrischen Massierapparaten gerade in den Abendstunden von 7–12 Uhr derart stark eingebürgert, daß den Radiobesitzern das Abhören selbst der lautstärksten Stationen zur Qual oder ganz unmöglich gemacht wurde. Es wird angenommen, daß mehrere Besitzer solcher Apparate nur aus Unkenntnis über die äußerst störende Wirkung derselben sie gerade in den Abend- und Nachstunden verwenden, obwohl einige sich beim Ankauf vertraglich auf die Benützung nur tagsüber bis zum Eintritte der Dämmerung verpflichten mußten. Sollte daher künftighin dieser störende Gebrauch in den Stunden von 6 Uhr bis 12 Uhr abends trotzdem fortgesetzt werden, müßte zu anderen, für die Besitzer dieser Apparate unliebsamen Maßnahmen gegriffen werden. « Lienzer Nachrichten, Nr. 8

18. JUNI

Eröffnung der Deferegger Autolinie

Am Samstag, den 12. Juni 1926. [...] die Kommissionierungsfahrt am Samstag den 12. Juni 1926, mit welcher die neue Deferegger Autonlinie dem vollen, fahrplanmäßigen Autoverkehr übergeben wurde, ist also ein markantes Ereignis, bedeutungsvoll für das Tal und für ganz Osttirol. [...] Um 8 Uhr früh versammelten sich die Teilnehmer der Kommission und einige geladene Gäste zur Abfahrt vor dem Gasthof „Traube" in Lienz. [...] Nachdem die beiden Wagen, welche den Verkehr ins Defereggen regelmäßig vermitteln sollen, in Huben von den Sachverständigen einer eingehenden Prüfung und Abmessung unterzogen worden waren, ging die Fahrt, dem ansteigenden Bogen der Straße folgend, von der Iseltalsohle hinauf zum Eingang ins Defereggental. Voran der nette, grüne Autobus der

Defregger Autogesellschaft, der schon seit Wochen die Strecke befährt, dann der große, elegante offene Zwölfsitzer der Osttiroler Autogesellschaft, welcher am Montag den 14. ds. M. die regelmäßigen Fahrten nach St. Jakob i. Def. aufgenommen hat. « Lienzer Nachrichten, Nr. 24

19. NOVEMBER »

Albin Eggers Heimgang

Nicht in jedem Jahrhundert hat unsere Stadt einen so großen Sohn zu begraben, wie es Albin Egger-Lienz war. Darum durften wohl Trauerflaggen von Masten und Häusern wehen, die Lampen unter schwarzen Flören bekümmerter scheinen und die Totenfanale auf den mächtigen Obelisken lauter das Leid der Heimat ausrufen: Unseren Meister trägt man zu Grab, feierlich und würdig seines weltweiten Ruhmes und doch auch herzlich zugetan. [...] Blaue Dämmerung lag schon auf dem Gottesacker, als der Sarg zu den Friedhofsarkaden gebracht und nach der Einsegnung durch H. Msgr. Dekan Stemberger in die Ehrengruft versenkt wurde. In die Gesänge des Pfarrchores warfen die Ehrensalute der Schützen ein fernes Echo. Kränze, viele Lorbeerkränze deckten das Grab des Meisters. Ein Trauerchor von Schubert, vom Lienzer Sängerbund vorgetragen, klang hinaus über die Hügel und Grabkreuze in die aufgeschlossene Nacht, die sich von der Schleinitz zum Spitzkofel groß wie eine mattleuchtende Mausoleumskuppel über dem Grabe wölbte. « Lienzer Nachrichten, Nr. 46

19. NOVEMBER »

Anras

Unglaubliches ist geschehen: ein Automobil (amerik. Type, 1800 Kg. schwer) ist letzten Samstag von Abfaltersbach her bis knapp unter Anras vorgedrungen! Zwei Klagenfurter Geschäftsreisende (Firma „Greiner" und „Alpenländische Zuckerwaren") wagten die Fahrt. Und ein Wagnis war dies Unternehmen gewiß angesichts des schmalen, steilen, unsagbar – man kann wohl ruhig sagen: gewissenlos – vernachlässigten Weges und der schwachen Brücken. [...] Als Autostraße kann der Weg Abfaltersbach – Anras nicht gerade allgemein empfohlen werden, höchstens für Lebensüberdrüssige – oder Gutversicherte! « Lienzer Nachrichten, Nr. 46

1927

Nicht immer waren die Straßen in Osttirol als Autofahrstraße tauglich.

14. JÄNNER »

Licht

Am Sonntag den 16. Jänner wird das Oberpustertaler Elektrizitätswerk in Sillian, das bekanntlich mehrere Gemeinden mit Strom versorgen soll, eingeweiht werden. Die Festgäste versammeln sich um 13 Uhr 15 in Atzwangers Gasthof. Um halb 9 Uhr abends findet im gleichen Gasthaus das „Licht-Kränzchen" statt, bei dem das Abfaltersbacher Streichorchester die Musik besorgen wird. «

Lienzer Nachrichten, Nr. 2, S. 6

4. MÄRZ »

Abfaltersbach

Während das Schwefelkiesbergwerk noch immer der lang ersehnten Wiedereröffnung harrt und seine Erzwagen schon jahrelang noch immer an der Seilbahn baumeln wie die Leichen Hingerichteter am Galgen, hat sich seit Allerheiligen an der Schattenseite des Tales im Bereich der Gemeinde Abfaltersbach „ein Arzgang aufgetan", wie die Alten gesagt haben würden. Der Waldrükken zwischen Bad- und Auenbach trägt einen Kahlschlag („Himbeerschwand"), wo einige alte Gruben sind, in denen wieder, wie einstmals vor vielen Jahrzehnten, nach Erz gegraben wird. Es dürfte sich hier wohl um jenes Erzvorkommen handeln, das Gasser („Die Mineralien Tirols“, Seite 29) erwähnt: „Antimonit mit Bleiglanz, Kupfer- und Eisenkies schwere, gehaltreiche Stücke, die hier zutage gefördert werden; die Fundstelle liegt nur etwa 3/4 Stunden über der Talsohle und noch tief unter der Waldgrenze, sodaß Holz zur Genüge vorhanden ist, lauter Umstände, die vielleicht die Hoffnung rechtfertigen, daß doch endlich einmal einem bergmännischen Unternehmen in Osttirol eine längere Lebensdauer beschert sein könnte – freilich will dieses Hoffnungspflänzchen nicht recht Wurzel fassen im Herzen desjenigen, der sich erinnert, mit welcher Sicherheit den so mannigfaltigen Schürf- und Grabungsversuchen in Osttirol seit der Kriegszeit Blühen u. Gedeihen ist versprochen worden: Panzendorf, Tessenberg, Burgfrieden, Schloßberg, Igglsdorf, Oberlienz, Michlbach, Staniska, Prägraten, Froßniz und die Blizen im Tauerntal sahen wir schon im Geiste als Horte wiedererstandener Knappenherrlichkeit und als ergiebige Quellen wirtschaftlichen Nutzens – und heute ist’s überall so wie vordem. «

Lienzer Nachrichten, Nr. 9, S. 6 f.

16. JUNI

» Lienzer Flugwoche

Die bereits angekündigte Lienzer Flugwoche verspricht ein ganz seltsames Ereignis für unsere Stadt und den Gau Osttirol zu werden. Sie findet in den Tagen vom 29. Juni bis inklusive 4. Juli statt. Das Flugzeug „Tirol“ steigt am 29. Juni früh in Innsbruck auf, nimmt seinen Weg über die Felbertrauern und wird ca. um 10 Uhr vormittags am Lienzer Flugfeld auf dem zwischen dem nördlichen Wege Lienz – Unternußdorf und dem Hang gelegenen Gelände (Peheim-Anger) landen. « Lienzer Nachrichten, Nr. 28, S. 6

2. JULI

» Die Ankunft des Flugzeug „Tirol“

Eine mehrtausendköpfige Menschenmenge hatte sich zur angegebenen Stunde am Flugfeld eingefunden und harrte in gespannter Erwartung der Ankunft des Flugzeugs „Tirol“. Aber die Geduld der Bevölkerung wurde auf eine harte Probe gestellt; man wußte nur, daß Herr Oberstleutnant Eccher tatsächlich in der Früh in Innsbruck aufgestiegen war. Gegen halb 12 Uhr brachte der Telegraph die Nachricht vom Rückflug des Flugzeuges nach Innsbruck zu einer notwendigen Reparatur und der mutmaßlichen Ankunft in Lienz erst etwa um 1 Uhr. Die Bevölkerung zog sich in die Stadt zurück. Gegen halb 2 Uhr waren die Rampen des Flugfeldes wieder dicht besetzt; man wartete und wartete. Einige Minuten vor halb 3 Uhr trifft die Nachricht aus Innsbruck ein, das Flugzeug „Tirol“ sei wieder gestartet und werde um halb 3 Uhr in Lienz sein. Im gleichen Augenblick vernimmt man das charakteristische Fliegersurren und hoch über der Pusterer Talsenkung zwischen Spitzkofel und Schloßberg kommt das Flugzeug „Tirol“ in Sicht. Bewegung kommt in die Massen, alles redet und schreit durcheinander, alles rennt an einen geeigneten Platz, um den kühnen Flieger sehen zu können. In einem eleganten Bogen durchschneidet das Flugzeug „Tirol“ den Luftkreis längs Spitzkofel und Rauchkofel und fliegt bereits kurze Minuten darauf hoch über die Stadt hin, um in feinen Spiralen und Gleitkurven übern breiten Talkessel rasch sich tiefer und tiefer zu senken und ein paar Augenblicke später rauschend über die Köpfe der harrenden, jubelnden Menge hin am Flugplatz zu landen. Das Flugzeug wendet zur Aufnahmehalle und hält knapp vor der Bevölkerung. Unter begeisterten Heilrufen entsteigt Herr Obstlt. Eccher. « Lienzer Nachrichten, Nr. 30, S. 3

7. OKTOBER »

Gymnasium

Nun haben in der Stadt Lienz die Schulen wieder ihre Pforten geöffnet. Wieder Erwarten hat auch das Gymnasium seinen Betrieb wieder aufgenommen, obwohl man nach den Schwierigkeiten zu schließen, welche sich letzthin gelegentlich der Verhandlungen mit der Stadtgemeinde eingestellt hatten, kaum mehr auf den Weiterbestand desselben hätte hoffen können. Dank dem weitgehenden Entgegenkommen der Augustiner-Chorherren gegenüber den bereits angemeldeten Schülern wird nun nicht nur die zweite Klasse weitergeführt, sondern es wurde auch eine erste Klasse angegliedert, welche vom 1. Jänner 1928 an ausschließlich auf Kosten der Augustiner-Chorherren geführt wird. [...] Osttirol und insbesonders die Stadt Lienz schulden den Augustiner-Chorherren wirklich großen Dank dafür, daß sie den Faden nicht abgerissen haben und das Gymnasium nun trotzdem noch dieses Jahr weiterführen. Freilich wäre es überaus bedauerlich, wenn das heurige Schuljahr das letzte wäre und der alte Traum der Stadt Lienz, Gymnasialstadt zu sein, wieder auf unabsehbare Zeit hinaus zerstört würde. « Lienzer Nachrichten, Nr. 44, S. 4

28. OKTOBER »

Der Heimatwehrtag in Osttirol

Das Gebot der Stunde fordert den Zusammenschluß aller gesund gebliebenen, freiheitliebenden und stammesbewußten Volksschichten zu gemeinsamer Abwehr gegen den Uebermut und die unersättliche Herrschgier der jüdischen Führerschaft der österreichischen Sozialdemokratie. Die eiserne Notwendigkeit gebietet uns, jener unentwegten Volksverhetzung und Aufpeitschung breiter Massen ein für allemal ein Halt zu setzen, die am unvergeßlichen 15. Juli Brandfackeln in die Bundeshauptstadt schleuderte, den politischen Gewaltstreik und die rote Revolte durch die österreichischen Lande trug und zur Proklamierung der Diktatur des Proletariats sich anschickte. [...] Der 15. Juli war die Geburtsstunde der Heimwehrbewegung in Oesterreich. Denn seit den Julieereignissen ist die Heimwehrbewegung zu einem mächtigen Baum gewachsen, der in alle Schichten des österreichischen Volkes seine Wurzel schlug. Der 23. Oktober aber wurde zum Heimwehrtag für Osttirol. « Lienzer Nachrichten, Nr. 47, S. 1

1928

Österreichisch-
italienische Grenze
in Arnbach.

6. JULI

Wieder eine Verhaftung auf österreichischem Boden durch italienische Grenzorgane

Aus Sillian wird berichtet: Am 25. v. M. wurde der von der Gemeinde Arnbach angestellte Hirte Ludwig Egger aus Anras, als er im Helmgebiet auf der Suche nach verlorenem Vieh war, von zwei Finanzierisoldaten des Postens Winnebach verhaftet. Der zufällig des Weges kommende Bürgermeister von Arnbach, Johann Fuchs, sah das und auf seine Intervention hin wurde Egger dann freigelassen. Wie nun festgestellt wurde, ist Egger 20 Schritte von der österreichisch-italienischen Grenze entfernt, und zwar auf österreichischen Boden, festgenommen worden. Die Verhaftung erfolgte wahrscheinlich wegen Unkenntnis der Grenzlinie durch die Italiener, obwohl in dem in Betracht kommenden Gebiet sehr viele Grenzsteine bestehen. « **Lienzer Nachrichten, Nr. 27, S. 5**

24. AUGUST

Das Ende des Lienzer Gymnasiums

Das Gymnasium ist gefallen, ein schöner Plan, der Stadt Lienz ein Gymnasium zu geben, sie zu einer Mittelschulstadt zu erheben, ist zerstört. – Großdeutsche und Sozialdemokraten haben in der Gemeinderatssitzung vom 16. August das Gymnasium abgelehnt und die Anträge der Tiroler Volkspartei auf Erhaltung niedergestimmt. – Nur um zu verhindern, daß Schüler, die anderswo nicht mehr unterkommen können, ein Jahr verlieren, wird bis zum Schulende 1929 noch ein sog. Instruktionskurs geführt, ohne Oeffentlichkeitsrecht. Das Gymnasium ist endgültig abgetan. « **Lienzer Nachrichten, Nr. 34, S. 1**

19. OKTOBER

»| Einiges von der Sennerei Abfaltersbach

Am 28. Februar 1927 wurde im Gasthof Mayrl die Sennereigenossenschaft Abfaltersbach und Umgebung als reg. Gen. m.b.H. gegründet und deren Betrieb, wie schon seinerzeit mitgeteilt, am 17. Jänner l. J. eröffnet. Es dürfte wohl nicht Uebriges sein, über das Entstehen und die Betriebseinrichtung eines die Wirtschaft ganz verändernden Unternehmens einiges zu schreiben. Der Gedanke, eine Sennereigenossenschaft zu errichten, ist nicht gar alt. In der Vorkriegszeit, wo hierzulande die Ochsenmast sehr einträglich war, hatten die Bauern sich nach einem anderen Erwerbszweige umzusehen, wenig Bedürfnis. Erst als sich im Hochpustertal der italienische Grenzriegel vorschob und dadurch die Absatzgebiete für die bisher gepflogene Wirtschaftsweise so gut wie verloren waren, mußten die Bauern notgedrungen sich nach einem andern Erwerbszweige umsehen. Schon damals tauchte der Gedanke der Milchwirtschaft auf, aber da sich keine entsprechende Anlage der Verarbeitung vorfand, wurde zu dem nächsten Greifbaren geschritten und Versuche mit Zucht gemacht. Aber auch hier fehlte die erste Bedingung neben manchen anderen. Die ständigen Requirierungen in der Kriegszeit hatten alles brauchbare Zuchtmaterial verschlungen, weswegen keine entsprechende Qualität herangezüchtet werden konnte und es fehlte der Absatz. [...] Entschieden große Opfer haben die Genossenschaftsmitglieder bringen müssen, bis das Werk fertig dastand. Sie sind aber überzeugt, daß sie nicht umsonst gebaut haben. [...] Ja gewiß, mehr Einnahmen wurden heuer gemacht als andere Jahre; hat doch die Genossenschaft bei einer bescheidenen Milchmenge in der ersten Jahreshälfte nahe zu einer viertel Milliarde an Milchgeldern ausbezahlt. Dieses war der Gedanke bei der Gründung und er ist es heute noch, dem bedrohtem Bauernstande durch genossenschaftlichen Zusammenschluß die Wirtschaftsnot zu erleichtern. Mögen alle 4 in Osttirol neugegründeten Sennereigenossenschaften dieses Ziel zu verwirklichen helfen! «

Lienzer Nachrichten, Nr. 42, S. 4

1929

8. FEBRUAR

Erstes Osttiroler Pferde-Schlitten Trabrennen in Lienz

» Sonntag, den 3. Februar l. J. wurde bei herrlichem Winterwetter, um 1 Uhr nachmittags das erste Osttiroler Noriker Schlittenrennen in Lienz unter zahlreicher Beteiligung abgehalten. Dank der reichlichen Spenden seitens der Stadtgemeinde Lienz, des Osttiroler Bauernbundes, Handel und Gewerbe von Lienzer, Lienzer Sparkasse, Bezirkshauptmannschaft Lienz, Ministerium für Land- und Forstwirtschaft u. Landeskulturrat wurde die Veranstaltung erst ermöglicht u. ein volles Gelingen gesichert. [...] Vom Kaiser-Josef-Platz, wo Herr Landstallmeister Ingenhaeff und Herr Tierzuchtoberinspektor Kögl die Sichtung und Einteilung der Pferde vornahmen, fuhren die in Wettbewerb tretenden Fahrer mit ihren geschmückten Pferden unter den Klängen der Dölsacher Musikkapelle durch die Stadt, zur Rennbahn auf dem Terlagofeld. Die Leitung des Preisgerichtes hatte in zuvorkommender Weise Herr Staatsobertierarzt Franko aus Kitzbühel übernommen. Interessiert folgte das begeisterte Publikum trotz empfindlicher Kälte dem 2 ½ Stunden währenden Rennen. Insgesamt starteten 30 Pferde. « Lienzer Nachrichten, Nr. 6, S. 8

Hotel Post in Lienz, 1923.

15. MÄRZ

» Dauernde Fernsprechverbindung mit Innsbruck, auch in den Abendstunden

Ab 9. März l. J. ist die Dauerverbindung Teilnehmerstelle Lienz Nr. 5 – Hotel Post – mit dem Fernsprechvermittlungsamte Innsbruck hergestellt. Dadurch ist die Möglichkeit geschaffen, vermittels dieser Teilnehmerstelle (Hotel Post, Lienz) auch nach Schluß oder vor Beginn der Dienststunden für den Telegraphen- und Telephondienst des Postamtes Lienz ohne jeden Zuschlag zur normalen Sprechgebühr Gespräche mit Aemtern mit N-Dienst und andern mittels Dauerverbindung an Innsbruck angeschlossenen Teilnehmerstellen in größeren Orten abzuwickeln. – Wie wir in Erfahrung ziehen, kann diese Telephonverbindung bis ca. 11 Uhr nachts und ab 7 Uhr früh in Anspruch genommen werden. «

Lienzer Nachrichten, Nr. 11, S. 7

3. MAI

» Matrei. Auflösung der Heimatwehrortsgruppe

Eine etwas merkwürdige Geschichte: Die Ortsgruppe Matrei der Heimatwehr, die erst nach vielen Bemühungen von zuständiger Seite und als eine der letzten in Tirol gegründet wurde, hat sich unlängst aufgelösst, und zwar aus recht wunderbaren Gründen: Es lagen von früher bei dem hiesigen Gendarmeriekommando eine Anzahl Gewehre und Munition, die seinerzeit für Heimatschutzzwecke bestimmt und von der Marktgemeinde der Gendarmerie in Verwahrung gegeben wurden. Nun wurden diese Gewehre von Seite dess Heimwehrortsgruppen-Kommandos von der Gendarmerie angesprochen und um deren Ausfolgung gebeten. Nun geschah das Unglaubliche: Der Herr Gendarmeriepostenkommandant weigerte sich ganz entschieden, die Gewehre auszufolgen, obwohl ihm dieselben nicht von der Bez.-Behörde, sondern von der Gemeinde übergeben worden waren. Auch dann wollte er sich nicht zur Ausfolgung bequemen, als über Einschreiten des Heimwehrausschusses bei der Bez.-Behörde, von derselben eine Verfügung kam, daß die Gewehre ausgefolgt werden sollen. Erst über Intervention des Herrn Bürgermeister Obwexer erklärte sich der Herr Postenkommandant dazu bereit, die Gewehre endlich auszufolgen, aber nicht die Munition, da von derselben nichts in der Verfügung der Bezirksbehörde stehe. Dies brach dem Fasse den Boden aus, und die Ortsgruppe hat sich über Antrag zum Protest aufgelöst, da ohne Munition nicht einmal die Preußen schießen können, umsoweniger die Matreier. Es ist herzlich schade, daß unsere mit so viel Mühe und Arbeit zustande gekommene und zu den besten Hoffnungen berechtigende Ortsgruppe der Willkür eines Einzelnen zum Opfer fiel. « Lienzer Nachrichten, Nr. 19, S. 7

1929

23. AUGUST »

Glänzender Verlauf der Heimatwehr-Tagung in Lienz

Programmatische Erklärung des Landeshauptmannes Dr. Stumpf und des Bundesführers Dr. Steidle. Lienz stand am 17. und 18. August im Zeichen der Heimatwehr-Tagung. Schon Freitag abends waren die ersten Abordnungen eingelangt. Samstag früh kam die stramme Arbeiterkompagnie (80 Mann) aus dem Industriezentrum Donnawitz u. Abordnungen aus St. Pölten u. Niederösterreich. Damit war der Auftakt zum Lienzer Feste der Heimatwehr gegeben. Der Kaiser Josefplatz hatte bereits in den Frühstunden sich in Fahnenschmuck gezeigt, die grünweißgrünen und rotweißen Farben flogen freudig im Winde. [...] Am Nachmittag kamen mit Autos über den Brenner der Herr Landeshauptmann Dr. Franz Stumpf und der erste Bundesführer Dr. Steidle mit der Landesleitung. Die Begrüßung erfolgte vor dem Gasthofe zur „Alpenraute" durch Herrn Regierungsrat Kundratitz, Herrn Gauführer Haßler und Herr Stadthauptmann von Hibler. [...] Die Heimatwehrmusikkapelle Dölsach spielte zur Begrüßung mehrere flotte Märsche. Unter Freuderufen kamen abends 8 Uhr über 400 Mann aus der Landeshauptstadt Innsbruck und Nordtirol an. Die Landsleute wurden von der Lienzer Bevölkerung und den Osttiroler Heimatwehrkameraden stürmisch begrüßt. Mit den Nordtirolern kamen auch verschiedene Abordnungen anderer Länder, so Kärntner und Salzburger an. Sonntag, den 18. August, früh 5 ½ Uhr: Weckruf. Die Formationen aus dem ganzen Bezirke und aus dem benachbarten Kärntnerland rücken der Reihe nach auf. Lienz und Osttirol darf nicht vergessen, daß die Beteiligung am Heimwehraufmarsch besonders aus Kärnten so zahlreich war; etwas über 400 Mann waren gemeldet – über 1100 jedoch sind angerückt. Der Transport von Kärnten her, sowie aus dem Bezirke erfolgte fast ausschließlich mittels Kraftwagens. [...] Am Nachmittag fanden noch verschiedene Konzerte im Stadtinneren statt. Die glänzend verlaufene Lienzer Heimatwehrtagung fand ihren Abschluß in einem abendlichen Abschiedskonzert im Garten des Gasthofes „Rose". « Lienzer Nachrichten, Nr. 35, S. 1

20. SEPTEMBER »

Die „Ufa" in Osttirol

Die größte Filmgesellschaft des Kontinents kurbelt in Amlach und Virgen. Vor zirka 8 Tagen kam nach Osttirol die größte Filmgesellschaft Europas, die deutsche Ufa-Tonfilmgesellschaft, um an der Aufnahme des Tonfilms „Der unsterbliche Lump" zu arbeiten. Die Gesellschaft brachte 60 eigene Spieler mit, zu denen noch 250 Einheimische als Komparsen dazukommen. Unter den Inhabern der Hauptrollen befinden sich die beiden berühmten Filmgrößen Liana Haid und Gustav Fröhlich. Die Hauptaufnahmen werden in Amlach und in Virgen gedreht. Die Gesamtleitung liegt in den bewährten Händen des Korvettenkapitäns a. D. Stappenhorst und Herrn Wogritsch als Aufnahmeleiter. Die Regie hat Herr Utschitsky. Das Manuskript stammt von Herrn Karl Hartl; [...] Die Aufnahmen werden sich noch über einen Zeitraum von 4 bis 5 Wochen erstrecken. Die gänzliche Fertigstellung des Tonfilms erfolgt erst im Atelier zu Berlin. Wie schon vorhin erwähnt, müssen verschiedene Um- und Ausbauten vorgenommen werden; so müssen beispielsweise die Brücken bei Mellitz und Mitteldorf und die Bruggerbrücke bei Matrei verbreitert und unterbaut werden. Ebenso müssen ziemlich einige Straßenteile ausgebessert und ebenfalls verbreitert werden. [...] Die Anwesenheit der Ufa-Gesellschaft in Osttirol bedeutet für viele Geschäftsleute auch eine nicht zu verachtende Einnahme. Wir begrüßen aber die Ufaleute auch aus dem Grunde, weil zum erstenmal eine Filmgesellschaft von Weltruf, die aus dem großen deutschen Vaterland gekommen ist, unseren Bezirk zum Schauplatz ihrer Tätigkeit und als Hintergrund für die Filmwand erwählt hat. « Lienzer Nachrichten, Nr. 39, S. 10

Amlach, 1924.

1930

28. MÄRZ

Der Tiroler Landtag tritt einmütig für die Felbertauernstraße ein

»» In der Sitzung des Tiroler Landtages vom 25. März wurde folgender von allen Parteien gefertigter Dringlichkeitsantrag eingebracht, betreffend die Felbertauernstraße: Schon seit Jahren beschäftigt sich die gesamte Tiroler Oeffentlichkeit mit dem Projekt der Schaffung einer Verbindung von Nordtirol nach Osttirol über den Hauptkamm der Alpen. Diese Straße soll im Norden von Mittersill im Pinzgau ausgehen, durch das Ammer- und Felbertal zur Höhe des Felbertauern (2450 m) ansteigen, den Paß in einem hundert Meter langen Scheiteltunnel unterfahren und auf der Südrampe in allmähliger Entwicklung absteigend bis Außergschlöß die Tauernstraße nach Matrei – Lienz erreichen. Nach einer vergleichenden Berechnung des Oberbaurates Keßler stellen sich die Kosten für die skizzierte Straße über den Felbertauern um 26 % billiger als die für die sogenannte Glocknerhochtorstraße von Ferleiten nach Heiligenblut, die um 7,5 km länger ist und überdies ungünstigere Gesamtsteigungsverhältnisse aufweist. [...] Der Antrag wurde mit den Stimmen aller Parteien einhellig angenommen. «« Lienzer Nachrichten, Nr. 13, S. 3

11. APRIL

Kartitsch (Judenrein)

»» Letztes Jahr hatten wir eine Zeitlang einen Juden als Sommergast. Dem hat es so gut gefallen, daß er sich hier eine Sommervilla bauen wollte. Na, hat der Bürgermeister gemeint, wir bleiben judenrein, dann kommen unsere lieben, alten Wiener Gäste wieder, die haben wir lieber als die Juden. ««

Lienzer Nachrichten, Nr. 15, S. 9

24. APRIL

Die Waschhexe in Lienz eingetroffen

»» Der Messing-Waschkompressor „Waschhexe" wird nun auch am 27. und 28. April im Gasthof „Schwarzer Adler" praktisch vorgeführt. Die Leistung der „Waschhexe" ist einzig dastehend. In 5 Minuten wird ein großes Schaff schmutzige Wäsche ohne rumpeln, ohne bürsten und ohne kochen blitzsauber gewaschen. Die Handhabung ist spielend leicht. Außerdem wird der Apparat zum Schwemmen und Bleichen der Wäsche verwendet. Die Hausfrau spart Zeit, Kraft und Waschzutaten und erreicht eine außerordentliche Schonung der Wäsche. Preis des Apparates nur 45 Schilling. Beachten Sie, bitte, das Inserat in der heutigen Ausgabe des Blattes. «« Lienzer Nachrichten, Nr. 17, S. 7

25. JULI

»» Berechtigung zum Ohrenstechen

Die Bezirkshauptsmannschaft Lienz macht kund: Da in Erfahrung gebracht worden ist, daß das Ohrenstechen, d. i. die Durchbohrung der Ohrenläppchen zum Zwecke der Bildung eines Hautkanals für das Einhängen von Ohrringen, vielfach auch durch Nichtärzte (Hebammen, Juweliere usw.) vorgenommen wird, wird darauf aufmerksam gemacht, daß das Ohrenstechen einen, wenn auch geringfügigen, chirurgischen Eingriff am Menschen darstellt, der, wenn nicht sachgemäß ausgeführt, unter Umständen zu schweren gesundheitlichen Schädigungen, insbesondere zur Wundinfektion und Uebertragung ansteckender Krankheiten führen kann. – Das Ohrenstechen muß daher als in das den Aerzten vorbehaltene Gebiet der Heilbehandlung fallend angesehen werden. Die Vornahme dieses Eingriffes durch Nichtärzte erscheint demnach unzulässig und würde gegebenenfalls den Strafbestimmungen des § 343 StG. unterliegen. «« **Lienzer Nachrichten, Nr. 30, S. 11**

17. OKTOBER

»» Gedenken an Südtirol

Der 10. Oktober 1930 der Jahrestag der Annexion Südtirols, wurde auch in Lienz als Trauertag begangen. Stadtpfarrer Dekan Msgr. G. Stemberger hielt, unter geistlicher Assistenz das Traueramt, welchem die Vertreter sämtlicher Lienzer Behörden, das Ortskommando und die Garnison, die militanten und Kriegervereine, die christlichen und nationalen Vereine, der Lehrkörper sämtlicher Schulen mit den Schülern und Schülerinnen, sowie viele Bevölkerungsgruppen beiwohnten. – Am Vorabend hatten im Gedenken an Südtirol die Glocken geläutet. ««

Lienzer Nachrichten, Nr. 42, S. 10

1931

27. FEBRUAR »

Wenn die Lawinen donnern

Die Katastrophen von Innervillgraten und Winnebach. Sillian, am 20. Feber 1931. Freitag morgens wimmern die Sturmglocken von Inner- und Außervillgraten durch das Tal, sie rufen um Hilfe und künden von herbstem Unglück. Ein Donnern und Tosen erdröhnte vor wenigen Minuten, ein Krachen, Aechzen und Bersten erschütterte Mark und Bein der Bewohner, während ihre Augen sehen, wie turmhohe Schneewände mit Blitzeseile durch das Tal laufen. Die Lawine, „die Lane" kommt, jedoch kaum ist das Wort ausgesprochen, ist's schon aus, alles vorbei, eiserne Ruhe und Grabesstille, nur durchbrochen vom Gewimmer der Glokken, liegt über dem Tal. Rasch eilen hilfsbereite Hände an die Unglücksstelle, wo noch vor wenigen Minuten ein blühendes Bauernanwesen gestanden, wo Fleiß und harte Arbeit einer zahlreichen Familie kärglich Brot gegeben hat. Im weißen Grab ruht der Bauer mit seinen sieben Kindern und dem Weibe, während sein Hab und Gut ein Trümmerhaufen geworden ist. Eines nach dem andern wird in mühevoller Arbeit aus dem Schreckensberge von Schnee, Holz, Hausrat und dergleichen geborgen und es währt nicht lange, liegen 6 Leichen auf kalter Schneedecke, während das Weib mit schweren Verletzungen zum verschont gebliebenen Nachbarn gebracht wurde. [...] Zur gleichen Zeit löste sich am gegenüberliegenden Berghang ebenfalls eine schwere Lawine und rollte gegen das Dorf Kalkstein, wo sie gegen die Kirchenmauer mit derartiger Wucht anstürmte, daß der Altar umgeworfen wurde und das Gewölbe einen circa 5 cm breiten Riß bekam und auch am Widum bedeutenden Schaden anrichtete. Das ganze Villgratental war anläßlich dieses großen Schneefalles von nahezu 2 m ein Lawinenbereich und stündlich rollte Lawinendonner durch das Tal. Die Wasserschleuße des Oberpustertaler Elektrowerkes war durch mehrmalige Lawinen derart mit Schnee vermauert, daß das ganze Hochpustertal durch nahezu zwei Tage ohne Licht war. [...] « Lienzer Nachrichten, Nr. 9, S. 1

1932

Seit den 1890er Jahren ist der Skisport in Osttirol nicht mehr wegzudenken.

22. JÄNNER »

Matrei i. O.

„Ganz Matrei auf Brettln“, möchte man fast sagen und man konnte sich im Laufe der letzten Woche dieses Eindruckes kaum erwehren, wenn man sah, daß ganze Prozessionen mit ihren Skiern hinausmarschierten auf die Uebungswiesen. Es war ja der erste Skikurs in Matrei und das rege Interesse, das der Sache ausnahmslos von allen Schichten der Bevölkerung entgegengebracht wurde, ist ebenso staunens- wie begrüßenswert. Wenn man was macht, soll man es recht und gründlich machen und in diesem Falle muß man es dem durchführenden Verein, der Skiriege Matrei i. O. wirklich zugeben, sie hat in der kurzen Zeit ihres Bestandes ganze Arbeit geleistet. Durch die ausnahmslos sehr guten Urteile von Fachleuten über die Eignung Matreis und seiner Umgebung als Wintersportplatz ermutigt, hat sich der junge Verein das schöne, hohe Ziel gesteckt, seiner Heimat zu einer zweiten Saison zu verhelfen. Der Weg, der dabei eingeschlagen wurde, muß neidlos als der richtige anerkannt werden: Förderung des Interesses für diesen Sport und Ausbildung von Läufern in der Gemeinde, Anschluß an die großen Organisationen und Entfaltung einer lebhaften Propaganda im Wege der großen Verbände. Durch die Veranstaltung größerer, verbandsoffener Konkurrenzläufe sollen und werden auswärtige Skiläufer zu uns kommen und unser schönes Wintersportgebiet sehen. Ein Zufriedener erzählt es vielen anderen und dies ist die beste und billigste Reklame. [...] « **Lienzer Nachrichten, Nr. 4, S. 7**

15. APRIL

Außervillgraten. Otto von Habsburg Ehrenbürger der Gemeinde

Ueber allgemeinen Wunsch der Bevölkerung bzw. Wählerschaft in der Gemeinde, der sich in einer bei der Gemeinde eingebrachten Unterschriftensammlung bekundet und in der die Liebe und Treue zum Kaiserhause Habsburg offen zum Ausdrucke gelangt, ernannte der Gemeinderat den Kaisersohn Otto von Habsburg einstimmig zum Ehrenbürger der Gemeinde. Die Ernennung laut Ernennungsurkunde soll: 1. Eine feierliche Protestkundgebung wider die von der Nationalversammlung am 3. April 1919 beschlossenen und erlassenen und mit heutigem Tage nunmehr volle 13 Jahre gänzlich zu Unrecht bestehenden Landesverweisungs- und Raubzugsgesetze gegen das Haus Habsburg-Lothringen sein. 2. Soll die Ernennung dazu beitragen, den Volkswillen der Gemeinde feierlich kundzutun, daß auch die Volksvertretung eines „demokratischen" Staates niemals den schiefen Weg der Ausnahmsgesetzgebung betreten darf und in diesem Falle den Verbannungsparagraphen aufzuheben und das den Mitgliedern des Habsburgerhauses geraubte Eigentum zurückzuerstatten hat, damit wieder Frieden und Gottessegen im armen Oesterreich Einkehr halte. 3. Soll diese Ehrung sowohl dem neuen Ehrenbürger Otto von Habsburg als auch der ganzen kaiserlichen Familie und auch den übrigen Mitgliedern des Kaiserhauses Trost und Linderung in der Verbannung gewähren. – Das Ernennungsschreiben geht in den nächsten Tagen an die kaiserliche Familie nach Steenockerzeel ab. Lienzer Nachrichten, Nr. 16, S. 7

Otto von Habsburg.

20. MAI

» Iselsberg. Nazibesuch am Pfingstmontag

Am Pfingstmontag fand auf dem Iselsberg durch Graf Stolberg die Ueberreichung einer Photographie und eines eigenhändigen Schreibens Ottos von Habsburg als Dank für seine Ernennung zum Ehrenbürger statt. Die Feier war eine reine Gemeindeangelegenheit und es waren dazu aus der Umgebung nur wenige Gäste persönlich geladen. Während des Gottesdienstes für Kaiser Karl wurde bekannt, daß sich im Defreggerhof rund 220 Nazis, darunter 85 Uniformierte, zusammenrotten. Es waren die Ortsgruppen Nußdorf, Winklern mit den 4 Nazigemeinderäten, Rangersdorf, Heiligenblut, Döllach und Seebaden. Das Kommando soll der Gemeindearzt von Winklern, Dr. Schiefermüller, und ein gewisser Hofer von Seeboden gehabt haben. Die Feier war beendet und man marschierte ab zu einem kleinen Frühstück im Iselsbergerhof, zu dem 20 Gäste geladen waren, als der Nazizug kam, das Haus umzingelte und einer die deutsche Nation vom Auto herunter auf die Art ehrte, daß er eine deutsche Dynastie besetzte. Dr. Schiefermüller richtete an Graf Stolberg die Aufforderung, sich zu einem Rededuell zu stellen und war dann sehr erbost, daß sich dieser nicht derart vergaß und vergab. Daraufhin verlangten die Nazis, daß die Musik ihr Spiel einstelle, da man sonst ihr Brüllen und ihre Schmährufe auf den „Buben Otto" nicht weit genug hören könne. Nach wiederholten Interventionen des Bürgermeisters, der sie darauf aufmerksam machte, daß ihre Kundgebung noch ein gerichtliches Nachspiel haben werde, da sie nicht angemeldet war, verließen sie unter Schimpfen den Platz, versprachen am nächsten Sonntag wieder zu kommen und zogen zum Defreggerhof ab. Es ist nur der ruhigen Haltung der Bevölkerung zu verdanken, daß es nicht zu einer Schlägerei kam. Jedenfalls ist die bübische Art des Nazibesuches nicht dazu angetan, um auf Iselsbergerboden den Nazibazillus zum Keimen zu bringen. Scharf wendet sich die hiesige Bevölkerung aber dagegen, daß sich die Kärntner in die Angelegenheit einer Tiroler Gemeinde einmischen. Es wirkt schon an sich befremdend, daß in der Iselsberger Umgebung ein Kärntner Gemeindearzt und ein Tiroler Lehrer nichts besseres zu tun wissen, als den Zwiespalt unter den Bürgern zu verschärfen und hervorzurufen. « Lienzer Nachrichten, Nr. 21, S. 4 f.

24. JUNI

» Auf der Flucht aus Italien erfroren

Dieser Tage wurde auf der Lappachalpe bei St. Jakob i. Def. der 1902 in Brixen geborene Lehrer a. D. Ekkehard Franz Moll tot aufgefunden. Moll der unter italienischer Polizeiaufsicht stand, dürfte auf der Flucht nach Oesterreich im ermatteten Zustand erfroren sein. Am 9. Dezember v. J. hatte sich der Genannte das letztemal bei der italienischen Polizei gemeldet. Moll ist der Sohn des Dr. Franz Moll in Brixen. Die Leiche wurde vorläufig in die Totenkammer nach St. Jakob überführt. « Lienzer Nachrichten, Nr. 26, S. 6

1933

17. FEBRUAR »

Flugzeugnotlandung

Sonntag den 12. Feber, um 12 Uhr mittags, mußte das Flugzeug A 131, welches vom Flugzeugführer Norbert Ehrlich gelenkt wurde, auf den als Notlandungsplatz ausersehenen Postgründen nächst Lienz landen. Ein kleiner Defekt im Oelbehälter zwang den Piloten zur Notlandung. Das Flugzeug, welches Eigentum des Otto Steinbacher in Innsbruck ist, war mit zwei Passagieren dortselbst um 11 Uhr vormittags zu einem Flug rund um den Großglockner aufgestiegen. Nach er Notlandung begaben sich die beiden Fluggäste per Auto nach ihrer Heimat Heiligenblut. Landung und der nach Behebung des Defektes erfolgte Start gingen glatt von statten. Binnen kurzer Zeit war das Flugzeug, für unsere Gegend ein seltener Anblick, von Hunderten von Neugierigen umsäumt. « Lienzer Nachrichten, Nr. 7, S. 4

24. MÄRZ »

Iseltal

Bis in die tiefsten Täler hinein wird jetzt Hitler-Agitation betrieben: in Gesprächen, besonders in Flugschriften wird Hitler gefeiert. Schreiber dieser Zeilen will heute schweigen darüber, ob und in wieferne diese sozusagen fanatisch betriebene Bewegung berechtigt ist im katholischen Land Tirol. Aber nicht geschwiegen darf werden, sondern bekannt soll werden, daß einzelne Chauffeure der Osttiroler Auto-Gesellschaft sich hergeben, solche Flugschriften zu verbreiten. [...] « Lienzer Nachrichten, Nr. 12, S. 8

21. APRIL »

Anras. Eine Latschölbrennerei abgebrannt

Am 14. April ist in den Vormittagsstunden die bei Namlos befindliche, dem Besitzer Anton Untertroger in Anras gehörige Latschenölbrennerei vollständig niedergebrannt. In der Brennerei wurde ab Sonntag, 9. ds. M., bis zum 14. ununterbrochen gebrannt. Vom 13., mittags, bis 24 Uhr, brannte der Fraktionsvorsteher Ingenuin Schröter aus Namlos. Er wurde um die letztangeführte Zeit vom Eigentümer der Brennerei Untertroger abgelöst. Dieser brannte dann noch bis zirka 4 Uhr früh, das Feuer ausgehen ließ. Er begab sich dann von der Brennerei weg um zirka halb 7 Uhr früh nach Namlos in die Kirche. Nach seinen Angaben soll um diese Zeit das Feuer im Ofen bereits erloschen gewesen sein, damit eventuell herumliegende Glut zerstört werde. Er erklärte es als gänzlich ausgeschlossen, daß das Feuer im Heizraume zum Ausbruch kam; es wird vermutet, daß der Brand durch ein Kaminfeuer verursacht wurde. Das Feuer wurde während des vormittägigen Gottesdienst entdeckt. In der Ortschaft konnte man wegen starken Nebels nichts davon sehen. Die Brennerei lag obendrein zirka 20 Minuten außerhalb des

Ortes. Erst durch einen aus der Kirche heimkehrenden Mann, der sich etwas früher wegbegeben mußte, wurde der Brand wahrgenommen. Er verständigte die Feuerwehr, welche mit ihrer Motorspritze alsbald am Platze erschien, doch war das Objekt bereits eingestürzt. Die Tätigkeit der Wehr konnte sich daher nur darauf beschränken, ein Uebergreifen des Feuers auf die umliegenden Objekte, Wohnbaracke und hölzerne Wasserrinne, zu verhüten. Die Schadenshöhe ist noch nicht geschätzt. Der Schaden dürfte durch Versicherung gedeckt sein. « Lienzer Nachrichten, Nr. 16, S. 8

26. JUNI

» Sperrung des Bez. Sekret. der nats. Partei in Lienz

Nächtliche Krawalle wegen Verhaftung der Führer. Am Dienstag Abend erfolgte auf Anordnung der Tiroler Landesregierung die Sperrung des Bezirkssekretariates der nats. Partei in Lienz. Sämtliche Papiere wurden von der Behörde beschlagnahmt, um sie einer Untersuchung zu unterziehen. Die Aufschrift wurde entfernt. Ebenso wurden bei den Führern Hausdurchsuchungen vorgenommen, mit denen sie allerdings schon längere Zeit rechneten. Gendarmerie begab sich auch in die Außenstationen der Hitlerpartei und lieferte die Drucksachen und die Führer ein, von denen die meisten gegen Gelöbnis wieder freigelassen wurden. Auf dem Kaiser Josef-Platz sammelten sich Jugendliche an und begannen mit Demonstrationen, die sich seither jeden Abend wiederholen u. an denen bes. die nats. Frauenwelt regsten Anteil nimmt. Ebenso hatten sich am Dienstag Sozialdemokraten eingefunden, die eigenartigerweise einen vorgeführten Naziführer mit: „Heil Serbien, Heil Karageorgevic" begrüßten. Am Mittwoch und Donnerstag Abend wiederholten sich die Demonstrationen. Am Donnerstag waren auch die nats. Bauern aus der Umgebung mobilisiert. Die Demonstrationen dauerten an, bis sich die Behörde entschloß, energisch vorzugehen. Gendarmerie räumte erst mit aufgepflanztem Bajonett den Kaiser-Josef-Platz. Alsbald aber ertönten vom Hotel „Post" her wieder Demonstrationsrufe. Daraufhin wurde das Bundesheer eingesetzt, das energisch vorging und mit der Gendarmerie die Radaumacher abtrieb. Es wurde ein Maschinengewehr in Stellung gebracht und der Kaiser-Josef-Platz vollständig abgesperrt. Nach den Aussagen der Demonstranten sollen sich die Demonstrationen solange wiederholen, bis die noch verhafteten Führer Pansy und Prantner frei sind. Es ist aber doch zu hoffen, daß die Behörden mit diesem organisierten Radaumachen fertig werden. Wenigstens vor dem Beginne des Fremdenverkehrs. « Lienzer Nachrichten, Nr. 24, S. 3

Virgental.

7. JULI »

Die Straßeneröffnung im Virgental

Am Donnerstag, den 29. Juni d. J., wurde die nun endgültig fertiggestellte Straße Virgen – Prägraten – Hinterbichl feierlichst eröffnet, eingeweiht und dem allgemeinen Verkehre freigegeben. Eine große Anzahl festlich geschmückter Kraftwagen bewegte sich pünktlich um 14 Uhr von Matrei durch das einzig schöne Virgental, vorbei an den Brandruinen von Mitteldorf, bis zur Einfahrt in den ersten Straßentunnel im Katzental. « Lienzer Nachrichten, Nr. 27, S. 8

17. NOVEMBER »

Scharfe Maßnahmen gegen Jugendliche

Ueber Verfügung des Sicherheitsdirektors von Tirol wurde für die Gemeinden: Stadt Lienz, Patriasdorf, Ober- und Unter-Nußdorf, Göriach-Stribach, Iselsberg-Stronach, Dölsach, Görtschach-Gödnach und Lavant folgende Anordnung getroffen: Ab 9. November bis auf weiteres dürfen sich in den bezeichneten Gemeinden Jugendliche unter 18 Jahren ab 8 Uhr abends nicht mehr außer Haus aufhalten. Die Haushaltungsvorstände werden angewiesen, die Jugendlichen entsprechend zu beaufsichtigen und auf die Einhaltung dieses Verbotes hinzuwirken. Zuwiderhandlungen werden sowohl an den verantwortlichen Haushaltungsvorständen, sowie an den strafmündigen jugendlichen Personen mit Geldstrafen bis zu 200 Schilling und mit Arrest bis zu 14 Tagen geahndet. Auf eine bezügliche Anfrage erfuhren wir, daß diese Maßnahme vor allem erlassen wurde, um Jugendliche die Teilnahme an Hakenkreuzschmierereien unmöglich zu machen. Sollten diese weiter vorkommen, ist nicht ausgeschlossen, daß die Altersgrenze auf 21 Jahre erhöht wird. « Lienzer Nachrichten, Nr. 46, S. 7

15. DEZEMBER »

Osttirol erhält sein erstes Segelflugzeug

Am Sonntag, den 24. Dezember wird das soeben fertiggestellte erste Osttiroler Segelflugzeug der Bevölkerung zur Besichtigung freigegeben. Es bleibt bis zum 27. Dezember im Saale des Gasthofes „Schwarzer Adler“ (Lugger) Lienz ausgestellt. Die Ausstellung zeigt das neue Flugzeug in fertigem Zustande und illustriert in einer Bilder- und Tabellenfolge den Bauvorgang und das Fliegen mit motorlosem Flugzeug. « Lienzer Nachrichten, Nr. 50, S. 4

Der Segelflugsport erfreute sich in Osttirol bald großer Beliebtheit. So konnte die Ortsgruppe Lienz des Kärntner Segelfliegerringes schon 1935 ihren ersten Segelflugtag abhalten.

1934

26. JÄNNER »

Das Iseltal im Arbeitsbeschaffungsprogramm der Regierung

Wir haben vor kurzem über eine Reihe von Arbeiten im Arbeitsbeschaffungsprogramm der Bundesregierung berichtet, die Osttirol zugute kommen und dem abgeschlossenen Landesteil helfen sollen, seine Wirtschaft tragbar zu machen. [...] Vor allem ist es ein riesiger Fortschritt, daß endlich einmal der Tauernweg in Angriff genommen wurde. Es wurde über diesen Wegbau schon viel geschrieben. Manche wollen in ihm den Beginn des Felbertauernstraßenbaues sehen. Vorderhand wird dieser Weg nur als Güterweg gebaut, dessen Zweck hauptsächlich ist, die Bewirtschaftung des inneren Tauerntales zu ermöglichen und dort Viehzucht und Holzwirtschaft zu erleichtern. [...] « Lienzer Nachrichten, Nr. 4, S. 8

16. FEBRUAR »

Die Vorgänge in Lienz

Von den Vorgängen im übrigen Oesterreich blieb Osttirol auch diesmal verschont. Man erfuhr davon zuerst durch das Radio. Am Montag Nachmittag ertönten in der Stadt die Alarmsignale des Bundesheeres. Die Zeitungen langten von Wien und Graz zuerst überhaupt nicht ein und dann verspätet. Da es uns nicht möglich war, mit den betr. Nachrichtenstellen in irgend eine Verbindung zu kommen, mußte auch eine Extraausgabe unterbleiben, zumal wir nicht mehr hätten mitteilen könnten, als durch das Radio bekannt war. Der Frühschnellzug wurde am Dienstag nur ab Klagenfurt geführt und am Mittwoch kam er mit vier Stunden Verspätung an, da er über Salzburg geleitet wurde. Die Heimatwehr wurde sofort alarmiert und die Gausturmkompagnie als Schutzkorpstruppe in Dienst genommen. Am Dienstag früh besetzte die Gendarmerie das rote Arbeiterheim. Später erschien Reg.-Kom. Dr. Hundegger und mit ihm die Gausturmkompagnie Lienz in voller feldmäßiger Ausrüstung, um die Gendarmerie abzulösen. Sie besetzte das Arbeiterheim und hißte dort die Staats- und Heimatwehrfahne und stellte ein Maschinengewehr auf. Das Haus, das vorderhand besetzt bleibt, wurde für die Einquartierung hergerichtet. Die prominentesten roten Führer wurden in Haft genommen, die sozialdem. Konsumvereinstellen besetzt [...] und das gesamte Eigentum der Partei und ihrer Organisationen, wie Arbeiter-Sportverein, Arbeiter-Turnverein, Gesangsverein etc. beschlagnahmt. [...] « Lienzer Nachrichten, Nr. 7, S. 5

1935

25. JÄNNER »

Matrei i. O. Tonkino

Unser Gemeindekino, das im vergangenen Jahre noch stumm war, wurde letzthin zum Tonkino umgebaut. Das neue Tonkino steht unter der Leitung des überaus rührigen Gemeinderates Herrn Ober-Postverwalters Andrä Girstmair. « Lienzer Nachrichten, Nr. 4, S. 7

5. APRIL »

Panzendorf

Das historisch berühmte Schloß Heinfels hatte bisher 18 Gemeinden als Besitzer, wovon 5 Gemeinden in Südtirol sind. Nach einem zwischenstaatlichen Uebereinkommen mußten nun diese 5 Anteile von Südtirol in Geld abgelöst werden. Diese Anteile, ebenso die meisten der hiesigen Gemeinden, hat das Marktgemeindeamt Sillian erworben. Das Schloß ist ziemlich baufällig und wird dessen weiterer Verfall wohl kaum aufzuhalten sein. « Lienzer Nachrichten, Nr. 14, S. 7

17. MAI »

Dollfuß-Gedenktafelenthüllung in Tristach

Als eine der ersten Gemeinden Osttirols hatte Tristach dem Märtyrerkanzler Dr. Dollfuß ein sichtbares Gedenkzeichen, eine Marmortafel, anbringen lassen. Der Platz war sehr sinnreich gewählt worden. Die Tafel aus der Werkstätte des Steinmetz Franz Fritzer steht gerade gegenüber dem Kriegerdenkmal an der Außenwand der Pfarrkirche. Niemand kann sich der Wirkung dieser Gegenüberstellung entziehen und in jeden erweckt sie den Gedanken an den Heldentod der vielen, die im Kriege gefallen und stellt den Heldentod des Bundeskanzlers jenem der Frontsoldaten an die Seite. Zur Einweihungsfeier am 12. Mai hatte sich in Tristach – der Schulplatz wurde gleichzeitig in Dr. Dollfuß-Platz umgetauft – eine ansehnliche Schar aus nah und fern eingefunden; der Ort hatte geflaggt. «

Lienzer Nachrichten, Nr. 20, S. 6

8. JUNI »

Einführung des Rechtsfahrens in Osttirol und Kärnten

Die Landeshauptmannschaft für Tirol erläßt folgende Kundmachung: Nach § 55, Abs. 3 des Straßenpolizeigrundsatzgesetzes 1935, BGBl. Nr. 171, und der Ausführungsgesetze hiezu wird für Osttirol (Verwaltungsbezirk Lienz) und Kärnten am 15. Juni 1935 die Rechtsfahrordnung eingeführt. Der Uebergang von der Links- zur Rechtsfahrordnung vollzieht sich in der Nacht vom 14. zum 15. Juni um Mitternacht, somit beginnend ab 0.00 Uhr des 15. Juni. Von diesem Zeit-

Straßenkreuzung in Dölsach, 1942.

punkt an haben alle Fahrzeuge (Wagen, Karren, Schlitten, Kraftfahrzeuge, Motorräder, Fahrräder usw.) die rechte Straßenseite einzuhalten, rechts auszuweichen und links vorzufahren sowie dementsprechend den vorfahrenden oder entgegenkommenden Fahrzeugen Platz zu machen. Bei gleichzeitigem Zusammentreffen an Straßenkreuzungen ist dem rechts kommenden Fahrzeug der Vorrang zu lassen. «

Lienzer Nachrichten, Nr. 23, S. 4

14. JUNI »

Der Bundeskanzler in Matrei

Am 11. Juni, abends 19 Uhr 15 Min., traf Herr Bundeskanzler Schuschnigg von Defereggen kommend, unter zahlreicher Begleitung und unter Pöllerknall hier ein und wurde auf das Festlichste empfangen. Mit ihm waren seine Frau Gemahlin, Herr Oberst Adam, Herr Landeshauptmann Schumacher, Herr Bezirkshauptmann Kundratitz und viele andere. Der Bundeskanzler wurde von Herrn Hotelier Obwexer im Namen der Gemeinde auf das herzlichste begrüßt. [...] Nach einem Aufenthalt von zwanzig Minuten fuhr der Herr Bundeskanzler mit seiner ganzen Begleitung weiter nach Virgen, Prägraten und Hinterbichl, von wo die Rückkehr um 21 Uhr erfolgte. Hierauf wurde im Gasthof Obwexer das Abendessen eingenommen und Aussprachen gepflogen. Um 23 Uhr verließ der hohe Besuch wieder hochbefriedigt Matrei, in der Richtung Lienz Klagenfurt – Wien. « Lienzer Nachrichten, Nr. 24, S. 4

30. AUGUST

Segelflieger in Osttirol

Die breite Oeffentlichkeit von Lienz wußte wenig bis nichts vom Bestehen einer Segelfliegervereinigung in Lienz. Die hiesige Ortsgruppe des Kärntner Fliegerringes zählt 25 Mitglieder, wovon die Hälfte die Garnison Lienz stellt. In aller Stille hatten die Lienzer Segelflieger zwei Flugzeuge gebaut: die „Grüne Post" und „Zögling", das sich noch im Bau befindet. [...] Am 17. August absolvierte Herr Robert Eck seinen ersten Flug nach seiner Absolvierung der B-Prüfung unter Fluglehrer F. Luschin-Klagenfurt. Das Flugzeug „Grüne Post" war von den Segelfliegern auf 1200 Meter Meereshöhe am Iselsberg (Plattnerhof) geschafft worden. Um 2 Uhr nachmittags sah man dann den kühnen Flieger ca. 500 Meter oberhalb der Talsohle dahingleiten und nördlich von Lienz auf der „Postleiten" landen. Der majestätische Flug des zierlichen Fahrzeuges in seiner eleganten Form war für Lienz etwas vollkommen Neues. [...] «

Lienzer Nachrichten, Nr. 35, S. 4

4. OKTOBER

Mordversuch im Aineter Walde

Am Mittwoch, den 2. ds. M. nach 4 Uhr wurden die beiden Holzarbeiter, die Gebrüder Alfons und Isidor Klaunzer aus Schlaiten im Aineterwalde, von einem verdächtigen Menschen angeschossen, als sie ihn festnehmen wollten. Es scheint ein Wilderer gewesen zu sein, der eine Gesichtsmaske trug. Er gab auf die beiden aus einem Revolver vier Schüsse ab, von denen zwei trafen. Alfons Klaunzer erlitt einen Durchschuß des rechten Oberarmes und sein Bruder Isidor einen Steckschuß im Rücken. Der Wilderer konnte unerkannt entkommen. Die beiden Verletzten begaben sich zu Herrn Stadtarzt Dr. Strobl, der bei Isidor das Projektil entfernen konnte. Die beiden befinden sich in häuslicher Pflege. «

Lienzer Nachrichten, Nr. 40, S. 6

25. OKTOBER

Ein Kaiserfest in Schlaiten

Wie so viele hundert andere kaisertreue Gemeinden Oesterreichs, hat auch Schlaiten den Kaisersohn Otto von Habsburg zu ihrem Ehrenbürger ernannt. Am vorigen Sonntag erfolgte nun von Seite Sr. Exzellenz Herrn Generalmajor Jacob die Ueberreichung des kaiserlichen Dankschreibens an die Gemeinde. Der Herr General als Vertreter des Erbkaisers wurde von der Gemeinde beim Gasthause empfangen und in feierlichem Zuge zum Dollfußplatze begleitet. [...] «

Lienzer Nachrichten, Nr. 43, S. 6

1936

20. MÄRZ

Lienz

Die illegale Betätigung der Nazis hatte in letzter Zeit wieder zugenommen; die Gegenmaßnahmen waren aber ausreichend, um alles Weitere hintanzuhalten. Bekanntlich sind auch in Lienz und Umgebung wieder ein paar ganz „Unentwegte" festgenommen worden. Lienzer Nachrichten, Nr. 12, S. 6

27. MÄRZ

Kartitsch

Infolge eines Turbinenbruches sind wir bereits seit 3 Tagen ohne Licht und Strom. – Die Kirchenuhr am Turme erschnaufts auch nicht mehr. Die Winterkälte scheint sie gelähmt zu haben. Sie zeigt nur einmal am Tage die richtige Zeit, nämlich um 9.10 Uhr. Lienzer Nachrichten, Nr. 13, S. 6

19. JUNI

Hoher kaiserlicher Besuch in Osttirol

Seit Monaten war bereits bekannt, daß S. k.u.k. Hoheit FM. Erzherzog Eugen zur Einweihung der Kaiser Karl Gedächtniskapelle nach Lienz kommen werde. Kurz vor dem denkwürdigen Tage erfuhr man, daß auch Ihre k.u.k. Hoheit Frau Erzherzogin Adelheid, die älteste Tochter des verstorbenen Kaisers Karl und Schwester Kaiser Ottos, an den Festlichkeiten teilnehmen werde. Die Tage vom 13.-18. Juni 1936 hatten dadurch eine besondere Note erhalten und wuchsen dadurch an Bedeutung. Für den Empfang der kaiserlichen Hoheiten hatte die Stadt Flaggenschmuck angelegt. Die Häuser und der untere Stadtplatz bot ein festliches Bild, belebt durch die Farben des Bundes, des Landes und der Stadt. Auch die Fahnen in schwarz-gelb, die seit dem Umsturzjahre nicht mehr zu sehen waren, wehten wieder von den Masten und Giebeln. [...] Mit dem fahrplanmäßigen Personenzug kamen dann die kaiserlichen Hoheiten FM. Erzherzog Eugen und Erzherzogin Adelheid an und wurden von Landeshauptmann Dr. Schumacher zuerst begrüßt. [...]

Die Weihe der Gedächtniskapelle. [...] Gegen 9.30 Uhr marschierten dann die Formationen und Deputationen zur Kapelleneinweihung an den Kriegerfriedhof ab und nahmen auf der großen Wiese westlich der Kapelle Aufstellung, Glockengeläute verkündete dann das Kommen der Autos mit den kaiserlichen Hoheiten und der Suite. Vor dem Kriegerfriedhofe wurden den Hoheiten die Mitarbeiter an der Kapelle vorgestellt und nach erhebenden Worten des Herrn Feldkuraten Dr. Reinalter und des Herrn Bezirkshauptmannes erfolgte die Einweihung der Kaiser Karl-Gedächtniskapelle. Lienzer Nachrichten, Nr. 25, S. 1

1937

Osttiroler Tourismuswerbung, 1933.

11. FEBRUAR

»Ausklang der Osttiroler Wintersport-Werbewoche

Die Gäste aus Wien sind wieder heimgekehrt und damit ist auch in Lienz wieder Ruhe eingetreten. Es war eine Woche der Fröhlichkeit und aufmerksamster Gastfreundschaft, die an viele Teile der Bevölkerung gewiß hohe Anforderungen stellte. In vielen Ansprachen wurden die Gäste gefeierte. Veranstaltung reihte sich an Veranstaltung, die alle nur im Dienste der Werbung standen. Auch seitens der Gäste wurden Worte der Anerkennung gezollt. Nun drängt sich die Frage auf, ob der Zweck der Werbewoche erreicht wurde und ob die Werbewoche gelungen ist. Beide Fragen können mit guten Gewissen und ohne Selbsttäuschung mit einem überzeugten Ja beantwortet werden. Es war gewiß ein gewagtes Unterfangen, einen Sonderzug mit sporthungrigen Großstädtern in ein Gebiet zu führen, das bis heute als Wintersportland noch vollständig unbekannt war. «

Tiroler Anzeiger, Nr. 34, S. 3 f.

Durch die schlechte wirtschaftliche Lage in der Zwischenkriegszeit stieg die Arbeitslosenrate in Osttirol vehement an und machte auch nicht Halt vor landwirtschaftlichen ArbeiterInnen.

25. FEBRUAR

» Die Arbeitslosigkeit im Bezirke Lienz

Der Stand der unterstützten Arbeitslosen im Bezirke Lienz betrug im Berichtsmonat Jänner 1937 insgesamt 572, und zwar 496 männliche und 76 weibliche Arbeitslose, von denen 395 die Arbeitslosenunterstützung und 177 die Notstandsaushilfe bezogen. Zur Stellenvermittlung waren 666 Arbeitslose vorgemerkt, und zwar suchen Arbeit 16 männliche und 6 weibliche Angestellte, 561 männliche und 83 weibliche Arbeiter. Die tatsächliche Zahl der Stellensuchenden ist aber wohl bei weitem größer, denn die Ausgesteuerten, die arbeitslosen landwirtschaftlichen Arbeiter und Hausgehilfinnen sind statistisch nicht erfaßt. Ohne Ueberteibung kann man die Gesamtzahl der Arbeitslosen im Bezirke Lienz auf rund 1000 schätzen. Bedenkt man, daß Osttirol in keiner Weise ein Gebiet mit Industrie und anderen großen Unternehmungen ist, so ist diese Zahl von Arbeitslosen erschreckend. Sie war auch noch nie so hoch als im heurigen Winter. [...] « Tiroler Anzeiger, Nr. 46, S. 6

2. JUNI

» Landarbeiter nach dem Deutschen Reich

Letzte Woche ging der zweite Landarbeiter-Transport von hier nach Deutschland ab. Es befinden sich nun aus dem Gerichtsbezirke Matrei i. O. genau 100 Personen beiderlei Geschlechtes als Landarbeiter in Deutschland, wovon freilich in letzter Zeit wieder vier zurückgekommen sind. Wie es den Arbeitern dort geht? Dem einen geht es sehr gut, der andere ist wieder gar nicht zufrieden. Die Kost sei im allgemeinen gut und reichlich, aber für den Bergbauern ganz ungewohnt. Arbeiten müsse man bis 16 Stunden täglich. Von ihrem Verdienst dürfen sie nichts nach Hause senden, nicht einmal fünf Mark. Dies wird sehr beklagt, weil doch die meisten dorthin gingen, um ihren Angehörigen daheim etwas helfen zu können. « Tiroler Anzeiger, Nr. 123, S. 6

21. OKTOBER

» Eine neuentdeckte Freskenbibel in Osttirol

[...] In der malerisch auf einer Anhöhe gelegenen alten Pfarrkirche zu St. Jakob in Strassen im Pustertal [...] einen einschiffigen gotischen Hallenbau aus der ersten Hälfte des 15. Jahrhunderts entdeckte vor einigen Jahren der Pfarrer Thomas Tembler im Chor, unter mehrfacher Tüncheschicht verborgen, umfangreiche Spuren spätmittelalterlicher Fresken. Mit den Freilegungsarbeiten wurde [...] erst Ende August d. J. durch den bekannten Wiener Kunsthistoriker und Restaurator Dr. Franz Walliser begonnen. Bereits die erste Untersuchung ergab, daß das ganze Innere des Gotteshauses, sowohl Wände als auch Gewölbe, ja selbst die Rippen eine einheitliche Freskenbemalung tragen, die etwa dem Jahrzehnt 1450 bis 1460 enstammt und in ihrer Gesamtheit eine Art Biblia Pauperum (Armenbibel), ähnlich der der bekannten Wallfahrtskirche Unserer Lieben Frau zu Obermauern im Virgental, ergibt. Dabei stellte sich heraus, daß die Gemäldefolgen von Strassen älter und künstlerisch wertvoller sind als die von Obermauern. [...] «

Tiroler Anzeiger, Nr. 243, S. 6

Neben der Pfarrkirche zum Hl. Jakobus besitzt Strassen eine weitere denkmalgeschützte Kirche: die barocke Dreifaltigkeitskirche.

1938

14. JÄNNER

»Pöbelhaftes Benehmen gegen Wintersportgäste

Da gibt sich die Gesellschaft der „Freunde Osttirols“ große Mühe, um doch den Wintersport in Osttirol auf die Höhe zu bringen und schickt zu Weihnachten eine größere Gesellschaft Polen nach Lienz. Alles war aufs beste verlaufen. Gäste und Gastgeber, die Osttiroler Wirte, waren vollauf zufrieden und man konnte sich schon in dem schönen Gedanken wiegen, daß diese 70 zufriedenen polnischen Wintersportgäste in ihrer Heimat die beste Werbung für Osttirol sein werden. Wenn sich nun diese Hoffnung vielleicht nicht erfüllen wird, so tragen daran ein paar halbwüchsige Burschen, aber auch unbelehrbare reifere Herren Schuld, die noch kurz vor der Abreise der polnischen Gäste ihren Mut zeigen mußten und den Abgang der Polen aus einem Lokal, in dem diese auf den verspätet eingetroffenen Schnellzug warteten, mit ostentativem Klatschen begleiteten. Der Grund hiefür war, daß sich unter den polnischen Gästen auch ein paar Juden befanden. Dieses bubenhafte Benehmen zeigt zum mindesten von einem geringen Anstand, denn ob Juden oder nicht, die Polen waren Tage hindurch Gäste in Osttirol. Aber noch mehr empörend wirkt ein solches Benehmen, wenn man erfährt, daß unter diesen sonderbaren Fremdenverkehrswerbern Personen waren, die selbst Interessenten des Fremdenverkehrs sind. « Lienzer Nachrichten, Nr. 2, S. 5

28. JÄNNER

»Aus dem Gerichtsbezirk Matrei. Abnormale Temperaturen

Im Jänner und auf rund tausend Meter Seehöhe dürfte man solche Temperaturen wie in den letzten Tagen wohl selten oder nie erlebt haben. Am 24. ds. M. mittags hatte es 11 Grad im Schatten, am Abend 12, am Morgen 13, am 25. mittags 17 und heute Morgen noch 7 Grad Wärme. Es geht schon seit einigen Tagen ein ganz warmer Wind, der auch den letzten Rest von Schnee weggeblasen hat. Bis zur Steiner Alpe hinauf, sonnseitig ist es so ziemlich schneefrei. Auch das Brennholz wird mancherorts schon ziemlich knapp, weil man wegen absolutem Schneemangel nicht in der Lage ist, irgend etwas von den Bergen herunterzubringen. « Lienzer Nachrichten, Nr. 4, S.5

15. MÄRZ

»Die neuen leitenden Männer Osttirols

Personalnachrichten: Der Gauleiter der NSDAP. und Landeshauptmann von Tirol Edmund Christoph hat den bisherigen volkspolitischen Referenten von Osttirol Oberleutnant a. D. Anton Stremitzer zum Bezirkshauptmann von Osttirol ernannt. Bezirkshauptmann Stremitzer hat den Obmann des Deutschen

Ansicht des Adolf-Hitler-Platzes in Lienz mit nationalsozialistischem Schmuck, April 1938.

Turnvereins Emil Winkler zum provisorischen Vizebürgermeister der Stadt Lienz ernannt; zum provisorischen Vizebürgermeister der Stadt ernannte er den Hotelier Ing. August Eck. « Innsbrucker Nachrichten, Nr. 61, S. 8

8. OKTOBER »

Entrümpelung von Dachböden

Es ist allgemein bekannt, daß in den Dachböden der Privathäuser, Aemter und Behörden und Anstalten eine Unmenge von alten Gerümpel verschiedenen Gegenständen herumliegt. Durch Anordnung des Reichsluftschutzbundes und der vorgesetzten Partei und Dienststellen, hat eine allgemeine Entrümpelung bis zum 15. Oktober 1938 durchgeführt zu werden. Bei dieser Gelegenheit wird manches ehrwürdige, alte Andenken vorgefunden werden. Wir bitten, Altertümer nicht zu vernichten, sondern dem Museum in Lienz zur Verfügung zu stellen. Alte Gebrauchsgegenstände, Möbel und Kleidungsstücke, oder Einrichtungsgegenstände sollen der NSB übergeben werden. Dieselbe hat Gelegenheit, bedürftige Volksgenossen damit zu betreuen. Altes Eisen, Papier, Hadern und dergleichen wollen der Rohstoffversorgung zugeführt werden, „Kampf dem Verderben". Die Hitlerjugend, die Gliederungen der Partei sollen aufgerufen werden, bei dieser Sammelaktion mitzuhelfen. Die Entrümpelung ist schon mit Rücksicht auf den Luftschutz unbedingt notwendig. Der Dachboden soll nicht eine Brut- und Brandsätte sein. «

Lienzer Zeitung. Deutschfreiheitliches Wochenblatt, Folge 1, S. 9

29. OKTOBER »

Errichtung einer „Aral"-Tankstelle

Dieses größte deutsche Betriebsstoffunternehmen wird im kommenden Frühjahr vor dem Neubau an der Ecke Albin Eggerstraße – Dolomitenstraße eine Tankstelle errichten. Die vor kurzem erfolgte Kommissionierung hat dem Ansuchen stattgegeben und die Aufstellung zweier Zapfstellen für „Aral" und „Bevaulin" bewilligt. Die vielen Kraftfahrer aus dem Altreich werden nun in Hinkunft ihren so beliebten Treibstoff auch bei uns nicht mehr vermissen brauchen. «

Lienzer Zeitung. Deutschfreiheitliches Wochenblatt, Folge 4

Die Errichtung der Tankstelle in Lienz förderte die Zunahme des Automobilverkehrs, wie hier am Lienzer Hauptplatz schon erkennbar.

1939

7. JÄNNER

Bannberg

Anläßlich der Eingliederung unserer bisher selbständigen Gemeinde Bannberg in die Gemeinde Aßling, welches Ereignis für uns eine große Wendung bedeutet, möchten wir als Bürger der Gemeinde Bannberg, der Tätigkeit unseres letzten, nunmehr scheidenden Bürgermeisters einige Aufmerksamkeit schenken. Am Tage der Uebergabe der Gemeindegeschäfte am 3. Jänner 1939 waren es gerade 3 Jahre, seitdem Herr Josef Oberlaner, vulgo Brunner, zum Bürgermeister unserer Gemeinde berufen wurde. [...] « Lienzer Zeitung. Deutschfreiheitliches Wochenblatt, Folge 1

25. MÄRZ

Katholische Betschwester – Agentin Moskaus

In unserem Bergdorf St. Jakob i. D. wohnt eine recht sonderbare Frau namens Gertrud L., die zufolge einer Krankheit bei der NSV um Verschickung in ein Sanatorium angesucht hatte, was ihr auch bewilligt wurde. Als Dank dafür steht sie zur Nachtzeit auf und stellt – damit sie ja nichts versäumt – den Wecker auf halb 12 Uhr, weil um diese Stunde der Moskauer Sender mit seinen Lügenmeldungen über Deutschland und seinem Führer besonders deutlich zu hören ist. Diese Betschwester erdreistet sich dann noch, die Meldungen des Moskauer Senders noch weiterhin zu entstellen und an den Mann zu bringen. Frau Gertrud L. wird in Hinkunft ihre Unterstützungsansuchen wohl am besten in Moskau und nicht mehr beim Hilfswerk der Nationalsozialistischen Volkswohlfahrt vorbringen müssen. «

Lienzer Zeitung. Deutschfreiheitliches Wochenblatt, Folge 12

Nikolsdorf, 1930.

Gasthof „Rauter“ in Matrei in Osttirol, 1937.

29. APRIL

Nikolsdorf. Luftschutzübung

Die in der Nacht vom 25. auf den 26. April durchgeführte Verdunkelungsübung wurde auch in unserer Ortsgruppe einwandfrei durchgeführt und stellt der Bevölkerung für ihr großes Verständnis in diesen wichtigen Belangen ein gutes Zeugnis aus. Lienzer Zeitung. Deutschfreiheitliches Wochenblatt, Folge 17

15. JULI

Matrei i. O. (Vom Fremdenverkehr)

Nach langen Jahren ist heuer wieder der Fremdenbesuch so, wie er von allen sehnsüchtig erhofft und erwartet wurde. Gegenwärtig ist Matrei vollständig besetzt und noch immer treffen Sommergäste, zur Hauptsache aus dem Altreich, hier ein. Auch der Durchzugsverkehr ist äußerst lebhaft. [...]

Lienzer Zeitung. Deutschfreiheitliches Wochenblatt, Folge 28

28. OKTOBER

Am 1. November kann gearbeitet werden

Es besteht Veranlassung nochmals darauf aufmerksam zu machen, daß das Andenken der Toten und das Heldengedenken nicht im November, sondern im März gefeiert wird. In diesem Zusammenhang sei auch darauf hingewiesen, daß am 1. November (Allerheiligen) gearbeitet werden kann und daß eine Ueberstundenentlohnung für Arbeiten an diesem Tage nicht zu leisten ist. Die Wirtschaft kann also den 1. November als Arbeitstag ausnutzen, ebenso wie an diesem Tage die Dienststellen von Partei und Staat normal arbeiten werden.

Lienzer Zeitung. Deutschfreiheitliches Wochenblatt, Folge 43

1940

10. FEBRUAR

Kinder-Landverschickung

Sechzig Kinder aus dem Kreis Lienz haben über Veranlassung der NSV im Rahmen der Kinder-Landverschickung am 7. Februar eine Erholungsreise angetreten. Diesmal ging die Fahrt nach Wien, wo die Kinder durch 4 Wochen Aufenthalt nehmen werden. « Lienzer Zeitung. Deutschfreiheitliches Wochenblatt, Folge 6

22. JUNI

Prägraten. Kindergarten

In dieser Woche begann unter Leitung von Fräulein Maria Kröll der Erntekindergarten, der vor allem in Kriegszeiten sehr wichtig ist, weil dadurch Kräfte für die Landarbeit frei werden. «

Lienzer Zeitung. Deutschfreiheitliches Wochenblatt, Folge 25, S. 9

Kinder bei der Landarbeit.

29. JUNI

Der Sieg ist unser!

Die Meldungen über das Wochenende haben wir auch in Stadt und Land Lienz mit unendlichem Stolz und mit unauslöschlicher Dankbarkeit gegenüber dem Führer und seinen tapferen Soldaten aufgenommen. Sie haben den endgültigen Zusammenbruch Frankreichs dokumentiert. [...] Die Begeisterung in Stadt und Kreis Lienz steigerte sich aber ins Unermeßliche, als in der Nacht vom Montag zum Dienstag das Inkraftreten des Waffenstillstandes bekannt wurde. Zahlreiche

Volksgenossen saßen an den Lautsprechern, um diese weltgeschichtliche Meldung des deutschen Rundfunks anzuhören. Von Freude überwältigt, vermochten viele nicht mehr zu schlafen und sie fanden sich zu schlichten Familienfeiern zusammen. Besonders die Familien, die Angehörige an der Westfront haben, waren ob dieser gigantischen Siegesnachricht hoch erfreut. Die guten Wünsche eines ganzen Volkes galten in dieser Stunde unseren tapferen Soldaten, die diesen gewaltigen Sieg errungen haben. In der frühesten Morgenstunde des Dienstag wurden die Fahnen, die erst so kurz eingezogen waren, wieder sichtbar und bald darauf prankte unsere Stadt in herrlichem Flaggenschmuck. Auf dem Adolf Hitler-Platz wurden die Flaggenmasten in einer doppelseitigen Reihe gesetzt, so daß der weite Platz einem hell leuchtenden Fahnenwald glich. [...] « Lienzer Zeitung. Deutschfreiheitliches Wochenblatt, Folge 26, S. 5

Adolf-Hitler-Platz in Lienz, 1939.

6. JULI »

Sillian. Die erste Ferntrauung

Dieser Tage erfolgte erstmals in unserer Gemeinde eine sogenannte Ferntrauung, das heißt, eine Eheschließung in Abwesenheit des Mannes, gemäß den Bestimmungen des Personalstandrechtes im Kriege. Fräulein Maria Sch. wurde mit dem in Frankreich im Felde stehenden Obergefreiten einer Panzerkompagnie Karl R. getraut. « Lienzer Zeitung. Deutschfreiheitliches Wochenblatt, Folge 27, S. 8

27. JULI »

Hamsternest in Lienz ausgehoben!

Alleinstehende Frau hamstert einen 3-Tonnen-Lastkraftwagen voll Nahrungs- und Futtermittel. Lienz, 26. Juli 1940. Man sollte es glatt für unmöglich halten, daß es heute nach den glänzenden Siegen der deutschen Wehrmacht noch vereinzelt Menschen gibt, die den englischen Plutokraten mehr Glauben schenken als dem eigenen Volk und seiner Führung. Wenn der Führer sagt, unsere Ernährung ist sichergestellt, so ist das ein Wort, dem 80 Millionen deutsche Volksgenossen vertrauen, ein Wort, mit dem die gesamte Welt rechnet, und ein Wort, das uns alle den Glauben an den sicheren Endsieg nur noch unerschütterlicher werden läßt. Wie lächerlich klein sind doch da jene Menschen, die in allem, was im Rahmen der Kriegsbewirtschaftung angeordnet wird, eine Beschränkung der eigenen Freiheit und der persönlichen Rechte sehen und wie einseitig dumm sind erst jene, die glauben, durch eine unsinnige Vorratswirtschaft den Gang der Dinge aufhalten zu können. Sie alle schaden sich selbst am meisten, wie dies in nachstehendem Fall schlaglichtartig bewiesen wird. Der Geheimen Staatspolizeidienststelle Lienz war schon seit längerem eine verdächtige Person aufgefallen, die über Gebühr fleißig einkaufte und unter normalen Verhältnissen niemals so viel Karten dazu haben konnte. Eine Razzia im Hause der Schlossermeisterswitwe Maria R. in Lienz ergab des Vorhandensein von gehamsterten Lebensmittelmengen, wie man dies niemals für möglich gehalten hätte. Zur Abfuhr der für die NS-Volkswohlfahrt beschlagnahmten Waren mußte ein Drei-Tonnen-Lastkraftwagen eingesetzt werden, der voll beladen werden konnte. Da fand man unter anderem 1500 Eier, von denen bereits 500 unbrauchbar geworden waren, 180 Kilo Räuchwaren, bestehend aus Speck und Wurstwaren, und zwar nachweisbar von 5 Schweinen, außerdem 70 Kilogramm Schmalz und Fett, wovon auch schon verschiedenes verdorben und unbrauchbar geworden war. Des weiteren 23 Säcke Futtermittel, bestehend aus Weizen, Gerste, Mais, Futter- und Polentamehl, 30 Kilogramm Backmehl und rund 40 Kilogramm Spezereiwaren. Dazu befand sich im Keller noch etwa 15 Zentner Kartoffeln, die zufolge der vorgeschrittenen Jahreszeit nahezu wertlos wurden. [...] «

Lienzer Zeitung. Deutschfreiheitliches Wochenblatt, Folge 30, S. 5

9. NOVEMBER »

Besuch in den Arbeitsmaiden-Lagern in Matrei und Sillian

Was uns die Sachsenmädel erzählten – Vorbildliche Kameradschaft schließt alle zusammen. Seit kurzer Zeit befinden sich auch im Kreis Lienz, und zwar in St. Jakob und Lienz Arbeitsmaidenlager. Schon in den ersten Wochen haben sich die Maiden mit den Bauern der Umgebung der Lager so gut verstanden, daß man allgemein nur ein Lob über diese „neue Einrichtung" hören konnte. Vor allem haben die Bauern des Defereggentales mit ihren Maiden eine herzliche Kameradschaft geschlossen und wenn das Lager zu einem Bauernnachmittag oder zu sonst einer Veranstaltung aufrief, dann fand sich die ganze Dorfgemeinschaft mit der Trachtenmusikkapelle ein, um gemeinsam mit den Maiden diese Feier zu erleben. Nun weht auch über Matrei und Sillian die Flagge des Reichsabeitsdienstes und frohe Maiden haben in zwei neuen Lagern Einzug gehalten. «

Lienzer Zeitung. Deutschfreiheitliches Wochenblatt, Folge 45, S. 7

1941

9. JULI

Sieben Kriegsgefangene entsprungen und wieder eingefangen

In der Nacht zum 30. Juni, vermutlich gegen 12 Uhr Mitternacht, sind vier französische kriegsgefangene Offiziere aus dem Gefangenenlager Lienz ausgebrochen und geflohen. Während zwei von ihnen kurz darauf in Ainet aufgegriffen werden konnten, gelang es nun auch, die anderen zwei in der Gegend von Innichen, also schon auf italienischem Staatsgebiet, sicherzustellen. Bald darauf am vergangenen Mittwoch, versuchten abermals drei Kriegsgefangene aus dem Lager zu entweichen. Lienzer Zeitung. Deutschfreiheitliches Wochenblatt, Folge 50, S. 6

23. JULI

Matrei

Aufstellung eines Lautsprechers. Vorige Woche wurde im Schulhause auf dem Adolf-Hitler-Platz ein Gemeinde-Radiolautsprecher aufgestellt, der sehr gut funktioniert und großen Anklang gefunden hat. Am vergangenen Sonntagvormittag hat dieser Lautsprecher seinen Dienst aufgenommen. Alle öffentlichen Verlautbarungen werden künftig durch ihn zur Kenntnis gebracht.

Lienzer Zeitung. Deutschfreiheitliches Wochenblatt, Folge 54, S. 7

2. AUGUST

Weitere 40 Wohnungen im Bau

Die Grödner Umsiedler haben ihr neues Heim am Mühlanger bezogen. Nachdem ein großer Teil der fertiggestellten Siedlungsbauten am Mühlanger durch die Grödner Umsiedler in Lienz bezogen werden konnten, befinden sich von der Gemeinnutzigen Wohnungs- und Siedlunggesellschaft der Deutschen Arbeitsfront im Gau Kärnten „Neue Heimat“ neuerlich 5 Objekte im Bau, die zur Unterbringung für die Umsiedler aus Südtirol bestimmt sind. Diese 5 im Bau stehenden Doppelhäuser werden zusammen 40 Wohnungen umfassen. Jede Wohnung wird die erforderlichen Nebenräume, wie Bad, Kohlen- und Wirtschaftskeller erhalten. Diese neuen Bauten werden sich den anderen Siedlungshäusern entsprechend anpassen und stilgerecht mit dem heimischen Landschaftsbild verbunden werden.

Lienzer Zeitung. Deutschfreiheitliches Wochenblatt, Folge 57, S. 5

17. SEPTEMBER

Virgen. Der Fremdenverkehr

war im heurigen Sommer trotz Krieg sehr gut. Auch jetzt sind noch zahlreiche Fremde in der Gemeinde anwesend.

Lienzer Zeitung. Deutschfreiheitliches Wochenblatt, Folge 70, S. 5

Schloß Bruck
in Lienz.

4. OKTOBER »

Schloß Bruck wird Heimatmuseum

[...] Nachdem durch eine kriegsbedingte Notwendigkeit das bekannte Egger-Lienz-Museum aus den Räumen der Knabenhauptschule am Jahnplatz entfernt werden mußte, wurde die Frage einer neuerlichen würdigen Unterbringung dieses wertvollen Heimatmuseum zu einem brennenden Problem, das einer vordringlichen Lösung harrte. Die Aufbewahrung der kostbaren Museumsbestände in den hierfür völlig ungeeigneten Klosterzellen des Franziskanerklosters war von vornherein als eine vorübergehende kurzfristige Notlösung gedacht. [...] Im Willen, dem Egger-Lienz-Museum eine seiner großen Bedeutung entsprechende Unterbringung sicherzustellen, scheute die Stadtverwaltung Lienz keine Mittel und Wege, um ihr Ziel zu erreichen. Da im Kriege ein zweckdienlicher Museumsneubau nicht in Frage kam und ein anderer geeigneter Raum nirgends ausfindig gemacht werden konnte, wurde der alte Plan aufgegriffen, das Görzische Grafenschloß Bruck aufzukaufen und als Museum zu verwenden. [...] «

Lienzer Zeitung. Deutschfreiheitliches Wochenblatt, Folge 75, S. 5

11. OKTOBER »

Matrei. Die Tauerntalstraße

ist nun bis zum Matreier Tauernhaus vollendet. Sie ist in sehr gutem Zustande und kann bis zum Tauernhaus mit Autos befahren werden. Als welche Wohltat dies von allen Interessenten und auch für den Fremdenverkehr empfunden wird, konnte man sich früher gar keine Vorstellung machen. Der armselige alte Karrenweg ins Tauerntal, der bei geringster Leistung und großem Kräfteverbrauch an Mensch und Vieh höchste Anforderungen stellte wird noch lange in trüber Erinnerung bleiben. Die ganze Gemeinde Matrei sowie auch auswärtige Gemeinden sind am Tauerntal durch ihre Almen und Wiesen sehr stark interessiert und eine jahrzehntelange Forderung und Hoffnung ist somit endlich in Erfüllung gegangen. « Lienzer Zeitung. Deutschfreiheitliches Wochenblatt, Folge 77, S. 7

1942

21. MÄRZ

»Eine Kirchenglocke versteckt

Unbesonnenheit eines Hinterbichlers. Auf eine sonderbare Weise hat sich der 37 Jahre alte Landarbeiter Simon K. in Hinterbichl (Kreis Lienz) einer Gesetzesverletzung schuldig gemacht. K. ist ein schwerhöriger und auch geistig schwerfälliger Mensch. Als er im Dezember davon reden hörte, daß die Kirchenglocken für die Kriegsproduktion angefordert werden, stieg er auf den Glockenturm der Kirche zu Hinterbichl, nahm die 25 Kilo schwere Bronzeglocke, die angeblich ihres zweihundertjährigen Alters wegen bei der Glockeneinziehung im ersten Weltkrieg zurückgelassen wurde, aus dem Glockenstuhl und versteckte sie. K. war wegen dieser Tathandlung vor einem Sondergerichtssenat angeklagt und erhielt, da das Gericht die Tat unter Berücksichtigung der geringen geistigen Fähigkeiten nur als Fahrlässigkeit qualifizierte, eine Gefängnisstraße von acht Monaten. «

Lienzer Zeitung. Deutschfreiheitliches Wochenblatt, Folge 23, S. 5

Gebirgsjäger im Zweiten Weltkrieg.

13. MAI

Juden auf der Flucht festgenommen

» Auf dem Bahnhof in Sillian wurden vier Juden aus Wien, die nach Italien flüchten wollten, von der Gendarmerie festgenommen und dem Amtsgericht in Lienz übergeben. Die Verhafteten waren mit namhaften Geldbeträgen versehen und hatten wertvolle Schmuckgegenstände bei sich. «

Lienzer Zeitung. Deutschfreiheitliches Wochenblatt, Folge 38, S. 5

15. AUGUST

Umgang mit Kriegsgefangenen. Vom Sondergericht bestraft

» Vor dem Sondergerichtshof des Landgerichts Klagenfurt hatte sich die 19jährige Anna U. aus Arnbach im Kreise Lienz wegen Verbrechens nach der Wehrkraftschutzverordnung zu verantworten. Die Anklage legte ihr zur Last, daß sie in der Zeit vom Herbst 1941 bis April 1942 mit einem französischen Kriegsgefangenen vertrauten Umgang gepflogen und sich mit ihm schließlich in intime Beziehungen eingelassen habe. Anna U. wurde im Sinne der Anklage schuldig gesprochen und zu einer Zuchthausstrafe von 14 Monaten verurteilt, wobei ihre Jugend als mildernd bei der Strafzumessung in Betracht gezogen worden war. «

Lienzer Zeitung. Deutschfreiheitliches Wochenblatt, Folge 65, S. 3

3. OKTOBER

Schweres Eisenbahnunglück infolge Unterwaschung des Bahnkörpers

» In den frühen Morgenstunden des Montag ereignete sich auf der Strecke Lienz – Spittal in der Nähe von Lengberg ein schweres Eisenbahnunglück. Der Bahndamm war durch ein außergewöhnliches Hochwasser der Drau unterspült worden. Als der fahrplanmäßige Zug Lienz – Klagenfurt die Stelle passierte, brach der Damm ein und sieben Wagen stürzten in die Drau. Bisher konnten etwa 40 Schwerverletzte geborgen werden. Da die schwierigen Bergungsarbeiten noch im Gange sind, ist die Zahl der bei der starken Besetzung des Zuges zu befürchtenden Todesopfer noch nicht zu übersehen. Die Bergungsarbeiten sind infolge des Hochwassers sehr schwierig. Es konnten erst wenige Opfer geborgen werden. Die Zahl der Toten ist noch unbekannt und dürfte sich nach vorsichtigen Schätzungen zwischen 30 und 40 bewegen. [...] « Lienzer Zeitung. Deutschfreiheitliches Wochenblatt, Folge 79, S. 3

1943

31. JULI »

Unser Beitrag im Luftkrieg

Zahlreiche Bombengeschädigte finden Aufnahme in unserem Kreis. In den Straßen und Geschäften unserer Stadt begegnet man häufig Frauen und Kindern, deren andersartiger Dialekt aufhorchen läßt und verrät, daß sie aus den bombengeschädigten Gebieten des Westens gekommen sind. Mütter und Kinder aus Essen sind nun schon seit einiger Zeit Gäste unseres Kreises; ihnen sollen in allernächster Zeit noch weitere nachfolgen. Sie alle werden inmitten unserer herrlichen Berge, fernab von dem Kriegsgeschehen, das ihr ziviles Leben bisher bedroht hat, eine vorläufige Heimat finden. Jedes unserer Täler, die mit ihrer einzigartigen landschaftlichen Schönheit so begehrte Ziele vieler Erholungssuchenden sind, wird von jetzt ab auch eine Anzahl Frauen und Kinder beherbergen, die in bangen leidvollen Nächten das Grauen des britischen Luftterrors kennengelernt haben. [...] « Lienzer Zeitung. Deutschfreiheitliches Wochenblatt, Folge 61, S. 3

8. DEZEMBER »

Abfaltersbacher Frauen bauen Wasserleitung

[... Als] im Verlauf des gegenwärtigen Krieges durch Einberufungen immer wieder neue Lücken entstanden, spürte man den Mangel einer Wasserleitung im Hiegodörfl immer deutlicher. Im ganzen Dorfteil floß nur ein einziger Brunnen, an dem das Wasser für Mensch und Tier geholt werden mußte. Wenn man alle Arbeitsstunden, die dadurch verlorengingen, zusammenrechnete, so beanspruchte das Wassertragen den ganztägigen Arbietseinsatz mehrerer Personen. [...] Nachdem ein Wassersucher aus Anras schon zuvor eine ergiebige Quelle oberhalb des Hiegodörfls entdeckt hatte, beriefen der Ortsbauernführer Johann Santer und der Bauer Alois Kraler im Herbst 1943 die Besitzer des Hiegodörfls zu einer Beratung zusammen. Auf der Tagesordnung stand die Wasserleitung. Alle Voraussetzungen waren da. Es fehlte nur an Arbeitskräften. Dessenungeachtet wurde der Beschluß gefaßt, mit dem Bau zu beginnen. [...] Schon am anderen Tage wurde mit dem Bau der Hiegodörfler Wasserleitung begonnen. Unausgesprochen, ohne Zwang und ohne Bestimmung hatte sich über Nacht eine Arbeitsgemeinschaft gebildet, die in ihrer Art als vorbildlich bezeichnet werden kann. Kein Mensch hatte davon gesprochen, daß auch Frauen mitarbeiten sollten. Aber schon am ersten Tag sah man über zehn Frauen mit Pickel und Schaufel im Wasserleitungsgraben werken. Das gute Beispiel riß mit. Am andern Tag waren es doppelt soviel und schließlich kamen sie alle, die Jungen und die älteren, ja sogar die ganz Alten. Und unter all diesen Frauen sah man auch die Dorfälteste, die 76 Jahre alte Mene Schönegger, die trotz ihrer schlohweißen Haare rüstig im Graben stand und ihr Teil zum Gelingen des gemeinnützigen Werkes beitrug. [...] Inzwischen hatte der Dorfschmied die Wasserleitungsrohre in

Weihnachtsfeld-postkarte mit einem Gebirgssoldat auf Skiern, 1942.

den Graben verlegt. Die fleißigen Frauen schaufelten den Graben wieder zu. Schon wurden die Hausleitungen montiert. Auch hier entstand alles in Gemeinschaftarbeit und durch dorfeigene Kräfte, da kein Installateur aufzutreiben war. [...] Innerhalb vier Wochen war der ganze Wasserleitungsbau – eine Einrichtung, von der Generationen träumten und die man seit vielen Jahrzehnten plante – durch die vorbildliche Mithilfe der Frauen mitten im größten Kriege aller Zeiten zur Verwirklichung gekommen. [...] « Lienzer Zeitung. Deutschfreiheitliches Wochenblatt, Folge 98, S. 3

1944

Propaganda-Postkarte für die Hitler-Jugend, 1938–1945.

20. SEPTEMBER »

Reichsappell der Hitler-Jugend in Lienz

Der Jahrgang 1928 fast hundertprozentig Kriegsfreiwillige. Am Sonntag, den 17. September, wurde auf dem Sportplatz in Lienz in Anwesenheit aller Jungen und Mädel des Lienzer Standortes der Reichsappell der Hitler-Jugend abgehalten, der durch die Tatsache, daß sich die Jungen des Jahrgangs 1928 fast hundertprozentig freiwillig zum Waffendienst in der Wehrmacht gemeldet haben, eine ganz besondere Note bekam. Über dem Sportplatz flatterten die Fahnen der Hitler-Jugend in den frischen Morgen hinein. In Reih und Glied war die angetretene Jugend ausgerichtet und alle fühlten die Größe dieser Stunde. Unter den Klängen des Präsentiermarsches schritten die Ehrengäste, der Standortälteste der Wehrmacht, Oberstleutnant Czesany, der Kommandaeur des Standortes Lienz, Major von M. und SA-Sturmbannführer Jessernigg, der als Vertreter des Kreisleiters gekommen war, die Front der Jugend ab. Oberstleutnant Czesany sprache den Jungen Anerkennung und Dank im Namen der Wehrmacht aus. Die Haltung der Jungen, die in der Division „Hitler-Jugend" stehen, müsse auch den Osttiroler Jungen eine heilige Verpflichtung sein. Im Hinblick auf die heroischen Heldentaten und die Tapferkeit der Hitler-Jugend sagen unsere Feinde, daß es für sie besser gewesen wäre, wenn sie den Krieg früher begonnen hätten. Denn damals seien noch weniger deutsche Jahrgänge durch die Schule der Hitler-Jugend gegangen. [...] «

Lienzer Zeitung. Deutschfreiheitliches Wochenblatt, Folge 75, S. 3

1945

7. FEBRUAR »

Drei Osttiroler Kinder Opfer des Bombenterrors

Kürzlich haben viermotorige amerikanische Bomber auf ein Osttiroler Bergdörflein Bomben geworfen, wobei drei Kinder, des Schneider Teres, der Nicke Jörgl und die Mitzi Rutter den Tod gefunden. Ein Futterhaus wurde stark beschädigt. Dieser Terrorakt löste tiefste Erbitterung aus, da das ausgesprochene Hochgebirgsdorf keinerlei wehrwirtschaftliche Betriebe aufzuweisen hat. «

Lienzer Zeitung. Deutschfreiheitliches Wochenblatt, Folge 11

21. MÄRZ »

Haustüren offen halten!

Wir weisen nochmals darauf hin, daß während eines Fliegeralarms und bei Tieffliegergefahr sämtlich Haustüren, Gartentüren, Toreingänge usw., unbedingt offen zu bleiben haben. Das gilt vor allem auch für jene Häuser, in denen sich tagsüber niemand aufhält. Es geht nicht an, daß beispielsweise bei Tieffliegerbeschuß bedrohte Volksgenossen wie ein gehetztes Wild von einer Tür zur andern rennen müssen und nirgends eine Deckung finden, weil diese Türen versperrt sind. Wer selbst einmal in eine solche Notlage gekommen ist, der weiß, wie demjenigen zu Mute ist, der in einem solchen Augenblick nur verschlossene Türen vorfindet! Soviel Verständnis und Mitgefühl müssen wir für unsere Mitmenschen schon aufbringen! Also nochmals: Haustüren offen halten! «

Lienzer Zeitung. Deutschfreiheitliches Wochenblatt, Folge 23

Diese Propaganda-Postkarte zeigt den Tiefangriff von drei einmotorigen Kampfflugzeugen auf die leichte Flak, 1939–1945.

1946

1. FEBRUAR »

Lienz

Die über 30.000 Kosaken mit ihren mehr als 5000 Pferden, die anfangs Mai bei uns eintrafen, vernichteten unsere Ernte zu nahezu 70 Prozent. Das Schulhaus, sowie das danebenstehende Gasthaus des Josef Wallensteiner mußte für längere Zeit als Kosakenlazarett geräumt werden. « Osttiroler Bote, Nr. 2, S. 7

1. MÄRZ »

Lienz

Das traurige Aussehen unserer Stadt, insbesonders des Johannesplatzes und des Kaiser-Josefplatzes nach den furchtbaren Bombenzerstörungen vom 26. April 1945 ist nun schon einem freundlicheren Bilde gewichen. Die Schutthaufen vor den zerstörten Häusern sind zum größten Teil verschwunden und nur die aufgeschichteten und für den Wiederaufbau reservierten Steine erinnern neben den klaffenden Wunden der erhaltenen Häuserteile an das schreckliche Ereignis. Das altehrwürdige Rathaus, in dem die Stadtväter seit 450 Jahren über die Geschicke der Stadt beraten haben, ist nicht einem voreiligen Beschlusse des neuen Gemeinderates zum Opfer gefallen, sondern durch neue Mauern wieder ergänzt worden und der Eingang in die Muchar- und Schweizergasse bleibt nach dem Wegriß der östlichen Ecke durch die Bombe erweitert. Am Kaiser-Josef-Platze sind durch die gänzliche Entfernung des Hotel „Traube" und die Zerstörung des Kaffee „Zentral" Ausblicke auf die Nordseite der Gegend und auf den Spitzkofel entstanden, die den Gedanken aufkommen lassen, daß das künftige Stadtbild verschönert würde, wenn diese Ausblicke und die direkte Verbindung mit der Spitalbrücke erhalten blieben, wobei natürlich die Eigentümer der genannten Häuser für den Verzicht auf den Wiederaufbau anständig entschädigt werden müßten. Die vor mehr als 300 Jahren von den Freiherrn von Wolkenstein erbaute stattliche Liebburg hat dem Wandel der Zeiten getrotzt und steht fast unversehrt da, um mit den in ihr untergebrachten Ämtern auch der neuen Zeit zu dienen. Der durch die Überschwemmung 1945 weggerissene Iselsteg ist jüngst über Beschluß der Stadtvertretung wieder und schöner aufgebaut worden und dient wieder als kürzeste Verbindung zwischen der 600-jährigen Altstadt und der an der Beda-Weber-Gasse gelegenen Vorstadt am linken Iselufer. Mit der beginnenden Bausaison werden viele Arbeiten an den zerstörten Häusern in Angriff genommen werden. « Osttiroler Bote, Nr. 4, S. 6

28. JUNI »

Nikolsdorf. Ferienkinder

Vor 3 Monaten kamen 19 Kinder aus der Wienergegend in unsere Gemeinde zur Erholung. Den Kindern paßte es bei uns ausgezeichnet. Sie wurden von den Pflegeeltern mit Liebe aufgenommen und mit großer Sorgfalt betreut und gepflegt. Einzelne Kinder haben in dieser Zeit bis zu 6 kg an Körpergewicht zugenommen. Am Bahnhof sah man, wie Kinder mit Tränen in den Augen sich verabschiedeten. Mit dem gleichen Zug kamen auch wieder 12 neue Kinder aus Wien selbst. Es waren mehr als gemeldet wurden; mehrere Kinder sind kaum 4 Jahre alt, abgehärmt und schwächlich. Eine Freude war es zu sehen, wie sich die Pflegeeltern der Kinder annahmen. So hat eine Frau, die gerade 2 Kinder verabschiedet hatte, wieder 2 der ärmsten Kinder gepackt und gesagt, die nehme ich. Mehreren Pflegestellen konnte kein Kind mehr zugewiesen werden. Möge dieses Gutsein an diesen Armen allen zum Segen gereichen! « Osttiroler Bote, Nr. 16, S. 5

4. OKTOBER »

Die Mahnung des Kreuzes auf dem Spitzkofel

In den letzten Tagen war es wohl Stadtgespräch, daß unser Spitzkofel ein Kreuz erhalten soll. Jene, die noch nie am Gipfel dieses Berges gestanden sind, aber gerade auch Kenner, haben wohl daran gezweifelt, daß man ein 7 m langes und 250 kg schweres Eisenkreuz (aus einem Stück) da hinaufbringt. [...] So waren es am Samstag, dem 21. September nur zwölf Burschen, meist Heimkehrer, die sich durch kein Schwarzsehen abschrecken ließen und mutig daran gingen, das Kreuz, das von Andreas Müller versprochen wurde, als seine Frau in Todesgefahr schwebte, hinaufzutragen. Am letzten Sonntag, dem 29. September, wurde das Kreuz nun aufgestellt und eingeweiht. [...] « Osttiroler Bote, Nr. 30, S. 5

Lienz mit dem Spitzkofel, 1951.

1947

28. MÄRZ »

Nußdorf. Aufbau

Der Krieg hatte auch in unserem Dörflein durch seine schauerlichen Mordwerkzeuge da und dort beträchtliche Schäden hervorgerufen, doch mit Gottvertrauen und zähem Fleiß ging man gleich wieder an die Aufbauarbeiten und der Erfolg blieb nicht aus. Unser Schustermeister Franz Greil vergrößerte sein Häuschen um ein Stockwerk und Josef Kellner, vlg. Schuster, ersetzte den alten, morschen Dachstuhl durch einen neuen. Der Mohet, dessen Futterhaus und zum Teil auch das Stubenhaus ein Raub der Flammen geworden war, hat schon wieder zwei prächtige Bauten aufgeführt. Auch das Stachele-Futterhaus – vor einem Jahr konnte man dort noch einen gewaltigen Bombentrichter sehen – wird bald wieder in frischem Weiß unter dem Schein der Sonne glänzen. Schwer und mühselig waren all die Arbeiten, noch schwieriger war die Finanzierung, aber da zeigten die Nußdorfer, was es heißt, zusammenhalten und helfen, wo es nottut. Gemeinschaftsbewußtsein und Hilfsbereitschaft, wie man sie hier sah, zeugt von echter christlicher Nächstenliebe. « Osttiroler Bote, Nr. 13, S. 3

28. MÄRZ »

Kals

Nach Kriegsschluß hielt sich hier durch einige Zeit in einer Höhle ein gewisser Josef Wendel mit einem Gefährten auf, der sich fälschlich als SS-Mann namens Josef Dscharnig auswies. Die Beiden verübten verschiedene Einbruchsdiebstähle und versetzten die Bevölkerung in Schrecken. Am 1. Mai 1946 wurden sie von der Gendarmerie verhaftet, entkamen aber aus dem Arrest und bei ihrer Verfolgung wurde am 2. Mai irrtümlich der Heimkehrer Lois Gratz erschossen zum wahren Entsetzen des ganzen Iseltales. Auf Grund der Aufschreibung des Gendarmeriekommandos Lienz wurde der Gesuchte nun vom Gendarmerieposten in Passail, Bezirk Weiz, Steiermark, endlich verhaftet. « Osttiroler Bote, Nr. 13, S. 3

13. JUNI »

In Lienz

sind bisher 10 Fälle von Kinderlähmung aufgetreten. Wegen der Ansteckungsgefahr wurden die Schulen geschlossen. « Osttiroler Bote, Nr. 24, S.2

1. AUGUST »

Anras. Heimkehr aus der Kriegsgefangenschaft

Andrä Goller, Mairwiesersohn, kehrte endlich aus russischer Kriegsgefangenschaft krank, erschöpft, abgemagert und abgehärmt, gleichsam als Skelett in die Heimat zurück. Es ist wohl nur seiner eisernen Natur zuzuschreiben,

Kals, 1939.

wenn er vom innersten Rußland nach den Kriegsstrapazen, nach bitterem Lagerleben bei Brennesselsuppe, nach schwerer Arbeit im Kohlenbergwerk, nach viel Anstregung und zusätzlicher Mißhandlung in Kolchosbetrieben und nach mehrmonatlichem Lazarettaufenthalt bei äußerst magerer Verpflegung noch das Glück hatte, seine Lieben zu sehen. « Osttiroler Bote, Nr. 31, S. 3

1. AUGUST »

Kartitsch

Am 26. Juli um 5 Uhr früh wurden von Gendarmen des Postens Kartitsch im Hollbruckertal, nahe der italienischen Grenze, 3 Schmuggler aufgebracht. Den Schmugglern gelang es, über die Grenze nach Italien zu flüchten, wobei sie allerdings die Schmugglerware, 1000 Meter Feldkabel, 5 Sensen, 4 Sicheln und eine Ochsenhaut zurücklassen mußten. « Osttiroler Bote, Nr. 31, S. 3

8. AUGUST »

Demonstration

Am 30. Juli 1947 versammelten sich auf dem Hauptplatz in Lienz um 8.40 Uhr gegen 100 Arbeiter verschiedener Betriebe, um gegen die unzureichende Versorgung zu protestieren. Die Demonstration dauerte ungefähr 30 Minuten. Gleichzeitig sprach eine Deputation beim Herrn Bezirkshauptmann vor, um dort ihre Forderungen anzubringen. Diese Deputation bestand aus Mitgliedern aller drei Parteien, sowie aus Mitgliedern des Versorgungsausschusses. Die Aussprache dortselbst dauerte bis gegen 10 Uhr. Die Arbeiter nahmen hierauf die Arbeit wieder auf. « Osttiroler Bote, Nr. 32, S. 3

22. AUGUST »

Gefährlicher Fund

Am 12. August fand ein Matreier Hüterbub in einer Höhle oberhalb des Tauerntalweges, ungefähr eine Stunde vom Markt Matrei entfernt, drei Kisten mit insgesamt 37 Stück deutscher Stielhandgranaten und mehrere kleine Säcke mit englischem Sprengstoff. Die Handgranaten und der Sprengstoff dürften im Frühjahr 1945 von den damals in Matrei stationierten SS- und SD-Formationen an der Fundstelle versteckt worden sein. « Osttiroler Bote, Nr. 34, S. 3

29. AUGUST »

Wieder ein Bergkreuz

Die Heimkehrer der Gemeinde Obertilliach haben ein 8 Meter hohes, starkes, schönes Kreuz aus Lärchenholz hergerichtet und zum Danke für ihre Heimkehr und zur Erinnerung an ihre gefallenen Kameraden auf dem Gipfel des Golzentip aufgestellt und gesichert. « Osttiroler Bote, Nr. 35, S. 2

19. SEPTEMBER »

Die ersten Heimkehrer aus Rußland

Am Samstag, dem 13. September 1947, gegen 4 Uhr nachmittags trafen die ersten, so heiß ersehnten Heimkehrer aus Rußland in Lienz ein. Die fünf Heimkehrer sind: Halbfurter (Nußdorf), Lukasser (Aßling), Meirer (Mittewald), Pirker-Ascher (Lienz), Unterweger (Kals). Ein Auto des Bürgermeisters von Villach brachte die Heimkehrer nach Lienz, wo ihnen beim Arbeiterheim das Begrüßungslied einer Sängergruppe und ein Marsch der Eisenbahnermusik den Willkommgruß entbot. Anschließend wurde den Heimkehrern eine Jause im Gasthof „Rose“ geboten. Einige Angehörige, die nach Lienz entgegengefahren waren, konnten da den lang Erwarteten endlich die Hände schütteln und ein Wort des Grußes sagen, in dem viel mehr drinnen lag, als es auszusprechen vermochte: All das Hoffen und Sehnen, das Warten und Bangen, das Leiden und Dulden der Monate und Jahre. «

Osttiroler Bote, Nr. 38, S. 2

10. OKTOBER »

Lienz

Bei Schleichhandelskontrollen der Gendarmerie wurden im Bezirke Lienz beschlagnahmt: 47 Schachteln Sacharin, 333 kg Kartoffeln, 1 Kalbshaut, 1 Schafhaut, 22 Stück Schafe. Ferner wurde von der Gendarmerie Innervillgraten ein Bauernsohn aus Innervillgraten wegen Schmuggelns einer Kuh im Werte von Schilling 5000.– nach Italien zur Anzeige gebracht. « Osttiroler Bote, Nr. 41, S. 2

24. OKTOBER » Osttirol und Nordtirol sind wieder vereinigt

[...] Inmitten der bedrückenden Nachkriegsnot und der quälenden Unsicherheit und Unrast unserer Zeit ist dem Volke von Tirol heute eine große, herzergreifende Freude zuteil geworden. Osttirol und seine heimat- und traditionsverbundene Bevölkerung darf nach neunjähriger schmerzlicher Trennung wieder mit dem Heimatland sich vereinen. Der Landeshauptmann von Tirol ist heute mit seinen Mitarbeitern in der Tiroler Landesregierung und mit den Bezirkshauptleuten, begleitet von vielen Landsleuten aus allen Bezirken Tirols zu uns gekommen, um Osttirol und sein Bergvolk im Triumphe heimzuführen ins Tiroler Landl. «

Osttiroler Bote, Nr. 43, S. 3 f.

21. NOVEMBER » Falsche Kriminalbeamte in Lienz

Am Sonntag, 16. November 1947 um 5 Uhr früh, fuhr ein Lastkraftwagen, angeblich britischer Herkunft, vor der Wohnung des Autofrächters Anton Bachmann in Lienz, Pacherstraße 10, vor. Demselben entstiegen drei Männer, die sich Frau Bachmann gegenüber als Kriminalpolizei Innsbruck ausgaben. Als sie von Frau Bachmann erfuhren, daß ihr Mann abwesend sei, untersuchten sie die Wohnung der Fam. Bachmann und „beschlagnahmten" einen neuen Ledermantel, eine Reiseschreibmaschine, zwei wertvolle Jagdwaffen samt zwei Zielfernrohren, ferner Schmuckgegenstände, zwei Ferngläser, einen Voigtländer-Fotoapparat, Goldstücke und zirka 4 kg Silbermünzen, sowie 3800 Schilling Bargeld. Auf eine Bitte der Frau Bachmann hin, gab einer der Täter eine Handvoll 20 Schillingnoten (700 Schilling) zurück. Hierauf folgten die angeblichen Kriminalbeamten der Frau Bachmann einen Zettel aus mit dem Vermerk, daß die beschlagnahmten Gegenstände der Polizei Lienz übergeben würden. Mit dem Verbot an Frau Bachmann, ihre Wohnung vor 10 Uhr nicht zu verlassen, fuhren sie kurz nach 6 Uhr in unbekannter Richtung davon. Die drei sprachen einwandfrei „österreichisch", eine Art Wiener Dialekt. Die Diebe wurden bereits verhaftet ein Teil der Beute sichergestellt. « Osttiroler Bote, Nr. 47, S. 3

1948

30. JÄNNER »

Oberland. Schwarzschlachtungen

Die Gendarmerie beschlagnahmte in Abfaltersbach am 21. Jänner 1948 4 Speckseiten und Fleischhenkelen und in Thal 130 kg Fleisch, die von schwarzgeschlachteten Schweinen herrührten. « Osttiroler Bote, Nr. 4, S. 3

27. AUGUST »

Österreichs größtes Serpentinvorkommen in Osttirol

Nach einer APA-Meldung begann eine Osttiroler Kommanditgesellschaft in Hinterbichl mit dem Abbau eines großen Serpentin-Ophit-Vorkommens. Wie Fachleute behaupten, ist dies das größte bisher bekannte Serpentinlager in Österreich. Die Biotitgesellschaft verarbeitet das gewonnene Gestein in St. Johann i. W. zu Denkmälern, Grabsteinen, Wandverkleidungen usw. Steinblöcke mit einem Gewicht von Tausenden von Kilogramm werden mittels modernster Maschinen in Platten von 2 cm Dicke zerschnitten und poliert. Es sollen auch bereits Exportverhandlungen für diese Platten mit Brasilien aufgenommen worden sein. «

Osttiroler Bote, Nr. 34, S. 3

29. OKTOBER »

Neue Orgel

Die erste Gemeinde Osttirols, die nach dem Kriege eine neue Orgel bekommt, ist St. Johann i. W. Das alte Instrument war mit 7 Stimmen und einem kümmerlichen Pedal für die dort wirklich vorbildliche Pflege der Kirchenmusik viel zu klein geworden. Es wurde durch ein Rückpositiv, also durch eine kleine Orgel, die in die Chorbrüstung eingeschnitten ist und durch ein vollständiges Pedal auf das dreifache der ursprünglichen Größe erweitert. Ein elektrisches Gebläse erzeugt den nötigen Orgelwind. Allerdings konnten von den vorgesehenen 22 Registern erst 14 eingesetzt werden, weil für die restlichen die Mittel noch gesammelt werden müssen. Die umfangreichen Arbeiten wurden von den Orgelbauern Gebrüder Rieger in Schwarzach, Vorarlberg, ausgeführt. Ganz St. Johann ist schon sehr begierig, die neue Orgel zu hören. Sie wird am kommenden Sonntag zum erstenmal während des Gottesdienstes durch Ing. Rudolf Geißler, Lienz, gespielt werden. « Osttiroler Bote, Nr. 43, S. 3

12. NOVEMBER »

Aguntum

Durch den ganzen Monat Oktober ist unter Leitung und aktiver Mitarbeit des Univ.-Prof. Dr. Franz Miltner, Innsbruck, zusammen mit 2, bzw. 3 Mann an dem total verfallenen „Westtor" der Stadt Aguntum gearbeitet worden, das dadurch wieder ein imponierendes Denkmal des Landes Tirol und für ganz Österreich wurde. Die durch den Krieg infolge Frost und anderer Witterungseinflüsse seit der letzten Grabung 1934 fast bis zum Grund eingestürzten Doppelmauern (Stadtmauer) seitlich der Toranlage, welche mit ihren Türmen als Ganzes einem verfaulten, hohlen Zahne glich, ist wieder hergestellt und vor weiterem Verfall durch eine Zement- und Humusschichte gesichert worden. [...] « Osttiroler Bote, Nr. 45, S. 3

19. NOVEMBER »

Brennerverkehr offen

Daß wir Osttiroler über zwei andere Bundesländer in unsere Landeshauptstadt reisen mußten, gehörte schon allzulange zu den „Zeichen der Zeit". Nun ist dieser Zustand durch Unterzeichnung des Durchfahrtsabkommens einigermaßen gemildert worden. [...] Das Abkommen über den Straßenverkehr tritt erst nach gegenseitigem Notenwechsel in Kraft. Mitgeführte Waren werden versiegelt, sind aber zollfrei. Zuladung von Waren oder Personen während der Fahrt ist verboten. Lastkraftwagen mit versiegelten Waren werden zu Geleitzügen mit italienischer Begleitmannschaft zusammengestellt, die um 9 Uhr ab Brenner und um 14 Uhr ab Pustertaler Grenze fahren. [...] « Osttiroler Bote, Nr. 46, S. 3

Österreichisch-italienische Grenze bei Arnbach, 1951.

1949

5. JÄNNER

Eröffnung der Tschitscher Weinstube

Als beim letzten Bombenangriff auf Lienz am 26. April 1945 der „Tschitscher“ (Hotel „Traube“) völlig vernichtet wurde, sank damit auch das bekannteste und beliebteste Einkehrlokal der Stadt Lienz, die Tschitscher Weinstube in Schutt und Trümmer. Ihre Wiedereröffnung am Silvesterabend entsprach daher einem allgemeinen Bedürfnis. Damit ist Lienz um eine Gaststätte bereichert worden, die ihresgleichen in weiter Umgebung nicht findet. [...] Osttiroler Bote, Nr. 2, S. 2

13. JÄNNER

Der erste Sessellift Osttirols in Betrieb

Ein roter Pfeil an der Iseltalerstraße mit der Aufschrift „Sessellift“ weist zu einem nett gezimmerten Häuschen am Fuße des Schloßberges unterhalb des Abfahrtshanges. Es ist die „Talstation“ des Sesselliftes zum Griebelehof oder genauer hinauf zur Übungswiese für kleine und große Liebhaber des Skisportes. Die Inbetriebnahme am letzten Sonntag und besonders die am Vormittag großzügig gewährte Freifahrt hatte eine große Schar Neugieriger und Fahrlustiger angelockt. Besonders für Kinder bedeutete diese erste Luftreise ein mit gemischten Gefühlen aufgenommenes Erlebnis. Die einen strahlten vor Freude, die anderen waren unschlüssig, welche Miene sie zum bösen Spiel machen sollten. Der Erbauer dieses ersten Sesselliftes in Osttirol ist der Leiter der Skischule Lienz, Schilehrer Franz Dellacher. Er gibt bereitwilligst Aufschluß über technische Einzelheiten. Der Sessellift ist wie die übrigen in Österreich bereits errichteten ein amerikanisches Patent. Das Tragseil ist zugleich Zugseil und läuft in der Tal- wie in der Bergstation um je eine große Umlaufscheibe. Die Umlaufscheibe in der Talstation ist in einem Gleitlager auf Eisenträgern beweglich gelagert so daß mittels eines tausend Kilogramm schweren Betonklotzes, dessen Zuggewicht durch einen Flaschenzug auf 4000 Kilogramm übersetzt wird, eine gleichbleibende Spannung des Tragseiles gewährleistet ist. Der Lift hat eine Länge von ¼ km und überwindet bei einer Fahrtzeit von 5 bis 6 Minuten einen Höhenunterschied von 100 m. Die Fahrgeschwindigkeit beträgt zurzeit 1,5 m pro Sekunde. In einem Abstand von ungefähr 20 m sind die 26 Sessel mittels Spezialmuffen am Seil befestigt. Bei Vollbelastung hängen also 26 Personen am Seil. In der Stunde können ungefähr 200 Personen befördert werden. Fünf Stützen, darunter 2 Niederhaltstützen, regulieren die Lagerung des Tragseiles. [...]

Osttiroler Bote, Nr. 3, S. 2

Tourismusplakat mit Trachten aus Osttirol von Lois Alton.

9. JUNI

» Platz nehmen, bitte

Ein moderner, rotlackierter Autobus mit silbriger glänzenden Beschlägen und blinkenden Fenstern steht auf dem Platz vor dem Bahnhofsgebäude in Lienz. Die seitliche Hinweistafel gibt Aufschluß: Innsbruck – Franzensfeste – Lienz und zurück. Es ist der Fernreiseomnibus des Kraftwagendienstes der österr. Bundesbahnen, der an diesem Tage seine erste fahrplanmäßige Fahrt von Innsbruck nach Lienz über den Brenner angetreten hatte. Fürs erstemal wars ihm auch zu verzeihen, daß er mit einiger Verspätung in Lienz ankam. [...] « **Osttiroler Bote, Nr. 24, S. 3**

4. AUGUST

» Fremdenverkehr im Defereggental

Defereggen, ein Bergtal der vielseitigsten Möglichkeiten für alle erholungssuchenden Sommergäste, beginnt wieder jenen Platz im Fremdenverkehr einzunehmen, das es vor dem Kriege inne hatte. Man muß ehrlich staunen, wie sehr der Fremdenverkehr im letzten Jahre zugenommen hat. Dieser Aufschwung ist nicht zuletzt den Gastwirtschaften und Pensionen zu danken, die in jeder Gemeinde – mit ganz wenigen Ausnahmen – ihr Möglichstes tun und keine Opfer scheuen, um dem Fremden einen angenehmen Aufenthalt bieten zu können. [...] «

Osttiroler Bote, Nr. 32, S. 11

1950

30. MÄRZ »

Matrei

Die zurzeit vielgenannte und -beschriebene „Fliegende Untertasse“ wurde am Mittwoche, 22. März, abends auch bei uns westlich vom Markt über dem Zabernigbühel von mehreren Beobachtern gesichtet. Die Scheibe war so groß wie der Vollmond, tiefschwarz, mit leuchtendem Rand wie der Mond zur Neumondzeit. Die Erscheinung verschwand nach ungefähr 5 Minuten. « Osttiroler Bote, Nr. 13, S. 5

24. AUGUST »

Fotokopien nun auch in Lienz!

Jeder benötigt heutzutage verschiedene Dokumente, von denen manche für die Zukunft von großer Bedeutung sind. Solche Dokumente sind z.B.: Geburtsscheine, Heiratsurkunden, Schulzeugnisse, insbesondere Maturazeugnisse, Diplome, Staatsbürgerschaftsurkunden, Verträge, Dienstzeugnisse, Gesellenzeugnisse, Meisterprüfungszeugnisse, Gewerbescheine, Stammbäume usw. Manche davon können nie wieder beschafft werden, wenn sie verloren gehen, weil die Stellen und Personen, die die Urkunden seinerzeit ausstellten oder die Bücher, auf Grund deren sie ausgestellt wurden, nicht mehr existieren. Dadurch können erworbene Rechte verloren gehen. Man soll daher wichtige Dokumente nie aus der Hand geben, sondern nur Kopien (Abschriften) dieser Dokumente Gesuchen beilegen. Die beste Kopie erhält man dadurch, indem man das Dokument einfach fotografiert, dann ist jede Handschrift, jeder Stempel, jedes Zeichen genau so auf der Kopie wie auf dem Original; das ist das neueste und beste Verfahren. Abschreibefehler sind ausgeschlossen. Nun besteht auch in unserem aufstrebenden Städtchen die Möglichkeit, solche Fotokopien zu erhalten, u. zw. bei der Lichtpausanstalt Dapunt in der Rosengasse Nr. 2. Aufträge werden binnen kürzester Zeit ausgeführt. [...] « Osttiroler Bote, Nr. 34, S. 11

5. OKTOBER »

Rückgliederung der Osttiroler Gendarmerie

Vor knapp 3 Jahren beging Osttirol in festlicher Weise den Tag der Rückgliederung an Tirol. Verschiedene Einrichtungen der öffentlichen Verwaltung blieben jedoch weiterhin, durch geographische und organisatorische Verhältnisse bedingt, unter den übergeordneten Stellen des Landes Kärnten, so auch die Gendarmerie. Im Zuge der weiteren Rückgliederungsmaßnahmen wurde nun mit 1. Oktober 1950 auch die organisatorische und verwaltungsmäßige Rückgliederung der Osttiroler Gendarmerie an das Land Tirol vollzogen. « Osttiroler Bote, Nr. 40, S. 2

7. DEZEMBER »

Eröffnung des Kalserbachkraftwerkes

Osttiroler Energiebedarf vollauf gedeckt – 6 Millionen Watt-Werksleistung. Steht das Daberklammprojekt noch im Stadium der Vorarbeiten, so wurde am 1. Dezember d. J. offiziell ein Werk eröffnet, das ebenfalls die Energie des gletschergespeisten Kalserbaches nützt, das Kalserbachkraftwerk am sonnseitigen Berghang – gegenüber der Ruine Kienburg. Bereits im Jahre 1939 hatte Prof. Dr. Ing. H. Grengg von der Technischen Hochschule Graz die an der Mündungsstufe des Kalserbaches naturgegebenen günstigen Möglichkeiten für eine Werksanlage in einem Plan aufgezeigt. [...] Als nach der Rückgliederung Osttirols die Tiwag die Stromversorgung eines Großteils des Bezirkes übernahm, griff sie diesen Plan wieder auf und hat ihn in erstaunlich kurzer Zeit verwirklicht: am 22. April 1948 fand die wasserrechtliche Verhandlung statt, um die Jahreswende 1948/49 wurde mit den Hauptarbeiten begonnen und am 8. August 1950 konnte bereits der Probelauf der Maschine I erfolgen. [...] « Osttiroler Bote, Nr. 49, S. 2

Wehrbaustelle des Kalserbachkraftwerkes. Der Kalserbach wird durch den Grundablass umgeleitet, 14. Oktober 1949.

1951

11. JÄNNER »

Wiederöffnung des Dolomitenhotels

Am letzten Tage des Jahres 1950 konnte das Dolomitenhotel in Lienz nach den Jahren der Beschlagnahme und anderweitiger Verwendung wiederum durch die Besitzerfamilie seinen Zwecke zugeführt werden. Das Hotel, auf dem ehemals dem Altbürgermeister Jos. A. Rohracher gehörigen Grundstücke in der Straßengabel zwischen Dolomiten- und Albin-Egger-Straße gelegen, wurde in den Dreißigerjahren nach den Plänen des Bauherrn und nachmaligen Besitzers Toni Wachtlechner vom Maurermeister Senfter (Leisach) erbaut. Der Grundeigentümer stellte beim Verkauf die Bedingung, daß auf dem Grundstück eine Gaststätte mit tirolischem Charakter entstehe; dementsprechend wurde das Hotel in Anlehnung an den heimischen Baustil errichtet. 1938 war der Bau mit seiner modernen Einrichtung: Zentralheizung, fließendes Kalt- und Warmwasser in den Zimmern, Lichtrufanlage usw. vollendet und konnte seiner Bestimmung übergeben werden. Nach dem Kriegsende verfiel das Hotel der Beschlagnahme und diente der britischen Besatzungsmacht. Die nachhaltigen, unverdrossenen Bemühungen Herrn Wachtlechners um Rückstellung des Hauses führten schließlich dazu, daß dieses am 16. Dezember 1950 freigegeben wurde. [...] In der erstaunlich kurzen Zeit von 14 Tagen gelang es nun der Rührigkeit und Umsicht der Familie Wachtlechner, das verwahrloste Haus so herzurichten, daß mit Beginn des Jahres 1951 der Hotel- und Caféhausbetrieb wiederum aufgenommen werden konnte. [...] « Osttiroler Bote, Nr. 2, S. 4

25. JÄNNER »

Lawinenunglück in Matrei i. O.

Dort waren in der Vorwoche auf der Katalalpe im Froßnitztal einige Zedlacher beim Heuziehen: der 38jährige Hanserbauer Josef Wibmer, 2 Söhne vom Veidlerbauern: der 21jährige Alois Berger und der 18jährige Andreas; der 19jährige Peter Paul Berger vom Bartler und der einzige Sohn des Jösenbauern Josef Mattersberger. Außerdem war die Frau des Hanserbauern auf die Alpe zum Kochen mitgekommen, da die weite Entfernung (4 Stunden) einen täglichen Heimweg unmöglich machte. Die Heuzieher hatten bereits an die 20 üblichen Fuder zur Ladstatt geschafft, von der aus sie dann mit Pferden durch das Tauerntal nach Matrei und von dort wieder hinauf nach Zedlach transportiert werden sollten. Am Spätnachmittag des Freitags, 19. Jänner, waren die 5 Männer gerade in Hemdärmeln eifrig beim Zurichten und Abziehen der letzten Fuhren, als gegen 5 Uhr eine Staublawine losbrach, mit unheimlicher Geschwindigkeit durch den Seebachgraben unweit der Almhütten niederging und die fünf mit sich in die Tiefe riß. Josef Mattersberger war zu seinem Glück der letzte im Zuge und wurde deshalb nur vom Rand erfaßt, aber ebenfalls etwa 300 bis 400 m mit hinuntergetragen. Er konnte sich jedoch trotz erheblicher Verletzungen selbst aus der Lawine herausarbeiten. [...] Kaum eine halb Stunde nach Bekanntwerden des Unglücks gingen eine 3 Mann starke Gendarmeriepatrouille und 6 Mann vom Bergrettungsdienst zur Unfallstelle ab. Trotz äußerster Anstrengung konnten sich die Männer wegen des herrschenden Schneesturmes nicht bis zur Lawine heranarbeiten. [...] Mit einer Bergung der dem harten, vielfach todumdrohten Berufsleben des Bergbauern zum Opfer gefallenen braven Männer kann wohl erst mit eintretender Schneeschmelze gerechnet werden. [...] « Osttiroler Bote, Nr. 4, S. 6

1. FEBRUAR »

Zur Eröffnung der ersten Sauna Osttirols

Vor kurzem wurde das Sauna-Bad des Herrn Karl Manfreda in Lienz, Alleestraße Nr. 17 innerhalb einer erweiterten Badeanlage in Betrieb genommen. Dieser Umstand gibt Veranlassung, einiges über Einrichtung und Betrieb dieser Bäder, die durch die Erfahrungen im Kriege weiten Kreisen der österreichischen Bevölkerung bekannt geworden sind und die sich zweifellos einer gewissen Beliebtheit erfreuen, zu bemerken. [...] « Osttiroler Bote, Nr. 5, S. 3

22. FEBRUAR »

Die Felbertauernstraße wird projektiert

Nach Mitteilung des Nationalrates Kranebitter wurden die Mittel für die Projektierung der Felbertauernstraße nunmehr vom Bundesministerium für Handel und Wiederaufbau, dem Wunsch und nachhaltigem Einsatz des Handelsministers Dr. Kolb entsprechend, bewilligt. Die Projektierung wird nun heuer so weit vorgetrieben werden, daß man sich über die endgültige Trassenführung der zu erbauenden Straße im klaren ist. « Osttiroler Bote, Nr. 8, S. 3

6. DEZEMBER »

Abfaltersbach

Abfaltern mit seinen 20 Häusern und 123 Einwohnern hat kürzlich einen Anschluß an das öffentliche Verkehrsnetz erhalten. Innerhalb von 2 Jahren war in etappenweisem Bau ein zirka 50jähriger Plan in Erfüllung gegangen. In eindrächtiger Zusammenarbeit von Behörden und Interessenten wurde das Sträßlein von Geselhaus nach Abfaltern in rund 1 km Länge fertiggestellt. Die Interessenten haben unverdrossen ihren Beitrag in der vollen Höhe in Form von Arbeitsleistungen abgegolten, mehrere Grundbesitzer haben in selbstlosester Art den entsprechenden Grund freigegeben und das Amt für Landwirtschaft hat unter Leitung des Baurates Mayer und des Technikers Gasser die Bauregie in idealer Weise ausgeführt. So ist dieses Sträßlein im vollen Sinne des Wortes ein Exempel wie Aufbauarbeit richtig gemacht wird. Umsomehr freuen sich aber auch die Abfalterer über das neue Sträßlein, das der Pferdeschinderei ein Ende setzt und den Zu- und Abtransport von Wirtschaftsgütern wesentlich erleichtert. [...] « Osttiroler Bote, Nr. 49, S. 6

1952

29. MAI

» ## Das erste Auto auf der Dolomitenhütte

Am Christi-Himmelfahrtstag gab's auf der Lienzer Schattseite, wenn schon nicht eine Himmelfahrt (glücklicherweise!), so doch eine außergewöhnliche Höhenfahrt: zum erstenmal hielt ein Auto vor der Dolomitenhütte auf der Hohen Trage (1630 m). Ihm entstiegen wohlbehalten 6 Insassen, die vor einer Stunde und 4 Minuten beim Mittereggerkreuz gestartet waren. Bei dem Hüttenwirt und den Touristen gab es ein begreifliches Staunen ob des seltsamen „Gastes", der da angeschnauft kam. Es handelte sich um einen Unimog, Mehrzweckfahrzeug von Mercedes-Benz, mit Dieselmotor, 25 PS, 6gängig, Allradantrieb, Eigentum der Arbeitsgemeinschaft der Firma Siegmund Mayr. Am Steuer saß Ing. Maak, durch dessen Initiative die Fahrt zustande kam. Die 11 km lange Strecke führte von Lienz über Tristachersee – Kreitmoarhof die Tristacherwiesen hinauf zur Hütte. Gefahren wurde großenteils mit dem 3. Gang und trotz teilweise über 20 %iger Steigung stieg die Temperatur des Motors nicht über 80 Grad. [...] « Osttiroler Bote, Nr. 22, S. 2

11. JULI

» ## Kartoffelkäfer in Osttirol

Leider ist nun auch in Osttirol das Auftreten des Kartoffelkäfers festgestellt worden. Funde sind in Untertilliach, Obertilliach und Nörsach zu verzeichnen. Es ergeht daher an sämtliche Besitzer von Kartoffeläckern die dringende Mahnung, die angeordneten Durchsuchungen gewissenhaft durchzuführen, um den Schädling möglichst beim ersten Auftreten bekämpfen zu können und unabsehbaren Schaden von unserem Bezirk fernzuhalten. Besondere vorsicht ist in den an Kärnten grenzenden Gebieten geboten. « Osttiroler Bote, Nr. 28, S. 7

24. JULI

» ## Der Bundespräsident in Osttirol

Mit dem fahrplanmäßigen Schnellzug Wien – Meran, vorgespannt eine geschmückte Lokomotive „700 Jahre Stadt Lienz", traf am Samstag früh Bundespräsident General a. D. Dr. Theodor Körner in Lienz ein. Wiewohl bei Eintreffen des Zuges keinerlei Begrüßung vorgesehen war, entbot eine größere Menschenmenge dem Präsidenten, der sich kurz am Fenster seines Salonwagens zeigte, die ersten Grüße. [...] Gleich vom Bahnhof weg begab sich der Bundespräsident im Wagen des Landeshauptmannes und die übrigen Persönlichkeiten, geleitet von motorisierter Gendarmerie, nach Agunt und Lavant wo er unter Führung des Ausgrabungsleiters, Univ.-Prof. Dr. Franz Miltner, die Ausgrabungen besichtigte. Auf der Rückfahrt galt ein Abstecher dem Besuch der Landw. Landeslehranstalt und der Landw. Haushaltungsschule. [...] Die Fahrt ging weiter durch die Straßen der

700-Jahr-Feier der Stadt Lienz, 1952.

Stadt, die winkende Menschen säumten, nach Matrei das alles aufbot, einen so seltenen hohen Besuch mit gebührenden Ehren zu empfangen. Die Pöller krachten vom Klaunzbühel, die Musik intonierte die Landeshymne, die stärkste Schützenkompanie Osttirols leistete die Ehrenbezeugung, ein frisches Gitschele, assistiert von zwei Knirpsen, drückte dem Bundespräsidenten zu den Grußworten des Bürgermeisters Bichlers einen Strauß von Almrosen und Edelweiß in die Hand. [...] Mit soldatischer Pünktlichkeit traf der Bundespräsident um ½ 4 Uhr zur offiziellen Begrüßung durch die Stadtgemeinde auf dem Pfarrplatz in Lienz ein. [...] Der Bundespräsident besichtigte mit den Herren der Begleitung das Bezirkskriegerdenkmal und die Stadtpfarrkirche St. Andrä, wozu Koop. Stadlhuber bau- und kunsthistorische Erläuterungen gab. Anschließend erfolgte die Auffahrt auf Schloß Bruck zur offiziellen Begrüßung aller Festgäste durch die Stadtgemeinde im Rahmen eines kurzen Festaktes im Rittersaal. Die hohen Gäste trugen sich anschließend in das Ehrenbuch der Stadt ein. Nach dem Abendessen auf der Schloßterasse besuchten sie die Festaufführung des Heimatspieles im Schloßhof. [...] « Osttiroler Bote, Nr. 30, S. 4

1953

9. APRIL

» **Bergwerk Panzendorf vor der Stillegung?**

Wegen mangelnder Rentabilität soll das schwefel- und kupferfördernde Bergwerk in Panzendorf in nächster Zeit stillgelegt werden. Durch die Lahmlegung dieses Betriebes würden 86 Arbeiter und 6 Angestellte arbeitslos. Damit würden samt den Familienangehörigen rund 330 Personen vom Unglück der Arbeitslosigkeit betroffen. Der Bergwerksbetrieb in Panzendorf erschloß im Jahre 1952 1800 Tonnen Schwefel, 2000 Tonnen Eisen, 50 Tonnen Kupfer und arbeitete bis vor kurzem aktiv. In letzter Zeit sind aber die Aufbereitungsmaschinen so schadhaft geworden, daß dadurch eine wesentlich geringere Ausbeute des Gesteins bewirkt wird und die Rentabilität des Betriebes nicht mehr gegeben ist. [...] «

Osttiroler Bote, Nr. 14, S. 2

Dölsach, um 1950.

21. MAI

» **Festtag für Dölsach und Umgebung**

In der Dorfchronik von Dölsach wird der Christi-Himmelfahrtstag 1953 als ein Freudentag verzeichnet stehen: 10 neue Glocken hielten festlichen Einzug. Wenn noch heute bei älteren Leuten der Glockeneinzug in Dölsach 1923 als ein Ereignis in Erinnerung ist, das damals Aufsehen erregte, so war es diesmal bestimmt nicht minder der Fall. [...] „Gut Ding braucht gut Weil“, kann man auch in diesem Falle sagen. Durch 11 Jahre klagten kleine Glöcklein vom Dölsacher Turme den verlorenen Schwestern nach. Zu Pfingsten 1953 wird wieder ein mächtiges Geläute weithin über den Lienzer Boden und an die grauen Dolomitenwände der Schattseite tönen. [...] « Osttiroler Bote, Nr. 20, S. 4

11. JUNI »

4. Österreichische Jugendkulturwoche in Lienz

Im Rahmen der Jugendkulturwoche findet in Lienz vom 7. bis 14. Juli eine Reihe von Veranstaltungen statt, deren Ziel es sein soll „der Jugend die Mitwirkung am kulturellen Aufbau der Heimat zu ermöglichen, die Brücke zu finden zwischen der jungen Generation und dem Kulturschaffen der Gegenwart und der Vergangenheit und die Jugend in einer fühlbaren Gemeinschaft zu kulturellen Leistungen anzuspornen für die Geltung unseres Vaterlandes in der Welt.“ [...] «

Osttiroler Bote, Nr. 23, S. 2

10. SEPTEMBER »

Britische Garnison in Lienz wird aufgelassen

Nur noch symbolische Besatzung. Am 5. September wurde amtlich bekanntgegeben, daß am Vortag der brit. Hochkommissar Sir Harald Caccia in Abwesenheit des Bundeskanzlers bei Vizekanzler Dr. Schärf vorgesprochen und ihm den Entschluß der britischen Regierung mitgeteilt habe, bis 1. Jänner 1954 die britischen Besatzungstruppen in Österreich von derzeit drei auf ein Bataillon herabzusetzen. Diese Truppen würden in Wien, Zeltweg und Klagenfurt stationiert (was eine Auflassung der bisherigen Garnisonen Lienz, Villach und Spittal a. d. Drau bedeutet). Die Kosten für den Unterhalt dieses Bataillons werde die britische Regierung selbst tragen. [...] Wie wir zusätzlich erfahren, soll die Polizeikaserne in Lienz bereits mit 1. Oktober d. J. freigegeben werden. Die Freigabe der Wohnungen wird allerdings noch nicht so rasch erfolgen. « Osttiroler Bote, Nr. 36, S. 4

1954

21. JÄNNER »

Pferde aus 4 Bundesländern am Start

Das bisher am stärksten beschickte Gasselfahren. Am kommenden Sonntag startet auf dem Terlagofeld in Lienz das 4. Osttiroler Gasselfahren. Wie aus den Nennlisten zu ersehen ist, sollen diesmal Pferde aus 4 Bundesländern vertreten sein, u. zw. aus Tirol, Kärnten, Salzburg und Steiermark, insgesamt 36 Stück; unter ihnen eine Reihe der besten Provinzpferde. Die Rennen beginnen um 13.00 Uhr. Es werden 2 Zuchtfahren für Noriker, 2 Gasselfahren für Traber und 2 Pferdeskijörings durchgeführt. Zum Zuchtfahren für Noriker sind insgesamt 15 Pferde aus Osttirol gemeldet [...]. Die amerikanische Filmgesellschaft Warner Brothers will einen Aufnahmetrupp, bestehend aus Mister Delavarre mit Frau und Assistenten entsenden, um Farbfilmaufnahmen vom Gasselfahren, dem Skilift und dem Skitreiben in Lienz zu drehen. Diese Aufnahmen sollen einen Teil eines Kulturfilmes „Winter in Österreich" bilden. [...] « Osttiroler Bote, Nr. 3, S. 2

3. JUNI »

Elektrifizierung des Villgratentales abgeschlossen

Die Anfänge der Bestrebungen, das Villgratental mit elektrischer Energie zu versorgen, reichen bis 1922 zurück. Später bauten ein halbes Dutzend Außervillgratner am Winkeltalerbach ein Gleichstromwerk, das einige Häuser um die Kirche und Unterwalden versorgte. Daneben entstanden in Außervillgraten mehrere Kleinstwerke, deren Kraft jeweils meist nur für einen Hof ausreichte. Allzubald erwiesen sich all diese Werke als völlig unzureichend, so daß man nach einer besseren und ausgiebigeren Versorgung trachtete. So wurde denn 1942 mit Hilfe der Agrarbehörde die Elektrifizierung des ganzen Tales vom Elektrowerk Sillian aus in Angriff genommen. Die Leitung der Baumaßnahmen hatte Ing. Luger über. Infolge der Kriegsverhältnisse mußten die Arbeiten aber vorzeitig wieder abgebrochen werden. Erst nach einer 5-jährigen Unterbrechung konnte das Werk 1947 wieder fortgesetzt werden. Im Mai wurden die Arbeiten aufgenommen, im August erfolgte die Gründung der Elektrogenossenschaft Villgraten, deren Aufgabe die Versorgung des Villgratentales mit elektrischer Kraft war. Zum Obmann wurde der damalige Bürgermeister Perfler, Außervillgraten, zum Geschäftsführer Peter Rainer jun., Schmiedhofer, Innervillgraten, gewählt. Wieder leitete Ing. Luger, Klagenfurt, die Bauarbeiten, die trotz Schwierigkeiten verschiedener Art, insbesondere wirkte sich der Materialmangel hemmend aus, gut vorwärts gingen, so daß bereits im Herbst 1948 in einem größeren Gebiete das Elektrische eingeschaltet wurde. Als die „Tiwag" ihre Tätigkeit auch auf Osttirol ausdehnte und das „Oberpustertaler Kraftwerk" übernahm, wurde ihr der weitere Ausbau des Villgratentales ab

Anlage zur elektrischen Energieversorgung im Pustertal.

1. Jänner 1950 übertragen. [...] Nun brennt in allen Villgrater Häusern das „Elektrische" und der Elektromotor ist zum unentbehrlichen Helfer der Villgrater Bauern geworden. [...] « Osttiroler Bote, Nr. 22, S. 3

17. JUNI »

Verhaftung von Wilderern

Beamte des Gendarmeriepostens St. Jakob verhafteten vier Wilderer, denen der Abschuß von 6 Rehen zur Last gelegt wird. Es handelt sich um vier Landarbeiter, bei denen automatische Feuerwaffen, die aus dem Krieg zurückgeblieben waren, gefunden und beschlagnahmt wurden. Die Verhafteten wurden dem Bezirksgericht Matrei i. O. eingeliefert. « Osttiroler Bote, Nr. 24, S. 5

7. OKTOBER »

Aus dem Tiroler Landtag

Wiedererrichtung einer selbständigen Gemeinde Amlach. [...] Schon im vorigen Landtage wurde seitens der Osttiroler Abgeordneten ein Antrag auf Wiedererrichtung ehemals selbständiger Osttiroler Gemeinden eingebracht, welchem jedoch außer den Antragsstellern nur die VdU-Abgeordneten zustimmten. Diesmal stand die Sache unter einem günstigeren Stern. Der Landtagspräsident willigte ein, Vertretern der Ortschaft Amlach Gelegenheit zu geben, in einem großen Kreise von Abgeordneten ihren Standpunkt persönlich darlegen zu können. Dies geschah dann auch und die beiden [...] konnten bei dieser Vorsprache dem Präsidenten vor allem ein Schreiben der Gemeinde Tristach überreichen, worin dieselbe auch ihrerseits nicht nur die Zustimmung zur, sondern den Wunsch nach Wiedererrichtung der selbständigen Gemeinde Amlach aussprach. [...] Auch setzten sich die beiden Vertreter mit einer Art und einem Eifer ein, die der besten Sache würdig gewesen wäre, wobei sie besonders auf den langen Zeitraum der Selbständigkeit die sehr gute Wirtschaftsführung, die 1938 angetane Vergewaltigung und seitherigen Mißstände verwiesen. Erfolg dieser Vorsprache, die besonders vom Abg. Unterweger im Rechtsausschuß unterstützt wurde, war dann, daß der Gemeinde- und Rechtsausschuß den Antrag auf Wiederrichtung der selbständigen Gemeinde Amlach stellte, welcher auch die Zustimmung des Hauses fand. [...] « Osttiroler Bote, Nr. 40, S. 6

Amlach, 1950.

1955

7. JÄNNER

Kinderdorfmutter für SOS-Kinderdorf Osttirol!

Im Frühjahr 1955 wird das bis jetzt im Rohbau fertiggestellte Haus Osttirol in Debant bei Lienz seiner Bestimmung übergeben. Aus diesem Grund wird schon jetzt eine geeignete Kinderdorfmutter gesucht. In Frage kommen unverheiratete Frauen oder Witwen ohne jeden Anhang im Alter von 30 bis 40 Jahren, welche keine weiteren Verpflichtungen haben, sodaß sie sich ausschließlich den Kindern der Kinderdorffamilie widmen können. Als Bewerberinnen kommen nur Frauen oder Mädchen in Frage die eine lebenslängliche Aufgabe als Pflegemutter suchen. Geeignete Bewerberinnen können sich schriftlich oder persönlich in der Bezirkshauptmannschaft Lienz, 2. Stock, Tür Nr. 10, melden. Die in die engere Wahl gezogene Bewerberin wird einige Monate im SOS-Kinderdorf Imst zwecks Überprüfung der Eignung eingesetzt. « Osttiroler Bote, Nr. 1, S. 5

10. FEBRUAR

Die Wölfe gingen über die Grenze

Wie aus zuverlässiger Quelle bekanntgegeben wird, haben die Wölfe nun doch wieder Villgraten verlassen. Angeblich sollen sie derzeit im Wildbestand jenseits der Grenze ihr Unwesen treiben. Da man den Raubtieren in den letzten Wochen energisch zugesetzt hat und sie als Folge davon ihren Hunger kaum stillen konnten, zogen sie aus unserem Gebiet ab, nachdem sie einen der Jungen selbst gerissen hatten. Um diese ganze Affäre legt sich allerdings eine Geheimnistuerei seitens der aktiven Jäger, so daß mit einer Klärung des eigentlichen Sachverhaltes wohl kaum jemals zu rechnen sein wird. Es ist anzunehmen, daß der junge Wolf an einer Schußverletzung verendete, der betreffende Schütze aber, sei es in weidmännischer Diplomatie oder aus sonstigen Gründen, darüber Stillschweigen bewahrt. Dem Wunsch und der Hoffnung unserer Jagdexperten, daß wir nun endlich von dieser Plage verschont bleiben mögen, schließt sich die Bevölkerung nur zu gerne an. Und damit ziehen wir ein zweitesmal einen Schlußstrich unter das Kapitel „Wölfe“ in Villgraten. « Osttiroler Bote, Nr. 6, S. 2

10. NOVEMBER

Großsprungschanze Lienz-Amlach fertiggestellt

Zur Durchführung der österreichischen Skimeisterschaften, die im Februar 1956 in Lienz abgehalten werden, war die Anlage einer Großsprungschanze notwendig. Als Standort derselben wurde von Fachleuten am Rauchkofelfuße hinter Amlach eine durchschnittlich 27 Grad geneigte, bewaldete Schutthalde ausgewählt, wobei das Gelände außer der schattigen Lage auch die Anlage einer Natursprungschanze ermöglichte. Am 18. Juli wurden, zunächst durch eine

Arbeitspartie von 3 Mann, die Arbeiten begonnen, die nun glücklich vor Schneefall fertiggestellt werden konnten. Heute, Donnerstag, um 15 Uhr, findet die Namensgebung der Sprungschanze und eine kleine Abschlußfeier statt. « Osttiroler Bote, Nr. 45, S. 7

15. DEZEMBER »

Lienz ist wieder Garnisonsstadt

Eine Kompagnie des Bundesheeres in der Dolomitenkaserne. Flatternde Fahnen am Hauptplatz und Johannesplatz kündeten den auswärtigen Besuchern der Stadt am Samstag, dem 10. Dezember, von einem besonderen Ereignis. Um 10 Uhr sollte nach 17 Jahren wieder die erste Kompagnie österreichischer Soldaten in Lienz einziehen. Immer mehr füllte sich gegen diese Stunde der Hauptplatz mit erwartungsvollen Menschen aus Stadt und Land, an der Spitze der Herr Bezirkshauptmann, Bürgermeister und Vizebürgermeister der Stadt, die beiden Stadtpfarrer, die Leiter der Ämter und Vertreter der Kammern und Schulen. Die Kompagnie, die in Transportautos von Spittal gekommen waren, formierte sich bei der ehemaligen Franz-Josef-Kaserne zum Einzug in die Stadt. Voraus eine nicht sehr starke, aber flott spielende Militärkapelle unter dem ergrauten Militärkapellmeister Kummerer von Spittal, dann eine Kompagnie des Grenzschutzes unter dem Kommando von Oberleutnant Michitsch. Mit großem Interesse betrachtete die Bevölkerung die neuen österreichischen Soldaten und tauschten die „alten" Soldaten ihre Meinungen aus. Jägermütze, graublaue Bluse, Pumphosen, graue Stutzen und Skischuhe mit Gummisohlen, Rucksäcke und Gebirgsstutzen bildeten die Bekleidung und Ausrüstung. « Osttiroler Bote, Nr. 50, S. 2

1956

Adlerruhe und Großglockner.

19. JÄNNER

Glocknerbesteigung mit Skiern

Eine erstaunliche bergsteigerische Leistung vollbrachten 4 Bergsteiger aus Kals, die am 9. Jänner 1956 den Großglockner über den Stüdlgrat bezwangen. Diese erste Besteigung mit Skiern verdient umso größere Beachtung, als der Aufstieg unter ungünstigen Wetter- und Schneeverhältnissen vor sich ging. Die Kalser Bergsteiger Hans Oberlohr, Luckner, Anton Amrasser, Goliseller, gemeinsam mit den Bergführer Thomas Huter, Stüdlhüttenwirt, trafen um 11 Uhr am Stüdlgrat ein. Bei Windstärke 8 bis 10 und einer Temperatur von etwa 15 Grad minus, die Skier auf dem Rücken, erkämpften sich die 4 Alpinisten den Weg über den verschneiten Grat zum Gipfel. Von dort erfolgte der Abstieg über die verschneite Glocknerscharte und den Kleinglockner zur Adlersruhe, wo sie um 15 Uhr wohlbehalten eintrafen. Der weitere Abstieg und die Abfahrt nach Kals erfolgte gemeinsam mit den Hüttenwirten von der Adlersruhe und der Glorerhütte, die gleichzeitig den Normalaufstieg zur Adlersruhe gemacht hatten. Mit dieser ersten Skierbegehung am Stüdlgrat zeigten die Kalser Bergsteiger, daß der Kampf um den Großglockner noch lange nicht abgeschlossen ist und sich den Winterbergsteigern noch zahlreiche, teilweise sehr interessante sowie äußerst schwierige Möglichkeiten bieten. Es ist jedoch selbstverständlich, daß derartige Unternehmungen nur von den erfahrendsten Bergsteigern gemacht werden sollten, um das damit verbundene Risiko möglichst zu vermindern. Osttiroler Bote, Nr. 3, S. 4

St. Jakob in Defereggen, 1953.

14. JUNI

Osttirols Tiefgefrieranlagen in Betrieb

» Was guter Zusammenhalt, Aufgeschlossenheit und Fortschrittlichkeit der Bauern einer Gemeinde bewirken, zeigten wieder einmal die Ortschaften Nikolsdorf und St. Jakob i. D. Seit Mai steht in beiden Gemeinden ein modernes Gemeinschaftswerk in Betrieb – eine Tiefgefrieranlage. Vor ungefähr einem Jahr wurde der Gedanke zur Errichtung einer solchen Anlage – ausgehend von der Landeslandwirtschaftskammer Innsbruck – durch die Bezirkslandwirtschaftskammer an die Bauern herangetragen. Die Erstehung einer Einzelkühltruhe käme für den einfachen Bauern viel zu hoch, so entschloß man sich, für die Errichtung einer Gemeinschaftstiefkühlanlage. In musterhafter Ausführung steht nun eine Frigidaire-Warmraum-Frostfachanlage mit 48 Einzelfächern im Sennereigebäude Nikolsdorf und eine ebensolche mit 36 Fächern im Keller des Schulhauses St. Jakob. [...] «

Osttiroler Bote, Nr. 24, S. 6

1957

7. MÄRZ

Aus dem Triebwagen gesprungen

Am 27. Februar abend fuhr die 40jährige Aloisia Köck aus Kartitsch mit dem Triebwagen von Innsbruck bis Tassenbach. Unterwegs wurde sie von Übelkeit befallen und versäumte dabei das Aussteigen in Tassenbach. Als der Zug bereits in Richtung Lienz angefahren war, sprang sie ca. 300 m unterhalb der Bahnhaltestelle Tassenbach aus dem fahrenden Triebwagen und blieb angeblich einige Zeit bewußtlos am Bahndamm liegen. Als sie das Bewußtsein wieder erlangt hatte, erhob sich die Köck und begab sich noch in der Nacht zu Fuß nach Hause. Dieser Weg benötigt für einen normalen Fußgänger ca. 1 Stunde. Am nächsten Tag ließ sie den Arzt rufen und dieser stelle Platzwunden am Kopfe und eine Verletzung des Schulterblattes fest. « Osttiroler Bote, Nr. 10, S. 7

28. MÄRZ

Fahrradlampe gestohlen

Während des Spätgottesdienstes am Josefitag wurde von einem in einem Stall abgestellten Fahrrad in Matrei-Markt eine Fahrradlampe abmontiert und gestohlen. Der Täter, der nicht mit dem wachsamen Auge der Gendarmerie gerechnet hatte, konnte noch am gleichen Tage ausgeforscht und zur Anzeige gebracht werden. « Osttiroler Bote, Nr. 13, S. 6

Trotz zahlreicher sicherheitstechnischer Vorkehrungen ereigneten sich immer wieder Unfälle am Bahngelände. Bahnkreuzung im Pustertal, 1951.

1957

18. APRIL

»

Kaiser Karl Gedenkfeiern in Osttirol. Prägraten

Wäre ein Fremder Zeuge gewesen, wie unsere hochgelegene Gemeinde am 31. März, dem Sonntag Laetare, in vorbildlicher Treue zu den altösterreichischen Traditionen den 35. Todesgedenktag Kaiser Karls feierte, der hätte glauben können, wir ständen noch oder schon wieder in Zeiten der Monarchie. Der zweistündige interessante Lichtbildervortag des ehemaligen Militärpfarrers Seelos am Samstagabend vorher schuf die richtige Einstimmung auf die sonntägige Feier. [...] Auch wer die Treugesinnung der Osttirol gut kennt, mußte staunen über die einmütige Geschlossenheit der wackeren Prägratner, als unterm Geläute aller Glocken der Einzug vom Schulhaus in die Kirche sich vollzog. Voran die gesamte Schuljugend, ihr folgend die Musikkapelle in ihrer schmucken Nationaltracht, die kostbare Schützenfahne, deren hohe Fahnenpatin die Mutter Kaiser Karls, Erzherzogin Maria Josefa, einst war, und eine altehrwürdige Fahne mit dem kaiserlichen Doppeladler [...]. « Osttiroler Bote, Nr. 16, S. 5

20. JUNI

»

Osttirol erlebte Hochwassernot

Folge rascher Schneeschmelze – Schäden noch nicht abschätzbar. Der 12. Juni und die Nacht zum 13. Juni 1957 werden in der Chronik Osttirols, vornehmlich des Defereggentales und der Gemeinde Nikolsdorf, als bange Zeit großen Unglückes verzeichnet bleiben: Hochwasser zerstörte Verkehrswege der modernen Zeit, raubte kleinen Leuten ihren spärlichen Besitz und vernichtete große Flächen hoffnungsvoller Ernte mühevollen Bauernschweißes. Es war ein Nachmittag und eine Nacht, in denen eine Anzahl Familien ihr gefährdetes Heim samt der Habe verlassen mußten, in denen das Heim eines Rentnerehepaares und ein Wirtschaftsgebäude in den Fluten versanken, in denen trotz Einsatzes wackerer Männer ohne Rücksicht auf Gesundheit und eigene Sicherheit Millionenwerte dem Wüten eines der vier Urelemente zum Opfer vielen und in denen schließlich noch als bedauerlichstes Unglück ein braver Mann sein Leben im Dienste der Allgemeinheit opferte. « Osttiroler Bote, Nr. 25, S. 1

Prägraten, 1950.

1958

17. JULI

»› Sputnikrakete war sichtbar

Ein Leser kam am Montag ganz aufgeregt in die Redaktion und berichtete, er habe mit anderen Augenzeugen am Abend des Sonntages, ca. 21 Uhr, einen leuchtenden Körper in der Größe eines Sternes 1. Ordnung beobachten können, der zwischen Spitzkofel und Rauchkofel aufgetaucht, in nordöstlicher Richtung quer über den Talboden gesaust und am Horizont in der Senke des Debanttales wieder verschwunden sei. Dieser leuchtende Körper wurde auch anderenorts beobachtet. Es handelte sich nach Aussage der Sachverständigen dabei um die Trägerrakete des Sputnik III. Sie konnte auch am Montagabend wieder beobachtet werden. ‹‹ Osttiroler Bote, Nr. 29, S. 7

2. OKTOBER

»› Und das Werk lobt den Meister

Feierliche Einweihung und Eröffnung der Zettersfeldseilbahn. Die Stadt Lienz und mit ihr der ganze Bezirk feierten am 26. und 27. September zwei Festtage, die in Programm und Verlauf des Anlasses würdig waren und bei allen Teilnehmern einen nachhaltigen Eindruck hinterließen. Der Anlaß war die Einweihung und feierliche Eröffnung der Pendelseilbahn auf das Zettersfeld, der ersten öffentlichen Personenseilbahn Osttirols. Über die Beteiligung öffentlicher Institutionen an der Finanzierung hinaus haben 310 private Zeichner von Aktien zur Schaffung des Grundkapitals beigetragen. Darum ist diese Bahn im wahrsten Sinne des Wortes ein Gemeinschaftswerk, über dessen glückhaftes Baugelingen und guten Start sich der ganze Bezirk freuen kann. [...] Nachdem aber am 20. Dezember 1957 der erste Spatenstich getan war, ist das Werk in einer Rekordzeit von acht Monaten geschaffen worden. Am 31. August 1958 wurde die Bahn in Betrieb genommen und hat bis zur feierlichen Eröffnung bereits rund 17.000 Fahrgäste befördert. ‹‹ Osttiroler Bote, Nr. 40, S. 1

1959

22. JÄNNER

» Wird in Lienz Fernsehen möglich?

Versuchsweise Aufstellung eines Frequenzumsetzers im Frühjahr. Nachdem Osttirol nun endlich eine leistungsfähige und befriedigende Rundfunk-Sendeanlage erhalten hat, können wir auch an das Fernsehen denken und so allmählich den Gebieten, in denen das Fernsehen bereits eine Selbstverständlichkeit ist, nachrücken. Durch eine Information des Radiomeisters Herbert Moser, Lienz, erfuhren wir, daß diesbezüglich seit Jahren vornehmlich von privater Seite Untersuchungen und Versuche gemacht wurden. So führten vor 2 Jahren der Leiter des Fernmeldebetriebsamtes Lienz, Telegrafenoberrevisor Cermak und Radiomeister Moser Untersuchungen über Ausbreitungserscheinungen und Empfangsmöglichkeiten der URW- und Fernsehsender in Osttirol durch. Die damaligen Untersuchungen führten im November 1957 zur Errichtung einer Fernsehempfangsanlage im Matreier Tauernhaus, die heute noch in Betrieb ist. In der Weiterverfolgung der Untersuchungen gelang es Herrn Moser, im Herbst vergangenen Jahres auf dem Rabant (Zwickenberg) einen Punkt ausfindig zu machen, der durch seine Lage zum Empfang und zur Wiederabstrahlung des Fernsehprogrammes in den Lienzer Talboden geeignet erscheint. Man kann auf dem angegebenen Ort das österr. Fernsehprogramm (vom Sender Klagenfurt) vollkommen einwandfrei empfangen [...]. «

Osttiroler Bote, Nr. 4, S. 2

2. APRIL

» Mit dem Traktor gegen Gend.-Beamten

Am Ostermontag um 20.30 Uhr näherte sich auf der Bundesstraße 100 bei der Aguntbrücke in Dölsach ein mangelhaft beleuchteter Traktor einen Gendarmeriebeamten, der dort auf der Straße Verkehrsüberwachungsdienst versah. Der Gendarmeriebeamte wollte den Lenker des Traktors durch Abgabe vorschriftsmäßiger Lichtzeichen zum Halten des Traktors, auf dem sich noch 3 andere Personen befanden, veranlassen. Statt anzuhalten fuhr aber der Lenker mit dem Traktor gerade auf den Gendarmeriebeamten los und dieser wäre überfahren worden, wenn er nicht im letzten Augenblick auf die Seite gesprungen wäre. Der Gendarmeriebeamte überholte mit seinem Moped den in Richtung Lienz-Dölsach fahrenden Traktor und versuchte nach Erreichung eines entsprechenden Abstandes auf gleiche Weise die Anhaltung des Traktors. Der Lenker des Traktors reagierte aber nicht auf die gegebenen Haltezeichen und fuhr wieder gegen den Gendarmeriebeamten, so daß dieser, um nicht überfahren zu werden, auf die Seite springen mußte. Der Gendarmeriebeamte versuchte nach abermaliger Überholung des Traktors bei der Straßenkreuzung in Dölsach den Traktor aufzuhalten, doch bog dieser etwa 100 Meter vorher in einen Feldweg ein. Dort ließen Lenker und Mitfahrer den Traktor abgestellt stehen, flüchteten in den nahen Erlenwald und konnten trotz Verfolgung in der Dunkelheit unerkannt entkommen. Auf Grund der Erkennungsmerkmale des Traktors, der einem Bauern in Oberdrum gehörte, richtete sich der Verdacht gegen den Bruder des Bauern, den 21jährigen Zimmermann Erich Ragger aus Oberlienz. Erich Ragger und der bei seinem Bruder beschäftigte Paul Bauer hielten sich versteckt und konnten erst am 1. April auf dem Felde in Oberlienz ausfindig gemacht werden. Ragger gab nach längerem Leugnen zu, den Traktor gelenkt und den Haltezeichen des Gendarmeriebeamten keine Folge geleistet zu haben. Er wurde verhaftet. « Osttiroler Bote, Nr. 14, S. 7

17. SEPTEMBER »

Der erste Freiwahlladen Osttirols in Matrei

Am Montag, 14. September, wurde in einem neuerbauten Haus an der Einfahrtsstraße nach Matrei die Tür zum ersten Freiwahlladen Osttirols aufgesperrt. Es tat dies Frau Lublasser-Oberschneider, die bereits 25 Jahre im Gemischtwarengeschäft des dahinterliegenden elterlichen Hauses tätig war. Hinter den zwei großen Bogenfenstern, die sich gut dem ländlichen Stil des Hauses fügen, liegt der 72 m² große Geschäftsraum. In unternehmungslustiger Fortschrittsfreude hat sich die Geschäftsinhaberin entschlossen, das neue Geschäft als Freiwahlladen einzurichten. Die Handelsvereinigung SPAR, der die Geschäftsinhaberin angehört und der örtliche SPAR-Großhändler, Firma Geiger, standen bei der Einrichtung des Geschäftes mit Rat und Tat zur Seite. Die SPAR hat die Einrichtung von Selbstwahlladen nach modernsten Gesichtspunkten entwickelt, gibt sie serienweise in Auftrag und kann daher ihren Mitarbeitern solche Einrichtungen auch zu günstigem Preis liefern. Der Sinn und Zweck eines Freiwahlladens ist, die Kunden direkt an die Ware heranzuführen, es steht keine Verkaufsbudel mehr zwischen Ware und Käufer, die Waren liegen hygienisch und gefällig verpackt, gut sichtbar auf den Regalen und sind nicht in allerlei Schubladen und Kartons verstaut, unter jeder Ware steht weiß auf schwarz der Preis. Der Käufer nimmt am Eingang des Geschäftes einen Einkaufskorb mit, entnimmt selbst aus den Regalen die von ihm benötigten Waren und beendet dann seinen Geschäftsrundgang mit dem mehrminder gefüllten Einkaufskorb bei der Kasse, wo die Kassierin mit der einen Hand die Waren aus dem Einkaufskorb in die Tasche der Kunden verstaut und mit der anderen auf der Rechenmaschine den Preis tippt und dann maschinell zusammenzählt. Die Maschine schreibt auf einem Streifen mit, den die Kunden mitbekommen, sodaß sie jederzeit die Richtigkeit der Preise und der Summe überprüfen kann. « Osttiroler Bote, Nr. 38, S. 7

1960

7. JÄNNER

Skisportfest am Zettersfeld

Erika Netzer, Pepi Stiegler und Egon Zimmermann / Gewinner des Goldenen Pfluges – Sportlich und organisatorisch ein voller Erfolg. Der 2. Riesentorlauf um den Goldenen Pflug auf dem Zettersfeld am 2. Jänner, der heuer zugleich das 1. Qualifikationsrennen für die Teilnahme an der Winterolympiade in Squaw Valley darstellte, wurde sowohl in sportlicher als auch in organisatorischer Hinsicht ein voller Erfolg. Weit über 2000 schisportbegeisterte Menschen erlebten in 2000 Meter Höhe ein wahres Sportfest: die Spitzenläufer und -läuferinnen Österreichs mit ihren begeisternden, geradezu artistischen Leistungen zwischen den Flaggenpaaren, stäubender Schnee in glitzernder Sonne, farbenfrohe Schimoden und pausenloses Sporttreiben in majestätischem Bergesrund. Der Skiclub Lienz als Veranstalter und seine vielen selbstlosen Helfer können in dem schönen Gelingen die befriedigendste Genugtuung für all ihre viele Mühe und Arbeit sehen.

Osttiroler Bote, Nr. 1, S. 17

21. JÄNNER

Drei Fernsehempfänger – drei Programme

In Kals/Lesach der erste Empfänger mit österreichischem Programm. Wir berichteten bereits vor Weinachten, daß Versuche zu einem Empfang des Fernsehprogrammes in Lienz ein positives Ergebnis gezeitigt hätten und daß Aussicht bestünde, etwa die Winterolympiade auch in Lienz im Fernsehen verfolgen zu können. Gewissermaßen eine Vorprobe dazu war nun der Empfang der

Hotel „Wiener Sängerknaben" in Hinterbichl.

Übertragungen vom Hahnenkamm-Rennen in Kitzbühel am Samstag und Sonntag. In der Bahnhofsrestauration in Lienz war ein Fernsehempfänger aufgestellt und am Samstag fanden sich rund 250, am Sonntag etwa 300 Sportinteressierte ein, um das sportliche Geschehen am Bildschirm mitzuverfolgen. Wie schon seinerzeit mitgeteilt, ist in Lienz leider nur ein Empfang des Fernsehsenders Laibach möglich, glücklicherweise übernahm Laibach die Sportübertragung aus Kitzbühel direkt vom österreichischen Fernsehen in Bild und Wort. Der Empfang war zufriedenstellend, soweit nicht durch Kraftfahrzeuge, Triebwagen usw. besondere Störungen auftraten. Der erste und bisher einzige Fernsehempfänger in Osttirol, mit dem das österreichische Fernsehprogramm und zwar vom Sender Gaisberg empfangen werden kann, steht seit kurzer Zeit im Lesacherhof in Kals. Der Empfang vom Gaisberg ist dort klaglos. Es fanden sich auch am Sonntag über 100 Personen dort ein, um ebenfalls die Sportübertragung mitzuerleben. Der dritte Fernsehempfänger steht bekanntlich schon seit Jahren im Matreier Tauernhaus, wo das bayrische Fernsehen über den Sender Wendelstein empfangen werden kann. « Osttiroler Bote, Nr. 3, S. 6

25. AUGUST

» Die Wiener Sängerknaben – ein Kleinod Osttirols

Seit nunmehr über 30 Jahren haben die Wiener Sängerknaben für den Sommer in Hinterbichl ihre Heimstätte. Dort erholen sich die jungen Sänger von ihren Studien und Tournees und sammeln aus der herrlichen Gebirgswelt Kraft für neue Arbeit. Trotz ihrer Ferien muß jedoch die gesangliche Ausbildung weiterhin gepflegt werden und so geben sie nicht nur für die Gäste ihres Hotels Konzerte, sondern darüber hinaus singen sie jeden Sonntag bei einer Feldmesse, die allen Gästen des Bezirkes zugänglich ist und es können auch die Sonntag Nachmittagsveranstaltungen der Wiener Sängerknaben von allen Gästen besucht werden. [...] « Osttiroler Bote, Nr. 34, S. 1

13. OKTOBER

» Gelungener 1. Flugtag auf dem Flugfeld Lienz-Ost

Zwei Cessna Maschinen am Start – Großes Interesse der Bevölkerung – Der älteste Fahrgast 85 Jahre. „Das ist a feins Platzl" charakterisierte Fluglehrer Deisenberger das Flugfeld Lienz-Ost, auf dem der Sportfliegerklub Lienz am 8. und 9. Oktober den 1. Flugtag veranstaltete. Zwei Cessna-Maschinen der ÖFAG Salzburg mit den Piloten Ing. Achleitner und Fluglehrer Deisenberger flogen am Samstag vormittag, der eine über das Hochtor, der andere über Badgastein, das Lienzer Flugfeld an. Die Cessna sind einmotorige Maschinen mit einem Piloten und 3 bequemen Plätzen für Passagiere. Sie kosten ausgerüstet mit einer Sprechfunkanlage 380.000 Schilling. Die Steiggeschwindigkeit beträgt 160 km/h, die Reisegeschwindigkeit über 200 km/h. « Osttiroler Bote, Nr. 41, S. 6

1961

Bei der Heuarbeit.

6. JULI

» Auch das Mädchen von heute kann und will etwas leisten

Beweis: Ausstellung der Haushaltungsschule der Dominikanerinnen. Mädchen von heute, Mädchen von damals, ein großer Unterschied? Die Masse beurteil das junge Mädchen unserer Tage ungefähr so: sportlich, burschikos, selbständig usw. [...] und als großen Gegensatz zum Mädchen von damals, jeder Handarbeit naserümpfend aus dem Wege gehend. Zum letzten Punkt wäre allerdings einiges richtigzustellen. Betrachten wir die Ausstellung der Haushaltungsschule der Dominikanerinnen in Lienz, die wie alljährlich auch heuer am Samstag, 1. und Sonntag, 2. Juli, der Öffentlichkeit zugänglich war. Wir sahen die lobenswerten Leistungen der Schülerinnen der Haushaltungsschule im Nähen und Werken, praktische, hübsche Arbeiten. [...] Finden wir durch diese Ausstellung nicht bestätigt, daß auch das moderne Mädchen von heute etwas leisten kann und will? «

Osttiroler Bote, Nr. 27, S. 13

1962

14. JUNI

Sprengladung neben Bahnkörper

[...] Der Bahnarbeiter Franz Kollreider aus Strassen war am Vormittag des 7. Juni mit Aufräumungsarbeiten neben der Bahnstrecke zwischen Sillian und der italienischen Grenze beschäftigt. Gegen 10 Uhr fand er gegenüber Straßenkilometer 141,8 auf Bahngrund zwischen der Bundesstraße und der Bahnlinie unterhalb eines 2 m hohen lebenden Zaunes eine Sprengladung und Zündschnur. Da Kollreider bei den Pionieren gedient hatte, besaß er einschlägige Vorkenntnisse und verständigte von diesem Fund sofort die Gendarmerie Sillian, die gleich eine genaue Untersuchung der Fundstelle vornahm und dabei auch eine nichtexplodierte Zündkapsel fand. Bei der Sprengladung handelt es sich um ein italienisches Fabrikat. Die Ladung war in Nylon verpackt und mit schwarzem Kunststoff verschnürt. Die Stelle, an welcher die Sprengkapsel anzubringen ist, trug die Aufschrift: „A. Sortini Brescia". die Sprengladung war vermutlich in Papier verpackt. Bei diesem handelt es sich um ein Titelblatt mit folgender Aufschrift: „Noi dicciaramo il confino" (Wir bestimmen die Grenze). Dieser Titel ist mit den italienischen Farben und mit Edelweiß umrahmt. Bei der Sprengladung befand sich ein Ring mit drei Meter Zündschnur. Die Spitze dieser Zündschnur dürfte phosphoresziert sein, um rasch zünden zu können. Nach dem Zustand und der Lage der Sprengladung zu schließen, dürfte diese bereits den Winter über an dieser Stelle gelegen sein. Es wird angenommen, daß ein Unbekannter diese Sprengladung von der Straße her gegen die in 12 m Entfernung in gleicher Höhe verlaufende Bahnstrecke geworfen hat. Dabei dürfte die Ladung am lebenden Zaun hängen geblieben und zu Boden gefallen sein. Auch die Zündung dürfte nicht funktioniert haben. Die Meldung verschiedener Zeitungen, daß in der Nähe auch ein deutschsprachiges Flugblatt mit der Aufschrift in Balkenlettern „Es lebe Tirol" gefunden worden sei, entspricht nicht der Wahrheit. Die Sicherheitsbehörden haben sofort Erhebungen eingeleitet. « Osttiroler Bote, Nr. 24, S. 3

28. JUNI

Osttirols großer Tag

„Osttirols großen Tag" nannte Landeshauptmann Tschiggfrey den 23. Juni 1962, an dem er, Min. a. D. Dr. Heilingsetzer und NR. Kranebitter mit einem glitzernden, verchromten Spaten, die ersten Stiche in den felsigen Grund des Tauerntales zu einem großen Werk taten, zum Bau der Felbertauernstraße. Nach jahrzehntelangem Bemühen der um das Wohl des Bezirkes besorgten Männer, nach all den Anstrengungen verschiedenster Körperschaften und Institutionen, krönte die Grundsteinlegung der Felbertauernstraße diese Arbeit und diesen Einsatz im Dienste der Heimat. [...] Mit der Bergiselfanfare eröffnet die Stadtkapelle Kitzbühel den Festakt der Spatenstichfeier. Der Präsident der Gesellschaft, Min. a. D. Dr. Heilingsetzer, begrüßt die Festgäste und begründet die 60 prozentige Bundesbeteiligung an der Felbertauernstraße AG. Er sagt u. a.: Osttirol zählt mangels einer nennenswerten Industrie zu den unterentwickelten Gebieten, seine Verkehrslage ist denkbar ungünstig, weshalb durch den Bau dieser Straße dem Bezirk von Norden her ein Zugang erschlossen und damit der wesentlichste Beitrag für seine wirtschaftliche Entwicklung erbracht werden soll. Die Felbertauernstraße wird die einzige winterfeste Nord-Süd-Verbindung der Ostalpen sein, bei der auch die Südseite innerhalb Österreichs liegt. Frankreich, Italien, die Schweiz machen größte Anstrengungen, um neue Nord-Süd-Verbindungen zu schaffen. Wenn Österreich nicht ein Gleiches tut, besteht die Gefahr, daß es starke Verluste erleidet. Der Bau dieser Straße ist daher eine gesamtösterreichische Angelegenheit und Notwendigkeit. Die Zusammensetzung der Gesellschaft ist so, daß sie ein erfolgreiches Gelingen des Projektes verspricht. Von Bundesseite wird alles geschehen, um dieses Straßenbauvorhaben zu einer glücklichen Vollendung zu bringen. [...] « Osttiroler Bote, Nr. 26, S. 1 ff.

1964

Blick auf Matrei in Osttirol gegen das Tauerntal.

26. MÄRZ

Triest-Pipeline über die Tauern?

» Der Erdöl-Informationsdienst „ast"-Hamburg brachte am 6. März nachstehende Meldung: Wie wir erfahren, soll die Trasse der von acht Mineralölgesellschaften für die zusätzliche Versorgung des Raffineriezentrums im Raum Ingolstadt projektierten Alpen-Pipeline nicht, wie ursprünglich in Erwägung gezogen, über den Brenner, sondern – annähernd der direkten Luftlinie folgend – über die Hohen Tauern nach Bayern führen. Noch ist nicht darüber entschieden worden, ob als Kopfstation der Leitung mit einem entsprechenden Tanklager (etwa 1 Mio cbm Fassungsvermögen) Triest oder das benachbarte Monfalcone gewählt wird. Der Hafen von Venedig wird offensichtlich nicht mehr in Betracht gezogen. Vom Golf von Triest aus die die Leitung in nordwestlicher Richtung an Udine vorbei in das Tal des Tagliamento nach Tolmezzo führen. Mit der Untertunnelung des Plöcken-Passes soll die österreichische Grenze überschritten werden. Der weitere Verlauf der Trasse führt über den Gailbergsattel nach Lienz und Matrei zum Kamm der Hohen Tauern, der im Bereich des Passes Felbertauern mit Hilfe eines Tunnels überwunden werden soll. Die weiteren Stationen der Pipeline sind Mittersill, Kitzbühel, Kufstein, das Inntal und dann in Bayern als Endpunkt Ingolstadt. «

Osttiroler Bote, Nr. 12, S. 15

1965

9. SEPTEMBER »

Die große Flut

Hochwasserschäden kaum vorstellbaren Ausmaßes – 10 Todesopfer, mehrere Schwerverletzte – 1 Kirche, 1 Kapelle, ca. 30 Wohn-, Wirtschaftsgebäude oder Betriebsstätten zerstört, über 1200 ha Kulturgrund vermurt.

Nach den Erzählungen der Alten mag es höchstens im Jahre 1882 eine ähnliche verheerende Überflutung und Vermurung gegeben haben, wie sie der 2. und 3. Sept. des Jahres 1965 gebracht haben. Schon wähnten wir Osttiroler, dieses Katastrophenjahr würde an uns spurlos vorübergehen, als es ganz anders kam. Der erste Tag des Monats August und der erste Tag des Monats September waren gekennzeichnet durch ausnehmend starken und anhaltenden Regen. Während aber am 1. August der Schnee bis zu den obersten Höfen herunterreichte und durch diese Abkühlung kein Schmelzwasser von den Gletschern und den noch großen Rückständen des ausnehmend schneereichen Winters kam, war die Situation in den ersten Septembertagen anders. Es regnete bis über 3000 m hinauf und zwar auch noch am 2. September mit kurzen Unterbrechungen, dafür aber um so stärkeren Güssen, und den halben 3. September. Dadurch kamen nicht nur das normale Regenabflußwasser, sondern zusätzlich die Schmelzwasser der großen Schneerückstände und der Gletscher. Das hatte zur Folge, daß die Bäche der großen Seitentäler der Isel und Drau Wassermengen in einem von unserer Generation noch nie erlebten Ausmaße – 1942 und 1957 waren sie nicht so verheerend – zuführten und diese beiden Flüsse mit weithin ungebändigter Zerstörungswut vernichtungbringend durch die Täler tobten. Nach einem vorläufigen Überblick forderten Wasser und Muren in unserem Bezirk 10 Menschenleben und mehrere Schwerverletzte, zerstörten eine Kirche, eine Kapelle, ca. 30 Wohnhäuser, Wirtschaftsgebäude oder Betriebsstätten, rissen kilometerweit Bahnanlagen, Bundes-, Landes-, Gemeindestraßen und Güterwege, große und kleine Brücken mit, lösten Waldstücke los und verschütteten über 1200 ha Wiesen- und Ackergrund. Es blieb nahezu keine Gemeinde des Bezirkes ganz verschont, wenn auch die Schäden in der Bezirksstadt selber und deren unmittelbarer Umgebung im Vergleich zu denen in den Tälern und im unteren Lienzer Talboden bedeutungslos sind. Diese Naturkatastrophe forderte von den Sicherungs- und Rettungsmannschaften, zivilen Helfern, Feuerwehren, Exekutive, Bundesheer, Arbeitern des Baubezirksamtes und der Wildbachverbauung, des Amtes für Landwirtschaft, der Bahn, Post, Tiwag und Verbundgesellschaft, von den Organisatoren der Hilfsmaßnahmen schier übermenschliche Leistungen. Die Hilferufe von allen Seiten, die Ausdehnung der Verheerungen auf den ganzen Bezirk überforderten einfach die Kräfte und gegebenen Möglichkeiten. [...]

Das erschütterndste Unglück in St. Veit. 12 Menschen, darunter Kinder, in zertrümmertem Haus eingeschlossen und zum Teil furchtbar eingeklemmt – Muren vernichteten 3 Wohnhäuser – Defereggentalstraße weitgehend zerstört. Das Defereggental zählt mit dem mittleren Iseltal zu den schwerstbetroffenen Gebieten. Von der Talstraße Huben/St. Jakob i. D. – 22 km – sind nur mehr Reststücke zu sehen. Schon am Taleingang in der Klamme ist der Straßenkörper bis auf den nackten Felsen abgerutscht, von Waldhof bis Ort Hopfgarten ist sowohl die neue Brücke über die Schwarzach wie die neuangelegte Straße am linken Ufer verschwunden, nach Hopfgarten bis zum Mellitzgraben hinein ist die Straße mehr oder weniger zum Bachbett geworden, die Preßbrücke wurde um 100 m verschoben, alle weiteren Brücken über die Schwarzach, mit Ausnahme der Inneren Stanzbrücke, der Niggler- und der Lackbrücke, sind weggerissen. Das größte noch erhaltengebliebene Straßenstück ist das bei Feld-Bruggen mit etwa 1 km Länge. Das erschütterndste Bild in diesen Tagen in denen die Augen schon an Trümmern von menschlichen Behausungen, zerstörten Verkehrswegen, entwurzelten Wäldern und verwüsteten Feldern abgestumpft waren, erlebten wir in St. Veit i. D. 5 Bauerngehöfte, zum Teil mit neuerrichteten Wirtschaftsgebäuden, über einem Felsenknoten in Höhe von 1590 m, bilden die Fraktion Gassen der Gemeinde St. Veit i. D. Ober den Feldern zog sich ein geschlossener Waldgürtel hin. „Wir hätten nie gefürchtet, daß wir in Gefahr sind“, sagte uns der ergraute Michl Ortner. Am Abend des Donnerstags brach östlich der Häusergruppe in den Feldern eine kleine Mure ab. In der für den ganzen Bezirk so schicksalsvollen Nacht vom 2. auf 3. September um 2 Uhr löste sich etwa 500 m oberhalb der Gehöfte, durch den vielen Regen aufgeweicht, die dünne Vegetationsdecke mit dem darauf stehenden Wald von dem darunterliegenden Felsen und eine gewaltige Mure donnerte westlich der Häuser, die Felder und den darunterliegenden Wald verheerend, bis zur Talsohle nieder. Von beiderseitigen Muren eingeschlossen, saßen die Bewohner der Fraktion Gassen in ihren

Hochwasser in Lienz, 1965.

Hier der Iselsteg in Lienz, vom Hochwasser bedroht, 1965.

Häusern und warteten durch angstvolle Stunden auf den Morgen. Doch dieser sollte noch viel Furchtbareres bringen. „Kurz vor ½ 6 Uhr früh fing es auf einmal wieder an zu krachen", erzählte uns Petronilla Ortner, die mit ihrem Bruder Michael ins Freie gegangen war, und in wenigen Sekunden schoß eine gewaltige Lawine aus Baumstämmen und Geröll auf die Mitte der Häusergruppe zu, erfaßte zunächst die Aufzughütte, Waschküche und Holzhütte und dann das Doppelwohnhaus Rauterlis-Nitzer, riß den westlichen Hausteil großenteils mit über die Felsen hinunter ins Tal und überschob den übrigen Teil des aus Holzbalken gezimmerten Hauses bis auf die Grundmauern über eine an der Südostecke angemauerte Veranda. Zur Zeit des Unglücks befanden sich in dem Doppelwohnhaus 13 Personen. […] Durch die Überschiebung des Hauses kamen die Genannten mit Ausnahme der Aloisia Mellitzer, die vom Söller geschleudert wurde, in furchtbarste Situationen. Wir wollen diese hier im einzelnen nicht schildern, sondern die Leser nur bitten, den Opfern, die ein qualvolles Sterben hatten, ein Gebetsgedenken zu widmen. […] «

Osttiroler Bote, Nr. 36, S. 1 f.

1966

27. JÄNNER »

Täglich kommen 20 Waggons mit 100 Pipelinerohren

Sie werden aus VOEST-Blechen in Deutschland erzeugt – 6000 Rohre bracht es vom Plöckenpaß zum Felbertauern. Die riesigen weißen Rohre, die täglich mitunter sogar am Sonntag, auf einem Güterzug mit je 20 Waggons, von Deutschland kommend, auf dem Frachtenbahnhof Lienz einrollen, erregen der Bahnlinie entlang einiges Aufsehen und sind insbesondere im Raum von Lienz die erste in die Augen springende Realität der Transalpinen Ölleitung. [...] « Osttiroler Bote, Nr. 4, S. 10

18. AUGUST »

Osttirol von der Außenwelt abgeschnitten

In Gaimberg 1 Toter und 1 Verletzter – Nach einem Jahr wieder furchtbare Hochwasserkatastrophe – Gefährdete Häuser wurden evakuiert – Feuerwehrmänner, Exekutive, Bundesheer und viele freiwillige Helfer im Einsatz – Und es regnet unheimlich weiter.

Nach einigen Tagen sommerlicher Hitze ging am Montag, 15. August, abend, über unserem Bezirk ein stürmisches Gewitter nieder. Es dauerte nicht lange und alsbald leuchteten wieder Sterne am Himmel, wohl versprechend, daß der kommende Tag ein schöner sei. Doch am frühen Morgen des Dienstags standen schwere Wolken am Himmel, die es den ganzen Tag über, reichlich verbunden mit Blitzschlag und Donnerrollen, in Strömen regnen ließen. Nur zeitweilig wurde es etwas heller, sonst herrschte eine bedrückende, dämmrige Stimmung. Es regnete die Nacht auf Mittwoch durch, den ganzen Mittwoch und wieder in der Nacht auf Donnerstag. Die Lienzer Wetterstation meldete bis zum Donnerstag früh eine Niederschlagmenge von 196,3 mm in einer Zeit von rund 60 Stunden. Im Vergleich dazu fielen in den Katastrophentagen des letzten Jahres in Lienz 181,1 mm in zwei Tagen. Im Durchschnitt rechnet man in Lienz bei normalen Verhältnissen mit einem Monatsniederschlag von 70 – 80 mm. Die erste Schadensmeldung in Osttirol kam in den Nachmittagsstunden des Dienstags aus Prägraten. Nahe der Ortschaft Bobojach war die Landesstraße in einer Länge von ungefähr 10 m abgerutscht, wodurch der gesamte Fahrzeugverkehr in beiden Richtungen unterbrochen war. [...]

Die Situation heute, Donnerstag. Osttirol ist von der Umwelt total abgeschnitten, ebenso besteht keine Verbindung in die Täler. Um 8 Uhr früh war noch Telefonverbindung mit Sillian, Innervillgraten, Nikolsdorf möglich. Eine Funkverbindung in die Täler besteht nicht, da der Funkwagen mit den Geräten in Heiligenblut eingeschlossen ist. Die angeforderten Einheiten des Bundesheeres sind auf dem Weg nach Osttirol, kommen aber wegen der Vermurungen im Mölltal nicht weiter. [...] « Osttiroler Bote, Nr. 33, S. 3

Rettungsaktion durch das Bundesheer beim Hochwasser 1966.

1967

8. JUNI

» ## Die Transalpine Ölleitung

Die leistungsfähigste Europas. Ein Rückblick auf deren Werden – Bauherr: die größte Konzentration von Ölgesellschaften – Finanzierung und Bauausführung durch internationale Firmen – Vorerst 25 Mio Tonnen Jahresleistung, Ausbau auf 54 Mio Tonnen – Öl deckt schon Hälfte des westeuropäischen Engergiebedarfs.

Die Bundeshymne war kaum verklungen, als die zwei riesigen Dreiphasen-Asynchron-E-Motoren mit ihren je 4000 PS zunächst aufheulten und dann in ein gleichmäßiges Summen übergingen. Es war Sonntag, 4. Juni, 11.50 Uhr, als der Bundeskanzler der Republik Österreich, Dr. Josef Klaus, über Ersuchen des Generalprojektanten und Gesamtbauleiters der Transalpinen Ölleitung, Mr. J. E. Green, die zwei Kreiselpumpen in der Station Kienburg in Betrieb setzte, damit die Baufertigstellung dokumentierte und das Werk mit dem Satz würdigte: „Abgesehen von der wirtschaftspolitischen Bedeutung für ganz Europa wird diese transalpine Verbindung als hervorragende technische Leistung in die internationale Baugeschichte eingehen." « Osttiroler Bote, Nr. 23, S. 1

29. JUNI

» ## Felbertauernstraße – techn. Hochleistung

[...] Pünktlichkeit ist die Höflichkeit der Könige und Staatspräsidenten. Daran hielt sich auch unser Staatsoberhaupt am Sonntag, als es um 8.50 Uhr auf der Hochbrücke von Matrei eintraf und nach dem schmetternden Hornsignal des Bundeshornisten Pircher die Meldung des Matreier Schützenhauptmannes entgegennahm, daß die Fahnenkompanie Matrei (126 Mann), die Eisenbahner-Stadtkapelle Lienz und die MK Matrei zu Empfang und Festlichkeiten angetreten sind. Bei Bundes- und Landeshymne mußte man leider die Wahrnehmung machen, daß anscheinend gar manche unserer Landsleute diese nicht kennen oder nicht wissen, daß beim offiziellen Spiel der Hymnen die Kopfbedeckung abzunehmen ist. Vom Klaunzbühel donnern die Böller, während der Bundespräsident die Front abschreitet – die verschiedenartigsten Trachten unserer Heimat, die stärkste Schützenkompanie Tirols vorm markanten Bergeshintergrund, einzigartige Bilder für Farbfotografen, aber auch für die Filmreporter, es sind das deutsche, italienische und österreichische Fernsehen, die Wochenschau und zwei Filmproduzenten vertreten. An neuen Gästen sehen wir u.a. Bischof Dr. Paulus Rusch, Landeshauptmann Dr. Lechner von Salzburg mit weiteren Mitgliedern seiner Landesregierung, Landeshauptmannstellv. Dr. Kerstnig von Kärnten. Zur Bischofsmesse spielt die Matreier Musik unter Tobias Trost die Haydn-Messe [...]. Etwa zwischen drei- und viertausend Menschen sammelten sich in der näheren und weiteren Umgebung des Altares oder lagern auch im Schatten. Nach dem Gruß des Aufsichtsratsvorsitzenden, dem technischen Bericht von Dipl.-Ing. Stark u. der Festrede des Nationalrates Kranebitter verweist der Landeshauptmann darauf, daß Osttirol im gleichen Monat einen zweiten großen Tag begehe. In Erinnerung an die Fertigstellungsfeier der Ölleitung betonte er nochmals deren positive wirtschaftliche Auswirkungen. [...] Der beschwingte Marsch „O, du mein Österreich", Beifall und Böllerkrachen begleiten die Eröffnungszeremonie durch den Bundespräsidenten, der anschließend mit den höchsten Ehrengästen den Vorbeimarsch der Formationen abnimmt, der in dieser Bergkulisse besonders wirkungs- und eindrucksvoll ist und einen großartigen Abschluß darstellt. Jubel um Eröffnungsfahrt: Voraus der weiße Porsche der Gendarmerie-Verkehrsabteilung, der Wagen unseres Bezirkshauptmannes und dann der schwarze Mercedes des Landeshauptmannes mit Staats- und Landeswappen, flankiert von „Weiße Mäusen" auf Motorrädern, das ist die Spitze des schier endlosen Konvois der Eröffnungsfahrt, die nun unter dem Jubel der Festteilnehmer beginnt. [...] « Osttiroler Bote, Nr. 26, S. 1 und S. 6

20. JULI

» Familien- und Heimkehrfeste um Dr. Habsburg

Tausende Osttiroler und Sommergäste bekundeten ihre Verbundenheit oder ihr Interesse bei den Empfängen und Versammlungen – Keine politische Verschwörung: „Ich bekenne mich rückhaltlos zum heutigen Österreich. Ich denke nicht daran, eine Partei zu gründen oder die bestehenden Parteien zu konkurrenzieren." In Osttirol haben Dr. Otto Habsburg, seine Gemahlin Regina, seine Schwester Adelheid und auch seine Schwester Elisabeth, verehel. Liechtenstein, die am Sonntag mit dabei war, während des fünftägigen Aufenthaltes viel echte Zuneigung, ja Bekundungen verehrender Hochschätzung erleben können. Es gab ein Wiedersehen mit vielen alten Bekannten, welche die Habsburger Familie während der Jahre ihrer Verbannung aus Österreich in Pöcking besucht hatten. Die hohen Gäste mußten hunderte Hände einfacher Frauen und Männer drücken, sie konnten erleben, wie ergraute Kaiserjäger und Standschützen sich um den Sohn ihres einstigen obersten Kriegsherrn drängten und ihm mit nassen Augen alles Gute wünschten. Obwohl von offizieller Seite dahingehend eingewirkt worden war, keine großen Empfänge mit Anwesenheit politischer Vertreter zu veranstalten, brach doch die Hochschätzung des Volkes, die durch das Unrecht der Verbannung noch gesteigert worden war, durch und waren in einer Reihe Gemeinden, die Schützenkompanien und Musikkapellen zum Empfang gestellt und sprachen die Bürgermeister die Grußworte. Dr. Otto Habsburg ist ja im größeren Teil unserer Gemeinden das Ehrenbürgerrecht verliehen worden und unseres Erachtens handelten die Bürgermeister folgerichtig nach dem Ausspruch, den einer von ihnen tat: Was unseren Vätern recht gewesen ist, muß auch uns billig sein. [...] « Osttiroler Bote, Nr. 29, S. 4

1968

Schloss Lengberg in St. Nikolsdorf, 1950.

13. JUNI

»| **Nur aufs Heiraten warten, ist zuwenig**

27 Mädchen besuchten die einjährige landw. Haushaltungsschule in Schloß Lengberg – Abschlußfeier mit Dankgottesdienst, Schülerdarbietungen und Gästereden. Die Tatsache, daß es in unserem Bezirk viele Mädchen gibt, denen der weite Weg vom Elternhaus zur polytechnischen Klasse nicht zumutbar ist, hat die Direktion der Landw. Landeslehranstalt Lienz im Verein mit der Bezirksschulbehörde bewogen, in Schloß Lengberg für solche Mädchen einen Polytechnischen Jahrgang als einjährige ldw. Haushaltungsschule mit Internat zu führen. Im Schuljahr 1967/68 wurde dieser neue Weg beschritten, und wie es bei der Abschlußfeier am 6. Juni wiederholt betont wurde, hat sich diese Regelung gut eingespielt und auch bewährt, da die 15jährigen in verstärktem Maße auf ihre zukünftige Lebensaufgabe vorbereitet werden. [...] « Osttiroler Bote, Nr. 24, S. 11

1969

30. OKTOBER

» Weltcup-Rennen nun doch in Lienz

Ausfallhaftungen für S 600.000 – S 100.000 Beihilfe vom Land. Auf dem Zettersfeld und auf dem Schloßberg bzw. Hochstein rumoren, begünstigt von nahezu ununterbrochen wolkenlos sich reihenden Oktobertagen, schwerste Schubraupen. Sie verbreitern und planieren oder schieben überhaupt neue Schiabfahrten aus. Dies veranlaßte uns zur Frage an den Präsidenten des Skiclubs Lienz, Stadtrat Dir. Dr. Schlick, ob nun doch das Weltcup-Rennen in Lienz stattfinde. Und der Skiclub-Präsident konnte uns eine positive Antwort geben. [... Geplant ist], das vorweihnachtliche Weltcuprennen als feststehende Veranstaltung abwechselnd in Cortina und Lienz auszutragen, was natürlich für Lienz eine noch nicht abschätzbare Werbewirkung hinsichtlich Wintersaison bedeutet. Die Bereitschaft des Fernsehens, vorerst täglich Aufzeichnungen zu bringen, ist nach wie vor aufrecht. Nach Information von Dr. Schlick bewarben sich in Tirol Innsbruck, Seefeld, St. Anton und Lermoos um diese Veranstaltung, die ein erstes Kräftemessen der weltbesten Schifahrer in der jeweiligen Saison darstellt, in Österreich sollen es überhaupt 34 Bewerber sein. Lienz stand also durchaus nicht konkurrenzlos da. Das Cuprennen wird ohne Abfahrtslauf mit zwei Herren-Riesentorläufen (Goldene-Pflug- und Wartschenbrunnstrecke) und einem Damen-Riesentorlauf (Goldene-Pflug-Strecke) auf dem Zettersfeld und mit den Torläufen am neu hergerichteten Schloßberghang ausgetragen. « Osttiroler Bote, Nr. 43, S. 1

Eine Variante des Kraftwerkprojektes Dorfertal sah auch die Unterspülung des Kalser Tauernhauses vor.

1970

8. JÄNNER »

Mit Rodel gegen Pkw

[...] Der 39jährige Landarbeiter Bartholomäus Mair aus Obergaimberg fuhr am Dreikönigstag gegen 15 Uhr mit seinem Pkw auf dem Gemeindeweg in Richtung Obergaimberg. In einer unübersichtlichen Rechtskurve, wo der Weg nur eine Fahrbahnbreite von 1.80 m und eine Steigung von ca 17 Prozent hat, dazu noch stark vereist war, kam ihm der 13jährige Hauptschüler Robert Müller aus Lienz als Rodler entgegen. Bei Ansichtigwerden des Rodlers bremste Mair sein Fahrzeug ab, fuhr über den rechten Wegrand hinaus in den Schnee und brachte es dort zum Stillstand. Auch Müller bremste bei der Begegnung ab, geriet aber dabei gegen den linken Wegrand und schließlich gegen die vordere Stoßstange des stehenden Pkw des Mair. Durch den Anprall zog sich Müller einen Unterschenkelbruch rechts zu. Er wurde von Mair in dessen Pkw in das Krankenhaus Lienz eingeliefert. Der bedauerliche Vorfall sei Anlaß, die Rodler erneut darauf aufmerksam zu machen, daß bis zu den obersten Höfen am Gaimberg mit Fahrzeugbegegnungen zu rechnen ist. Auf unübersichtlichen Strecken sollte also das Tempo so reguliert werden, um bei einer unerwarteten Begegnung rechtzeitig anhalten zu können. Die Kraftfahrer hingegen sollten reichlich Signal geben. « Osttiroler Bote, Nr. 2, S. 3

26. NOVEMBER »

Technische Beschreibung des Kraftwerksprojektes Iselgebiet

Der Geschäftsführer der Studiengesellschaft Osttirol Dr. Erich Mair skizzierte in seinem Vortrag die drei Varianten, die für das Kraftwerksprojekt Iselgebiet ausgearbeitet worden sind. Nachdem nun vorwiegend nur mehr von der Variante III gesprochen wird, gehen wir auf die Varianten I und II nicht mehr ein. Die letzte Variante ist in Zusammenhang mit Überlegungen bezüglich Landschaftsschutz, Fremdenverkehr, Interessen der Bevölkerung erstellt worden und will die in den Varianten I und II vorgesehenen zwei Großspeicher im Tauerntal u. zw. im Gschlöß und im Bereich der Gschiltalm ersparen. Dafür muß allerdings der Wasserinhalt des Stausees im Kalser Dorfertal durch Erhöhung des Stauzieles auf 1.793 m von 105 auf 235 Mio m^3 gesteigert werden. Damit würde auch das Kalser Tauernhaus noch unter Wasser kommen. Ursprünglich war in der Daberklamm eine Betonsperre vorgesehen, die Variante III spricht von einem Staudamm. Ein solcher Steindamm kann aber nur einigermaßen wirtschaftlich angelegt werden, wenn dazu in der näheren Umgebung ausreichend Steine und Schotter vorhanden sind. Es werden daher 1971 Schürfungen im Dorfertal vorgenommen, um festzustellen, welche Materialien vorhanden sind. « Osttiroler Bote, Nr. 48, S. 1

1971

Bald sollte Matrei in Osttirol vom Nationalpark Hohe Tauern umgeben sein.

28. OKTOBER

„Staatakt“ auf dem Dorfplatz in Heiligenblut:

[...] Mit den Zeichen eines Volksfestes, aber eigentlich ohne nennenswerte Beteiligung des „Volkes“ mit Ausnahme von Schulkindern, wohl aber einer Vielzahl geladener Gäste und Reporter von Fernsehen, Rundfunk und Presse aus drei Bundesländern unterzeichneten die Landeshauptleute von Kärnten, Salzburg und Tirol am 21. Oktober auf dem Dorfplatz von Heiligenblut die Ländervereinbarung über den Nationalpark Hohe Tauern. Ein mild-sonniger Tag ermöglichte den feierlichen Akt nicht nur im Freien, sondern ließ auch die Gletscherflanken des Großglockners an schwarzen Felsen über braunen Matten gleißen, während weiter unten die Lärchen der Bergwälder gelb unter dem heuer so beständigen Herbstblau standen. Gewiß ein sehr passender Rahmen für den Geburtstag eines Vorhabens, daß sich ein Ziel setzt [...]: Kraftwerksbau und Nationalpark vereinbar? Eine gewiß schwierige Frage wird die werden: sollen in einem Nationalpark Kraftwerke gebaut werden oder nicht? Die Antwort darauf erhielt in der letzten Zeit durch den Kampf der Zillertaler um die Erhaltung des Zillergründls in seiner Naturform, durch die voranstehende Klage des Bürgermeisters von Heiligenblut und durch die Resolution des Ötztaler Heimatvereins für die Erhaltung des Umhausener Stuibenfalls, des schönsten und größten Wasserfalls von Tirol und des zweitgrößten Österreichs, besondere Aktualität. In Heiligenblut waren Stimmen zu hören, die bezweifelten, ob Kraftwerksbau und Nationalpark vereinbar seien. « Osttiroler Bote, Nr. 43, S. 4

1972

17. AUGUST

» ## Osttirol zu Kärnten? Hitze = erhitzte Diskussion

Am 8. August wurde eine Fernsehdiskussion ausgestrahlt, die weit mehr „Wirbel" ausgelöst hat, als sie zunächst verdiente. [...] Die an Intensität gewinnende Diskussion über Raumordnung, Raumplanung und Verwaltungsvereinfachung hat nun in Österreich zur Frage geführt, ob nicht auch die Zahl der Bundesländer verringert werden sollte. Dabei denkt man vor allem an eine verwaltungsmäßige Vereinigung von Niederösterreich und Wien. Die Bundeshauptstadt ist bekanntlich zugleich Gemeinde und Bundesland. Der niederösterreichische Landeshauptmannstellvertreter Czettel lehnte gestern in einem ORF-Interview eine direkte Fusion ab, trat aber für eine enge Kooperation in Fragen der Raumplanung ein. Daß in Kärnten die kürzlich beschlossene Gemeindestrukturreform die Frage nach der Verringerung der Verwaltungsbezirke und letztlich der Bundesländer aufgeworfen habe, erklärte der Kärntner VP-Klubobm. Abg. Knafl. Auf eine konkrete Frage gab er zu Antwort, daß es ihm seit jeher leid getan habe, daß Osttirol nicht zu Kärnten gekommen sei. Er könnte es sich aber vorstellen, daß dies einmal der Fall sein werde. Zwischen Kärnten und Osttirol gibt es seit der gewaltsamen Abtrennung Südtirols an Italien vielfältige Bindungen, vor allem verkehrsmäßiger und ökonomischer Art. Einer Fusion dürfte jedoch das starke, auf Tradition basierende Zusammengehörigkeitsgefühl der Tiroler entgegenstehen. [...] Raumplanung, Verwaltungsvereinfachung, weniger Gemeinden, weniger Bundesländer, das sind zur Zeit besonders beliebte Schlagworte [...]. Wien und Niederösterreich werden zusammengelegt, aber doch nicht ganz, nur so verwaltungsmäßig; Osttirol soll wieder einmal zu Kärnten, weil die Osttiroler so nette Menschen sind. Das war der Tenor einer kürzlichen ORF-Sendung. „Anschlüsse" sind uns in der Vergangenheit nie gut bekommen. Also lasse man uns Osttiroler gefälligst aus dem Spiele. Wir Osttiroler fühlen uns beim Mutterland recht wohl. Ein aus Tradition basierendes Zusammengehörigkeitsgefühl ist bei uns sehr stark verankert, stärker als so manche es wahrhaben wollen. Von der wirtschaftlichen Seite gar nicht zu reden. Von einem Bundesland, dessen Pro-Kopf-Einkommen um ein gutes Viertel gegenüber Tirol nachhinkt, wäre schon rein rechnerisch nicht viel zu erwarten [...]. Also verbleiben wir weiterhin gute, in Freundschaft verbundene Nachbarn! [...] « **Osttiroler Bote, Nr. 33, S. 1**

1974

17. JÄNNER

5. Dolomitenlauf – Ein wahres Volksfest

[...] Was vor einigen Jahren als Volksskilauf mit nicht allzu vielen Teilnehmern begonnen hat, wurde nunmehr zu einem wahren Volksfest: Der Dolomitenlauf in Lienz. Die Stadt stand am vergangenen Sonntag, 13. Jänner, im Zeichen von 1650 Langläufern aus 13 Ländern, die den Dolomitenlauf – den fünften bisher – buchstäblich zu einer Monsterveranstaltung emporhoben. Die unermüdlichen, monatelangen Vorbereitungen des Langlaufclubs Lienz mit Robert Steiner an „vorderster Front" lohnten sich. Nicht nur Ablauf und Organisation klappten bestens, auch strahlender Sonnenschein und Pulverloipen trugen wesentlich zum guten Gelingen dieser Langlaufkonkurrenz, die erstmals im Rahmen des Alpentris abgewickelt wurde, bei. Das Erfreulichste an der Veranstaltung: die Bevölkerung tat begeistert mit und bereitete den Langläufern im Ziel, auf dem Hauptplatz einen Empfang, der sich sehen und hören lassen konnte. Sieger Pauli Siitonen aus Finnland wurde ebenso gefeiert, wie der Italiener Enrico Cappeletti, der sich nach Einbruch der Dunkelheit als Letzter ins Ziel schleppte. Den würdigen Abschluß bildete ein großartiges Feuerwerk; man hatte die Gewißheit, daß mit dem fünften Dolomitenlauf eine der schönsten Sportveranstaltungen, die ein Lienz je abgewickelt wurden, zu Ende ging. « Osttiroler Bote, Nr. 3, S. 18

Postkarte zum Dolomitenlauf Lienz, 1981.

1975

Prägraten, 1974.

13. MÄRZ

Prägraten: Alternativvorschlag zur Schonung der Bäche

[…] Die Gemeinde Prägraten, vertreten durch Bürgermeister Kasimir Berger, lud politische Mandatare, Vertreter der Massenmedien wie des Vereins zum Schutz der Erholungslandschaft Osttirol, Gemeindebewohner für den Nachmittag des 7. März zu dem „Pressegespräch“ in den Gasthof „Tirol“ in Prägraten. Der Bürgermeister stellte das Anliegen der Gemeinde vor. Das Problem. Nach Plänen der Studiengesellschaft Osttirol sollen zur Füllung eines Großspeichers im Kalser Dorfertal mit etwa 240 Millionen Kubikmeter Inhalt fast alle Hauptbäche des Osttiroler Alpenhauptkammes zumeist in großer Höhe erfaßt und abgeleitet werden. In letzter Zeit wurden die Detailplanungen hierfür intensiviert und jüngste Äußerungen von Vertretern der E-Wirtschaft machen deutlich, daß nach wie vor die weitgehende Trockenlegung auch jener um Prägraten liegenden Tauerntäler (Umbal-, Maurer-, Dorfer- und Timmeltal) beabsichtigt ist, die gerade im Nah-Wanderbereich liegen und welche die Grundlage für den Erholungstourismus in Prägraten bilden. Schon vor einem Jahr hatten sich mehr als 94 % der wahlberechtigten Prägrater Bürger gegen die Ableitung der Almbäche ausgesprochen. […] Die Gemeinde Prägraten muß daher das Projekt in der bisherigen Form mit aller Entschiedenheit ablehnen und beantragt – ohne Präjudizierung in dieser Frage –, die Projektalternative, die Isel im Bereich des sogenannten Stegach, nördlich der Einmündung des Bereralmbaches, etwa bei Höhe 1190 m zu fassen und die verlorene Höhe durch Pumpaufwand zu ersetzen, durch neutrale Gutachten objektiv detailliert untersuchen zu lassen. […] « Osttiroler Bote, Nr. 11, S. 1

1977

27. OKTOBER

» Der Hoffnungstag für das Osttiroler Oberland

[...] Am 18. Oktober wurde im Beisein von mehreren hundert geladenen Gästen, an der Spitze Landeshauptmann Wallnöfer, Landeshauptmann-Stellv. Dr. Salcher, die Landesräte Dr. Bassetti und Zanon, unter Mitwirkung der Musikkapelle Panzendorf die erste Baustufe des Werkes Heinfels der E.G.O. Austria vom 84-jährigen, aber voll agilen Firmenchef Ing. Karl Fischer eröffnet und vom Sillianer Dekan Cons. Albert Steinringer gesegnet. [...] Das erste Fließband zur Fertigung von Kochplatten steht in Montage. Die Arbeit wird zunächst mit rund 20 Kräften aufgenommen, zur Vermittlung ausgeschrieben werden weitere 15. Wie der Geschäftsführer der E.G.O. Austria Elektrogeräte Ges.m.b.H. in Heinfels, Ing. Alfons Pucher, versicherte, können unter der Voraussetzung einer entsprechenden Absatzentwicklung der Produkte bereits in der ersten angegebenen Ausbaustufe bis 100 Arbeitskräfte, männlich und weiblich, aufgenommen werden. Bis zum Endausbau würden später noch 2 Bauabschnitte folgen. In Würdigung der verständnisvollen Befürwortung der Werksgründung in Heinfels überreichte der Landeshauptmann über Beschluß der Landesregierung an Ing. Karl Fischer den Großen Tiroler Adlerorden und der Bürgermeister der Gemeinde Heinfels, Franz Kofler, steckte in Dankbarkeit über Beschluß des Gemeinderates dem rüstigen Vierundachtziger den Ehrenring der Gemeinde Heinfels an den Finger. Die Eröffnungsfeier, welche die Musikkapelle Panzendorf unter Leitung des Bürgermeisters mit festlichen Weisen verschönerte, schloß mit den Segensgebeten des Dekans, assistiert vom örtlichen Kaplan Gottfried Melzer, für alle, die dieses Werk schufen und in ihm arbeiten werden. « **Osttiroler Bote, Nr. 43, S. 6**

1982

16. SEPTEMBER »

Kalkstein/Innervillgraten. Wilderer von Jäger auf Flucht erschossen

[...] Der 54jährige Landwirt und Aufsichtsjäger Johann Bergmann, vlg. Außerschettlett in Innervillgraten, hörte am Kleinen Frauentag, 8. September, gegen 18.30 Uhr im Gebiet der Höll-Leite an der linken Talseite in Kalkstein einige Schüsse. Er rief daraufhin im Gasthof „Bad Kalkstein" an und verständigte den Aufsichtsjäger Johann Schett (42), vlg. Außermoscher, wohnhaft in einem in Kalkstein gekauften alten Bauernhaus und beschäftigt als Wegbauarbeiter in einer Partie des Amtes für Landwirtschaft. Dieser wiederum setzte sich mit dem Aufsichtsjäger Josef Schaller (49), Postbeamter aus Innervillgraten, stammend vom vlg. Innerlipper in Kalkstein, in Verbindung. Schett ging mittlerweile hinauf ins besagte Gebiet und sah bei einer Hütte in der Höll-Leite den Wilderer in einer Entfernung von rund 40 m. Er hatte das Gewehr umgehängt und sein Gesicht mit Ruß geschwärzt. Der Aufsichtsjäger machte sich wieder auf den Weg nach Kalkstein, wo er bereits auf Schaller traf. Beide fuhren ein kurzes Stück mit dem Auto weiter hinauf und begaben sich sodann zur Heuhütte, wo Schett den Wilderer beobachtet hatte. Dieser war jedoch nicht mehr da. Von diesem Standpunkt aus machte Schaller in einer Entfernung von 40 bis 50 m im Gebüsch etwas aus, sie vermuteten den Wilderer. Schaller trug Schett auf, bei der Hütte zu bleiben und gegebenenfalls Deckung zu geben. Es gelang ihm sodann, den Wilderer aus einigen Metern in einem Nadelbaumdickicht zu stellen. „Halt, Jagdwache, stehen bleiben!", rief er diesem zu. Der Angerufene ergriff daraufhin ostwärts über den Hang hinüber die Flucht. Schaller feuerte, drei Warnschüsse, die er hinter die Füsse des Flüchtenden zielte,

Kalkstein mit Grumauer Berg, 1963.

ab. Er schoß nicht auf den Flüchtenden der nur einige Meter vor ihm lief. Dem Wilderer gelang es, über eine kleine Bodenerhebung drüberzukommen, sodaß Schaller im toten Winkel war und keine Möglichkeit mehr hatte, auf den Flüchtenden zu schießen. Dieser geriet nun ins Visier des bei der Heuhütte wartenden Schett, der viermal schoß, wobei die letzte Kugel traf. Die Patrone drang oberhalb des Genicks am Hinterkopf ein und trat vorne links beim Stirnscheitel wieder aus. Der Wilderer bäumte sich auf, stürzte 20 m über steiles Gelände hinunter und blieb schwerstens verletzt liegen. Schett lief mit seiner Waffe und jener des Angeschossenen ins Tal und verständigte im Gasthof „Bad Kalkstein" Arzt und Rettung, die Wirtin alarmierte die Gendarmerie. Walder wurde im BKH Lienz operiert und erlag am 9. September in den Morgenstunden seinen Verletzungen. [...] Zur Verhaftung von Johann Schett und Einleitung der Voruntersuchung wegen des Verdachtes des Mordes hat man sich deshalb entschlossen, weil der Flüchtende nie gegen die Jäger gezielt hat. Er trug das Gewehr stets am Rücken. Sein Gewehr war sogar mit einem Propfen im Lauf bestückt, im Patronenlager befand sich keine Patrone. Keiner der beiden Aufsichtsjäger gab an, daß der als der 30jährige Pius Walder identifizierte Getötete auch nur einmal die Waffe gegen sie gerichtet hatte. Ein weiterer Grund lag auch in der Aussage des Schußsachverständigen, der die Auffassung vertrat, daß der tödliche Schuß mit größter Wahrscheinlichkeit gezielt abgegeben worden ist, worin die Anklage wegen Verdachtes des Mordes begründet liegt. Pius Walder wurde am Sonntag, 12. September, von einer über 1.000 Menschen zählenden Trauergemeinde in Kalkstein auf seinem letzten Erdenweg zu Grabe geleitet. Den Begräbnisgottesdienst hielten Pfarrer Alban Ortner von Innervillgraten und Pfarrer Johann Bergmann von Kalkstein. Der Leichnam Walders war in Sillian im Hause eines Bruders aufgebahrt gewesen. [...] Bezüglich der am offenen Grabe ausgesprochenen Drohung der Brüder des Getöteten, „daß sie (die Jäger) das büßen werden", gaben diese bei einer dementsprechenden Einvernahme durch die Kriminalbeamten an, sie wollen lediglich den wahren Mörder hinter Schloß und Riegel bringen. Sie sind nicht unbedingt überzeugt, daß Schett die tödliche Kugel abfeuerte. [...] « Osttiroler Bote, Nr. 37, S. 4

1983

Erzherzogin Zita mit ihrem Ehemann Erzherzog Karl von Österreich-Ungarn am Tage ihrer Vermählung, 1911.

8. SEPTEMBER »

„Hier bin ich im Herzen von Tirol" und dieses Herz hat wahrhaft freudig geschlagen

[...] „Ich freue mich riesig, hier zu sein. Das habe ich mir schon lange gewünscht. Jetzt bin ich im Herzen von Tirol. Ich danke Ihnen allen sehr". Diese Worte sprach Ihre Majestät Zita, die letzte Kaiserin von Österreich, bei ihrem Besuch in Osttirol am 3. September 1983, nachdem sie vor 64 Jahren aus Österreich verbannt worden war und erst 1982 die Erlaubnis erhalten hatte, wieder österreichischen Boden betreten zu dürfen. Gerade dieses Los hat der Kaiserin und ihrer Familie Sympathie, Anhänglichkeit und Hochachtung in breiten Schichten unseres Volkes, besonders der älteren Generation, gesichert und so war dieser Besuch vorab von echter Herzlichkeit und aufrichtiger Treue beiderseits getragen. Es war kein künstlicher Pomp, sondern ehrliche Freude, ja Ergriffenheit, die Tränen in die Augen treten ließ, die Begrüßung und Feierablauf kennzeichneten. Der Bundesobmann der Internationalen PAN Europa-Union, Aktion Österreich-Europa, Erich Feigl, der bei allen bisherigen Wiedersehensfeiern dabeigewesen ist, konnte sagen, daß nach Wien, der ehemaligen Kaiserstadt, wo die Wiederbegegnung mit Kaiserin Zita natürlich in anderen Dimensionen ablief, in Lienz die schönste und vor allem tiefinnerste Festgestaltung zu verzeichnen war. « Osttiroler Bote, Nr. 36, S. 58

24. NOVEMBER »

Schmieraktion

In der Nacht auf Dienstag, 22. November, wurde an eine Wand des Neubaues des Josef Schaller in Innervillgraten von unbekannten Tätern mit rotem Lack in 70 cm hohen Buchstaben des Wort „Mörder" aufgepinselt. Josef Schaller war am 8. September 1982 der Begleiter des Johann Schett, der Pius Walder beim Wildern erschossen hat. « Osttiroler Bote, Nr. 47, S. 2

1985

28. NOVEMBER »

Innervillgraten. Gewilderte Gamsgeiß am Grab von Pius Walder

Gegen zwei Brüder wird Anzeige erstattet. Unbekannte Täter legten in der Nacht vom 23. zum 24. November auf das Grab des Pius Walder in Kalkstein, Gemeinde Innervillgraten, eine offenbar gewilderte Gamsgeiß. Hinter die Geiß stellten der oder die Täter eine Holztafel, auf der mit einem roten Filzstift in Blockbuchstaben geschrieben stand: „Lieber bin ich ein Gewilderter, als ein von feigen Jägern meuchlings erschossener Gamsbock." Außerdem steckte zwischen den Hinterläufen der Gamsgeiß ein Zettel mit folgendem Text: „Ihr feigen Jäger, dieser tapfere Schütze, der von Euch brutal von hinten ‚erlegt' wurde, bleibt uns unvergessen, Gott sei mit Euch, daß es nicht Euch einmal so ergeht – Ihr seid brutale Schweine!" Aufgrund der von Gendarmeriebeamten des Postens Sillian ermittelten Sachlage wird gegen zwei Brüder Walder wegen Verdachtes der gefährlichen Drohung gegen die Jägerschaft, wegen Verdachtes des Eingriffes in ein fremdes Jagdrecht und wegen Verdachtes der Störung der Totenruhe Strafanzeige erstattet werden. « Osttiroler Bote, Nr. 48, S. 2

Der Tourismus entwickelte sich in Osttirol seit dem 19. Jahrhundert zu einer wichtigen Wirtschaftssparte.

1986

3. JULI

» **Auswirkungen des Reaktorunfalles von Tschernobyl für den Verwaltungsbezirk Lienz**

Wie die letzten Untersuchungsergebnisse von Proben aus dem Bezirk Lienz zeigen, sind überwiegend nur mehr Reste radioaktiver Substanzen in den Nahrungsmitteln vorhanden. Auf Grund von mehr als zweihundert eingesandten Proben kann festgestellt werden, daß der Bezirk vergleichsweise gering durch radioaktive Substanzen belastet wurde. « Osttiroler Bote, Nr. 27, S. 2

28. AUGUST

» **„Wilderer" entpuppten sich als Tierfilmer**

[...] In Osttirol ist man seit längerer Zeit sehr sensibel, wenn es in irgend einer Art ums Wildern geht. So darf sich niemand im Gelände auffällig bewegen, um nicht gleich in Verdacht zu geraten, ohne Berechtigung ein Wild erlegen zu wollen. So beobachtete der Aufsichtsjäger Gottfried Hofer aus Untertilliach am 24. August auf dem sogenannten Rauchbühel in der Nähe der italienischen Grenze zwei Männer, die mit aufgebautem Gerät die Gegend „studierten". Der Weidmann verständigte den Posten Obertilliach, von wo aus der Hubschrauber des Innenministeriums angefordert wurde, weil ein stundenlanger Aufstieg zu den Männern, in denen Wilderer vermutet wurden, keinen Erfolg versprach. Mit dem Hubschrauber flogen zwei Gendarmeriebeamte hinauf. Es stellte sich heraus, daß die Italiener Luigi D. (39) und Walter A. (36) auf S. Stefano Hochwild fotografierten. Sie führten keine Waffen bei sich. « Osttiroler Bote, Nr. 35, S. 3

2. OKTOBER

» **Osttirols Wirtschaft heute: 1700 Unternehmer und ca. 9000 unselbständige Erwerbstätige**

[...] Osttirol hat sich in den letzten 30 Jahren stark gewandelt. Waren die Bewohner früher noch vorwiegend in die Landwirtschaft eingebunden, so hat sich immer stärker ein Trend weg vom agrarischen Bereich gezeigt. Es entstand eine gemischte Struktur, in der verarbeitendes Gewerbe, Industrie und Handel dominieren. Gleichzeitig wuchs auch der Fremdenverkehr zu einer wesentlichen Sparte heran. Die wirtschaftlich immer schwieriger werdende Lage der letzten Jahre machte auch vor dem Bezirk Lienz nicht halt. Noch dazu kommt, daß Osttirol gleichsam von seiner Landeshauptstadt abgeschirmt ist. Viele Menschen in den Tälern finden nur außerhalb ihres Heimatbezirkes Arbeit. 4.000 Auspendlern stehen 1.000 Einpendlern gegenüber. Die Arbeitslosenrate stieg in den letzten Jahren an und betrug im Jahresschnitt 1985 9,3 %, 1984 noch 8,4 %. Andererseits führte die Trennung von Nordtirol dazu, daß sich besonders im Bezirk Lienz zahlreiche kleine

Der Erwerbszweig der Landwirtschaft nahm in den 1980er Jahren gegenüber Tourismus, Gewerbe und Industrie weiterhin ab.

und größere Wirtschaftsbetriebe angesiedelt haben. Die Stadt Lienz ist von ihrer Struktur her fast eine kleine Landeshauptstadt. Vom Geheimtip in Sachen „Einkaufen" entwickelte sie sich zum Einkaufszentrum für Osttirol und Oberkärnten. Sie bietet dem Konsumenten ein reichhaltiges Angebot, angefangen von Produkten des täglichen Bedarfes bis zu Fachgeschäften. « Osttiroler Bote, Nr. 40, S. 2

1987

10. SEPTEMBER »

Vorwurf grausamer Tierquälerei absurd

Hier werden Tiere gequält, u.a. zerreißt ein Bär einen Puma. So lauteten unter anderem die Vorwürfe gegenüber dem internationalen Filmteam (Renn-Produkion), das derzeit an verschiedenen Drehorten in Osttirol ein monumentales Projekt verwirklichen will. Das Ergebnis aller Recherchen zu den Vorwürfen: Bis jetzt gab es vorwiegend nur Gerüchte und fehlinterpretierte Beobachtungen. Starregisseur Jacques Annaud zeigt sich äußerst irritiert aufgrund der Kampagne gegen das 120 Mann starke Filmteam. In den letzten Tagen hatten Wanderer öfter Alarm geschlagen: Tiere würden vor Schmerz aufbrüllen, beim Füttern seien Jungbären geschlagen worden und man hätte grausame Szenen beobachtet. Es gibt nach wie vor keine protokollierten Aussagen. Die Beobachter weigerten sich, ihre Anschuldigungen vor der Gendarmerie zu konkretisieren – angeblich „aus Angst vor den südländischen Typen". Produktionsleiter Leonhard Gmür sind die Vorwürfe unverständlich. „Die Szenen können im Film gestellt werden, sodaß sie einen realen Eindruck erwecken", erläuterte er. Offensichtlich fielen damit die entfernt stehenden Beobachter filmischen Tricks zum Opfer. Denn z.B. das vom Bär zerrissene Tier war ein tot gekaufter und präparierter Hirsch, der mit frischen, vom Metzger gekauften Eingeweiden gefüllt war. Redakteure des „OB" konnten dies anhand von Bildern und Metzgerrechnungen selbst überprüfen. Produktionsleiter Gmür: „Wir haben eine bestimmte Technik, ein bestimmtes Handwerk, das wir können. Eines dieser Mittel ist auch, daß wir eine im Film natürlich wirkende Szene so darstellen können, daß ein Bär ein anderes Tier angefallen hat. [...] Den Vorwurf, Jungbären wären beim Füttern am Iselsberg verprügelt worden, widerlegt er ebenfalls. Bären schlagen oft unkontrolliert herum. Der Trainer muß einschreiten, um die eigene und die Sicherheit der Bären untereinander zu gewährleisten. Aber abgesehen davon: „Zuckerbrot und Peitsche sind überall die Erziehungsmittel. Wenn man schon das kritisiert, dann müßte man auch Landwirte einsperren, die ihre Tiere in den Stall treiben müssen", argumentierte Gmür. « Osttiroler Bote, Nr. 36, S. 1

24. SEPTEMBER »

Volksbefragung im Osttiroler Glocknerdorf

[...] Über einhelligen Beschluß des 12köpfigen Gemeinderates von Kals a. Gr. waren am Sonntag, 20. September, die Wahlberechtigten des Gemeindegebietes zur Beteiligung an einer Volksbefragung betreffend Kraftwerksbau aufgerufen. Die Frage lautete: „Wie soll die Gemeinde Kals a. Gr. bei der Wasserrechtsverhandlung stimmen: Dorfertal-Stausee – ja oder nein?" Abstimmungsberechtigt waren laut Wählerverzeichnis 950 Personen. Davon haben 635 (66,84 %) ihre Stimme abgegeben. Ungültig waren 5 Stimmen, somit verblieben 630 gültige Stimmen. Für Ja zum Dorfertal-Stausee votierten 230 Bewohner oder 36,51 %, mit Nein beantworteten die Frage 400 oder 63,49 %. [...] Bürgermeister Josef Bergerweiß erklärte in einer ersten Reaktion: Für mich ist mit diesem Ergebnis das Dorfertal-Kraftwerk gestorben. « Osttiroler Bote, Nr. 38, S. 1

Blick auf Kals gegen das Dorfertal.

1988

8. DEZEMBER

» Der Tag, an dem der E-Zug kam

[...] Nach der Eröffnung der Südbahn im November 1871, nach Wiederaufbau und Wiederherstellung aus Kriegsschäden und Hochwasserzerstörungen, nach Dampf- und Diesellok-Aera ist der 4. Dezember 1988 ein weiteres markantes Datum in der Geschichte der Eisenbahn in unserem Raum. Ab diesem Tag fahren die Züge auf der Strecke Lienz – Spittal und umgekehrt mit Traktion durch E-Loks statt der Dieselloks. Damit höhere Fahrgeschwindigkeit, starke Entlastung der Umwelt, Ausschalten von Lärm in den Bahnhofsbereichen. Gewiß ein Anlaß zu großer Freude und zu einem Fest, das in gebotener Sparsamkeit abgewickelt wurde. In Lienz hatte sich zum Empfang des Sonderzuges auf dem Bahnsteig unmittelbar vor dem Bahnhofgebäude in der gesamten Länge ein dichtes Zuschauerspalier angesammelt. Auf dem neu gebauten Mittelbahnsteig mit Überdachung erwarteten den Zug gleichfalls eine große Menge, vor allem aber der Landeshauptmann von Tirol, der Bürgermeister der Stadt mit Stadt- und Gemeinderäten, Dekan, Bezirkshauptmann, Gendarmeriekommandant, Vertreter von Kammern und weitere Honoratioren. Mit etwas Verspätung – verständlich durch die vorangegangenen Empfänge – um 13.54 Uhr fuhr der Sonderzug auf Gleis 3 unter den Marschklängen der Eisenbahner-Stadtkapelle ein. Nur mühsam kämpften sich die prominenten Zugreisenden nach der ersten Begrüßung durch das Gewühl. Auf dem Weg zum Festplatz besichtigten sie die Unterführung und den neugestalteten Portalvorbau des Bahnhofes. [...] «

Osttiroler Bote, Nr. 49, S. 1

1989

2. MÄRZ

»» Draukraftwerk Strassen-Amlach – der bisher größte Bau in Osttirol

Holchleistungen von Ingenieuren und Mineuren bei schwierigsten geologischen Bedingungen – Auch ein Muster an Landschaftsschonung. [...] Der 6. März 1989 wird in der Geschichte Osttirols ein fettgedrucktes Datum bleiben: Offizielle Inbetriebnahme des Draukraftwerkes Strassen-Amlach. Mit 2.325,000.000 S Kosten ist es das größte jemals in unserem Bezirk geschaffene Bauwerk. Mit einer Jahres-Leistung von 233 Mio kWh kann es den Strombedarf Osttirols mit Ausnahme der Winterspitzen decken. Wir sind also in der Stromversorgung autark. Das Kalserbach-Kraftwerk konnte im Winter nur 22 %, im Jahresdruchschnitt rund 41 % des Strombedarfes im Bezirk erbringen. [...] «« Osttiroler Bote, Nr. 9, S. 43

20. APRIL

»» Ehrendes Gedenken Osttirols an zwei große Persönlichkeiten

Würdige Feier mit Gottesdienst und Totenehrung für Alt-Landeshauptmann Eduard Wallnöfer und Kaiserin Zita. Es war ein historischer Augenblick, als am Sonntag, 9. April, am Schluß des Gedenkgottesdienstes in der Stadtpfarrkirche St. Andrä für Alt-Landeshauptmann Eduard Wallnöfer und Kaiserin Zita, die letzte Gefürstete Gräfin von Tirol, wohl zum letztenmal die Schützenmusikkapelle der Stadt Lienz wuchtigklangvoll die Weise der Volkshymne spielte, gewiß gar manche den auf einem Zettel aufliegenden Text im Geiste mitsangen und ein Mitglied der Familie Habsburg, Erzherzog Karl, ein Enkel der Verstorbenen, als Vertreter des Hauses Habsburg anwesend war. Das Schützenviertel Osttirol mit Kommandant Major Hermann Huber und das Ehrenmitglied aller Osttiroler Kompanien, Bezirkshauptmann Dr. Doblander, hatten zu diesem Gedenken eingeladen und die Einladung fand solches Interesse, daß auch viele Stehplätze in der Kirche beansprucht wurden. [...] Ein erhebendes Bild: Das Fahnenbunt um den Altar im freundlichen Sonnenschein, der durch die Presbyteriumsfenster fiel, Schützen als Ministranten, die Weisen der Schubertmesse mit ihrem trostvollen Eingangstext, wegweisende Worte des Dekans. Auf das Schlußgebet für die Tote folgte die Melodie der Kaiserhymne. [...] «« Osttiroler Bote, Nr. 16, S. 26

Die *Alltagsleben*-Reihe im Haymon Verlag

Lukas Morscher
Innsbrucker Alltagsleben
1830–1880
gebunden, mit zahlreichen
Farbabbildungen
256 Seiten, € 24.90
ISBN 978-3-7099-7085-0

Lukas Morscher
Innsbrucker Alltagsleben
1880–1930
gebunden, mit zahlreichen
Farbabbildungen
256 Seiten, € 24.90
ISBN 978-3-85218-687-0

Lukas Morscher
Innsbrucker Alltagsleben
1930–1980
gebunden, mit zahlreichen
Farbabbildungen
256 Seiten, € 24.90
ISBN 978-3-85218-739-6

Lukas Morscher
Tiroler Alltagsleben im
Ersten Weltkrieg
gebunden, mit zahlreichen
Farbabbildungen
256 Seiten, € 24.90
ISBN 978-3-7099-7155-0

Lukas Morscher, als Leiter des Innsbrucker Stadtarchivs der Experte für die Geschichte der Stadt und des Landes Tirol, macht anhand von Zeitungsberichten und erstmals veröffentlichten Fotografien den Tiroler Alltag in seiner *Alltagsleben*-Reihe wieder lebendig.

www.haymonverlag.at

1991

17. OKTOBER »

Tiroler Landtag beschloß Nationalpark und 250 Mio S Sonderförderung

Nun hat auch Tirol sein Nationalparkgesetz. Am 9. Oktober wurde es mit den Stimmen der Volkspartei, Sozialisten und Freiheitlichen im Tiroler Landtag beschlossen. Damit hat das Land Tirol rechtzeitig zum 20-Jahr-Jubiläum der Vereinbarung von Heiligenblut sein Versprechen eingelöst. Der Landtag beschloß auch die Finanzierung des Entwicklungsprogrammes in der Höhe von 250 Mio S für die Nationalparkregion. Mit dem Gesetzesbeschluß geht ein langes Tauziehen in der Tauernregion zu Ende. Seit mehr als 60 Jahren bestanden Pläne zur energiewirtschaftlichen Nutzung der Wasserkräfte in diesem Bereich. Der Beitritt Tirols zur Vereinbarung von Heiligenblut, unterzeichnet am 21. Oktober 1971, erfolgte deshalb unter der Bedingung, daß der Ausbau der Wasserkräfte, insbesondere des Projektes „Dorfertal", durch die Errichtung eines Nationalparkes nicht behindert werden dürfe. In den letzten Jahren spitzte sich die Diskussion Kraftwerk – Nationalpark dem Höhepunkt zu. In ganz Österreich entbrannte ein „Kampf um die Umbalfälle". Als im Frühjahr 1989 der zuständige Bundesminister erklärte, daß an die Realisierung des in Rede stehenden Großkraftwerkes vorläufig nicht mehr zu denken sei, schien der Weg zum Nationalpark frei. Doch es folgte noch ein hartes Ringen. Grundbesitzer mußten erst überzeugt werden. Gleichzeitig galt es, die Forderung nach dem Entwicklungsprogramm zu erfüllen. Nun ist der Nationalpark beschlossen. Am 1. Jänner 1992 soll das Gesetz gleichzeitig mit der Verordnung über die Grenzziehung in Kraft treten. « Osttiroler Bote, Nr. 42, S. 1

Kalser Tauernhaus im Nationalpark Hohe Tauern, 1971.